Agiler Organisationsaufbau

Andreas Rein

Agiler Organisationsaufbau

Die Entwicklung einer handlungsfähigen
Organisation

Andreas Rein
Herborn, Deutschland

ISBN 978-3-662-68145-9   ISBN 978-3-662-68146-6   (eBook)
https://doi.org/10.1007/978-3-662-68146-6

Die Deutsche Nationalbibliothek verzeichnet diese Publikation in der Deutschen Nationalbibliografie; detaillierte bibliografische Daten sind im Internet über http://dnb.d-nb.de abrufbar.

Planung/Lektorat: Christine Sheppard
Springer Gabler ist ein Imprint der eingetragenen Gesellschaft Springer-Verlag GmbH, DE und ist ein Teil von Springer Nature.
Die Anschrift der Gesellschaft ist: Heidelberger Platz 3, 14197 Berlin, Germany

Das Papier dieses Produkts ist recyclebar.

Für Maya, Luca, Lil und Emil

– mehr fraktale und rekursive Strukturen als in einer Familie gibt es nirgends. Hier kann man jeden Tag eine Kultur des Zusammenhalts und der Stabilität etablieren.

Vorwort

Ich habe in meinem ersten Buch *Steampunk Ökonomie – Mit der Dampfmaschine zum Mond* versucht auf unterhaltsame Weise die Gründe für das Scheitern traditioneller Organisationen zu beschreiben. Die *Steampunk* Literatur zeichnet sich dadurch aus, dass mit antiquierten Methoden sehr ambitionierte Ziele erreicht werden sollen. Der berühmteste Vertreter der *Steampunk* Literatur ist wohl Jules Verne, der mit einer Kanone ein Projektil zum Mond schießen und mit einem Kohlekraftwerk ein Unterseeboot betreiben wollte. Viele wirtschaftliche Grundideen stammen – wie Jules Verne – aus dem 19. Jahrhundert und gehören ebenfalls der Gattung *Steampunk* an. Insbesondere das klassische Organisationsdesign stammt aus einer Zeit, als Veränderung kaum spürbar war und disruptive Ereignisse nur sehr selten vorkamen.

Aber wie das so ist in exponentiellen Systemen, die Geschwindigkeit nimmt zu. Und das eben nicht linear, sondern exponentiell. Etwa hundert Jahre nach der Erfindung des Telefons gab es weltweit 142 Mio. Telefonanschlüsse. Diese Reichweite erlangte der Messenger Dienst WhatsApp in den ersten vier Jahren nach seiner Gründung. Heute hat WhatsApp etwa 2 Mrd. aktive Nutzer.

Das klassische Organisationsdesign kennt auf diese Veränderungen keinen Antworten mehr. Es bedarf also einer neuen Weise Organisation zu denken. *New Work* ist als Begriff ja fast schon wieder verbrannt – darunter versteht man moderne Konzepte der Arbeitsausführung und Arbeitsplatzgestaltung. Hier geht es in erster Linie um *Home Office* und *agile Methoden*. Das mag gut sein für die Mitarbeitenden, geht konzeptionell aber nicht weit genug. Das Problem mangelnder Innovationsfähigkeit und zu langer Lieferdauern wird damit nämlich nicht gelöst.

In diesem Buch versuche ich die Strukturen einer Organisation zu beschreiben, die mit dynamischen, sich schnell verändernden Umfeldern strukturell und prozessual umgehen kann. Mein Ansatz einer rekursiven Netzwerkorganisation ist die exakte Antithese zu den beschriebenen *Steampunk* Organisationen. Und weil ich den veralteten Strukturen den modernen Begriff *Steampunk* zugeordnet habe, schien es mir nur gerecht den neuen Strukturen den alten Begriff *metanoia* zuzuweisen. *Metanoia* ist altgriechisch und steht für Umdenken. Und genau darum soll es in diesem Buch gehen.

Ich benutze in diesem Buch die Begriffe Netzwerkorganisation, rekursive und fraktale Organisation und Flight Levels Organisation weitgehend synonym. Mir ist bewusst, dass man hier durchaus Unterschieden sehen kann – eigentlich sind das alles Facetten der *metanoia*-Organisation. Da sich dieser Begriff aber noch nicht etabliert hat, jongliere ich mit den Begriffen ein wenig und manchmal fällt beim Jonglieren auch ein Ball herunter. Sei es drum.

Ich bin mir sehr sicher, dass viele meiner Argumente und Ideen schon von anderen Menschen gedacht wurden. Wo mir das möglich war, habe ich Literaturverweise eingefügt, manchmal mit konkreten Zitaten, manchmal aber auch nur mit einer Seite, auf der sich die Idee finden lässt. Und manchmal findet sich in der Literatur eine frühere Iteration einer Idee, die sich weiterentwickelt hat. Würde Rudolf Diesel einen modernen Dieselmotor noch verstehen? Wahrscheinlich nicht. Das schmälert aber nicht seinen innovativen Beitrag zum Diesel Motor.

In allen dogmatischen Systemen bestehen die Hohepriester der Kunst darauf, als einzige Zugang zum einzig wirklichen Original zu haben. Ich habe mich früher mit Kampfsport beschäftigt und ein Kernsatz unter den Kung-Fu-Gracie-Jitsu-Thaibox-Karate-Tigern lautete: wenn man das Original lernen will, muss man zur Quelle des Wissens gehen. Wenn man das wirkliche *Scrum* lernen will, muss man zu diesem oder jenem gehen. Wenn man echte *OKR* einführen will, muss man sich an das Buch von xy halten, selbst wenn es aus den 80er Jahren stammt. Sollte man das wirklich?

Wenn ich einen bakteriellen Infekt bekämpfen möchte, soll ich allen Ernstes zu Alexander Fleming gehen (oder besser in das Jahr 1928 zeitreisen), weil er das Penicillin entdeckt hat? Natürlich nicht. Ich gehe natürlich zu den modernsten Bakteriologen und freue mich, dass sie auf den Schulten des Giganten Fleming stehen.

Die Zwerge auf den Schultern der Giganten, sind den Giganten vorzuziehen, weil sie deren Ideen weiterentwickeln, verfeinern und modernisieren. Wir dürfen den Giganten allen Respekt zollen – aber wenn wir zu lange an ihnen festhalten, werden wir zu *Steampunks* und das schadet unserer Entwicklung – sozial und wirtschaftlich.

Also: umdenken – metanoia.

Herborn   Andreas Rein
im Herbst 2023

Inhaltsverzeichnis

Über den Autor

Dr. Andreas Rein ist Experte für agile Transitionen und Organisationsentwicklung. Im Fokus seiner Arbeit stehen moderne Managementmethoden und die Gestaltung und Einbettung agiler und hybrider Methoden in Unternehmenskulturen. Seine Expertise beruht auf 20-jähriger Tätigkeit in der Projekt-, Prozess- und Produktentwicklung sowie auf seiner nahezu 10jährigen Lehrtätigkeit als Dozent für internationales Wirtschaftsrecht an einer Hamburger Universität. Er entwickelt Führungs- und operative Teams in unterschiedlichen geschäftlichen Kontexten – vornehmlich im LEAN AGILE Umfeld.

Andreas ist Flight Levels Guide, Kanban Trainer und Coach, LEAN Six Sigma Master Black Belt, Scrum Master, Product Owner und zertifizierter Agile Practitioner. In erster Linie ist er aber überzeugter Pragmatiker. Er studierte Informatik, Wirtschaft, Wirtschaftsrecht und Kommunikationspsychologie. Im Rahmen seiner Dissertation beschäftigte er sich mit Coaching als Führungsstil im Projektmanagement.

Die traditionelle Organisation …

1

Zusammenfassung

Organisationen werden in der Regel vereinfacht in Modellen dargestellt. Die modellhafte Betrachtung einer Organisation ist verführerisch, weil sie Zusammenhänge scheinbar erklärbar macht. Wer das beste Modell hat, glaubt, die Zusammenhänge durchschauen und sogar die Zukunft vorhersagen zu können. Eines der bekanntesten Organisationsmodelle ist das OrgChart, das den Aufbau einer Organisation widerspiegelt. Damit werden Hierarchieebenen definiert, Zuständigkeiten geklärt und Berichts- und Kontrollketten aufgebaut. Eine solche Organisation entsteht am Reißbrett, also im Modell. Und dort wird sie auch optimiert. Die Geometrie einer solchen Organisation ist meist pyramidal – unten sind viele und oben ist in aller Regel einer. Das OrgChart repräsentiert demnach die Machtgefüge in einer Organisation. Es repräsentiert die Abhängigkeiten der Menschen innerhalb der Organisation untereinander und sagt gleichzeitig nichts über die Leistungsfähigkeit einer Organisation aus.

Wenn wir über Organisationen sprechen, also von der strukturellen Darstellung einer Instanz, in der „die Akteure kollektive Ziele erreichen wollen" (Straub, 2020, S. 446), dann denken wir meist an Organisations*modelle*. Ein Modell ist die vereinfachte Darstellung einer weit komplizierteren Realität. Ein Modell lässt Details aus und macht Zusammenhänge und Wirkmechanismen überschaubar und verständlich. Modelle reduzieren die Komplexität, mit der uns die Realität permanent konfrontiert. Wechselwirkungen, Abhängigkeiten und Überlagerungen werden ausgeblendet und nur noch die unmittelbaren Wirkzusammenhänge aufgezeigt. Damit werden auch komplizierte Kausalitäten verständlich und erklärbar.

Eine besondere, in der Welt der Betriebswirtschaftslehre beheimatete Form der Modellierung, der Vereinfachung durch Auslassung, heißt *Ceteris Paribus-Klausel oder -Annahme.* Unter der *Ceteris Paribus* Annahme versteht man eine Welt, aus der alle Einflussfaktoren herausgestrichen wurden, bis auf diejenigen, die man beobachten und ergründen will. *c.p.* bedeutet: ‚unter unveränderten Umständen' (Schneck, 2018). Wir betrachten nur einen einzigen isolierten Faktor und blenden alle anderen aus, um ein Phänomen zu erklären und im Falle der Betriebswirtschaftslehre sogar berechnen zu können. Dass wir, um jegliche Fremdeinwirkung zu vermeiden, tatsächlich das Universum anhalten müssten – und es im Sinne der modellhaften Erklärung auch tun – ist uns dabei gar nicht immer bewusst.

1.1   Die Organisation im Modell

Die modellhafte Betrachtung einer Organisation, eines Mechanismus oder auch einer Sozialisation ist verführerisch, weil sie Zusammenhänge scheinbar erklärbar macht. Wer das beste Modell hat, kann die Zusammenhänge durchschauen und sogar die Zukunft vorhersagen. Das Formulieren von Modellen kann süchtig machen. Wie unter Drogenrausch werden Finanzmodelle, Business Pläne und Forecasts verfeinert und detailliert, bis sie schließlich zum Ziel organisatorischer Bestrebungen werden. Und weil es so verführerisch ist, haben wir uns so sehr an die modellhafte Darstellung von Organisationen gewöhnt, dass wir dazu neigen, nur noch in Modellen zu denken.

Das Modell setzt sich aus abstrakten Funktionsbereichen zusammen. Modellhafte Organisation betrachtet demnach in erster Linie die Aufbauorganisation – also welche funktionellen Teile benötigt werden und wer an wen berichtet, bzw. Arbeitsaufträge erhält. Die modellhafte, funktionale Organisation besteht in der Regel aus einzelnen Ab-Teilungen und diversen Hierarchieebenen. Persönliche Aufwertung, persönlicher Erfolg lässt sich aus der Platzierung in der Pyramide ablesen. Je weiter oben man steht, umso erfolgreicher hat man sich im Modell nach oben ‚gearbeitet'. Dabei geht es oft nicht nur um Kompetenz, sondern auch um Netzwerk und Seilschaft, um Politik und Karpose – Nutznießertum (Spektrum, 2023). Es werden Spezialgebiete benannt und diese brauchen natürlich einen oder eine Vor-gesetzt-e(n). Jedes einzelne Spezialgebiet wird optimiert, incentiviert und nach den Vorstellungen der Vor-*gesetzt*-en gestaltet. Im Mittelpunkt steht die Effizienz – nicht der Gesamtorganisation, sondern der unterschiedlichen Disziplinen. Die Effizienz getriebene Betrachtung verleitet dazu, Wissensgebiete in (Fach-)Ab-Teilungen zu bündeln und scheinbar vollkommen autonome Silos zu schaffen.

▶   Traditionelle Organisationen betrachten sich als Aufbauorganisationen.

Die traditionelle Organisation ist in ihrer Selbstwahrnehmung also in erster Linie eine Aufbauorganisation. Hierarchieebenen sind definiert, Zuständigkeiten geklärt, Jobdescriptions geschrieben und Berichts- und Kontrollketten aufgebaut. Das Modell, das ORG-Chart, spiegelt diese Struktur wider. Und für viele Organisationen sieht das Bild – das Modell – vollkommen gleich aus, wenn man die willkürlich gewählten Begrifflichkeiten bei Seite lässt. Es bildet sich eine Pyramide. Am Ende der Berichtskette bleibt genau ein Kopf. Und in aller Regel beschreiben Karrierepfade den Weg in der Pyramide nach oben. Die Aufbauorganisation spiegelt demnach eine Machtpyramide wider. Interessanterweise wird hier die Kompetenz der Menschen selten betrachtet.

Warum wertschätzen wir den Kompetenzaufbau und Spezialwissen nicht in gleichem Maße, wie den Grad der Personalführung? Warum betrachten wir die hierarchischen Zusammenhänge, statt der logischen Arbeitsabläufe? Unsere Kunden zahlen doch schließlich dafür, dass wir großartige Ergebnisse liefern und nicht für die Fähigkeit, große Ab-Teilungen zu befehlen.

Reißbrett-Organisation
Eine traditionelle Organisation entsteht am Reißbrett, also im Modell. Der Organisationsaufbau folgt den Grundstrukturen und Grundmustern der klassischen Betriebswirtschaftslehre, dem Controlling und den Regeln der Bilanzierung. Und dort setzt auch die Optimierung durch externe Beraterinnen und Berater an. Klassische Umstrukturierung betrifft regelmäßig die Aufbauorganisation – man bricht alte Silos auf, um abgeschlossene Machtbereiche zugänglich zu machen und schafft gleichzeitig neue Silos, weil es ja etwas zu managen geben muss und weil Karrierepfade eingehalten werden müssen. Ein Silo ist ein unmittelbarer Machtbereich, den die Silo-Verwalter und Verwalterinnen unbedingt schützen wollen. Das Silo sichert schließlich die Position in der Pyramide. Sind die Geheimnisse des Silos erst einmal enthüllt, verlieren sie ihre Exklusivität. Das kommt einem Machtverlust gleich, den die Silo-Verwaltenden unbedingt verhindern wollen. Und so schnell lässt sich ein Kernproblem des Change-Managements erklären. Die für den Geschäftsbereich Verantwortlichen haben kein Interesse an einer Veränderung *auf ihrer Ebene*.

▶   Traditionelle Organisationen denken linear.

In einer linearen Welt funktionieren solche linearen, hierarchischen Organisationen wunderbar. Erst arbeitet Abteilung A, dann fügt Abteilung B noch etwas Feenstaub hinzu, und was Abteilung C macht, weiß eh keiner – aber so laut, wie deren Vorgesetzte immer poltert, müssen die irre wichtig sein.

Das kann in einer linearen Welt wunderbar funktionieren. Dass wir aber in keiner linearen Welt leben, habe ich in ‚Steampunk Ökonomie' (Rein, 2021) ausführlich beschrieben. Und wenn die Welt nicht der linearen, euklidischen Geometrie folgt, dann können vereinfachte, auf ihre Grundmuster reduzierte Modelle von Organisationen den Anforderungen dieser Welt ebenfalls nicht gerecht werden. Wir brauchen eine andere (Organisations-)Geometrie.

1.2   Pyramidal und Top-Down

Wenn man sich schon einmal in einem Vorstellungsgespräch in einer Organisation befunden hat oder wie ich als Berater arbeitet und in einer Organisation für ein Projekt vorstellig wird, dann wird einem in einem frühen Stadium des Gesprächs das Organisationsdiagramm, das OrgChart, gezeigt, also das Aufbaudiagramm der Organisation.

Dabei zeigt das OrgChart gar nicht den Aufbau der Organisation an sich, sondern vielmehr die unterschiedlichen Machtverhältnisse der Menschen, die die Organisation ausfüllen, zueinander. In der Regel findet man ganz oben einen Menschen in der Spitze, einen CEO. Das ist immer noch sehr häufig ein weißer weiser alter Mann, der aber zunehmend auch eine Frau sein kann. Darunter gibt es typische Funktionen, die sich auch in der Geschäftsleitung wieder finden. Da findet man häufig eine(n) CFO, also eine(n) Chief Financial Officer, eine(n) Chief Operations Officer, eine(n) Chief Marketing Officer, ein Chief Technology Officer und noch irgendein Chief Officer, die mir gerade nicht einfällt.

Unter diesen CxOs gibt das dann unterschiedliche Ab-Teilungen und Unternehmensbereiche und Funktion, unterschiedliche Teams, sowie eine mittlere Managementschicht, die alle diese Teams kontrolliert und im Sinne der übergeordneten C-Kräfte, also der übergeordneten Chiefs, die Teams führt, die Befehle in die Mannschaft trägt und dafür sorgt, dass sie ausgeführt werden. Wenn man das im Geiste mit zeichnet, sieht man eine Pyramide. Oben ist einer, nach unten werden es immer mehr. Traditionelle Organisationen sind genauso aufgebaut – pyramidal. Und das ist häufig auch die einzige Darstellung, über die eine solche Organisation verfügt. Deswegen sieht man in einem Vorstellungsgespräch oder eben in einer Projekt-Vorbesprechung in einem frühen Stadium immer das OrgChart.

Das Org Chart zeigt, an welcher Position in den Organisationen man tätig sein wird, entweder weil man selbst an dieser Stelle eingestellt wird – man sieht also wer der eigene Vorgesetzte ist, mit wie vielen anderen Menschen man um die nächsthöhere Position in der Organisation konkurriert oder aber, wenn man als Berater in die Organisation kommt, an welcher Stelle man auf welche Menschen und Personen einzuwirken hat.

▶   Das Org Chart ist immer pyramidal – unten sind viele und oben ist in aller Regel einer.

Das Org Chart repräsentiert die Machtgefüge in einer Organisation. Es repräsentiert die Abhängigkeiten der Menschen innerhalb der Organisation untereinander und es repräsentiert damit auch den Status und den Erfolg der Einzelnen. Je höher man in der Pyramide angesiedelt ist, umso erfolgreicher und umso einflussreicher ist man. Der Einfluss ergibt sich aus der Größe des Unterbaus, also der Anzahl der Menschen, die in der

Pyramide unterhalb der eigenen Position einsortiert sind. Je mehr Menschen unter mir sind, umso größer ist mein Einfluss und damit mein Machtbereich. Je höher ich in der Pyramide angesiedelt bin, umso wichtiger bin ich.

▶   Das OrgChart sagt nichts über Effizienz und Effektivität einer Organisation aus.

Karriere, Erfolg und Status bemessen sich in der klassischen Organisation allein und wirklich nur allein aus der Position in der Pyramide. Kompetenz, Inspiration, Innovationskraft und Ideenreichtum spielen auf einem pyramidalen Karrierepfad überhaupt keine Rolle. Im Gegenteil, häufig sind es kontraproduktive Eigenschaften, die einen Aufstieg in der Pyramide, der immer eine Überwindung von Konkurrenten bedeutet, überhaupt erst ermöglichen. Darum findet man nicht immer nur sympathische Menschen oben in der Pyramide. Es gehören eben auch manchmal gewisse Eigenschaften dazu, um in der Pyramide aufsteigen zu können. In vielen Fällen ist ein gehöriges Maß von Rücksichtslosigkeit eine gute Hilfe, um den Weg nach oben zu erklimmen. Karriere passiert in der klassischen Organisation vertikal, einzig und allein auf der y-Achse.

1.2.1   Management von Menschen

Die klassische Organisation beschäftigt sich daher vornehmlich ausschließlich mit dem Management von Menschen. Wenn also der Karrierepfad und die persönliche Weiterentwicklung nur einzig und allein davon abhängen, wo man in der Pyramide verankert ist und die einzige Bewegung auf dem Karrierepfad nach oben (oder unten) in der Pyramide geht, dann heißt das, dass man sich auf die einen selbst umgebenden Menschen fokussieren *muss*. Es muss in einer Organisation um das Management von Menschen und nicht um das Management von Arbeit gehen. Und das Management von Menschen kann groteske Züge annehmen.

Warum ist das Management von Menschen ungeeignet, in einem dynamischen Umfeld nachhaltige, wertschöpfende Unternehmen auszubilden? Das hat früher doch auch funktioniert?
Das Management von Menschen ist weder der Zweck einer Organisation, noch richtet es sich unmittelbar auf deren Zweck. Der Zweck ist der Erfolg am Markt. Und der hängt zum größten Teil vom Erfolg der Produkte und Dienstleistungen ab, die man liefert. Der Markt ist nicht bereit, für die perfekte Ressourcenallokation zu bezahlen, sondern ausschließlich für den Wert, den eine Organisation stiftet. Und auf den Wert, den eine Organisation stiftet, sollte sich Management ausrichten, nicht auf die Menschen, die die eigentlich wertstiftende Arbeit verrichten. Leider belohnt die Pyramide aber gar nicht die Lieferleistung der Organisation, sondern nur die Leistung der eigenen Position in der Pyramide – ungeachtet des Beitrags zum *Gesamt*erfolg.

Je höher man in der Pyramide eingeordnet ist, umso höher ist das Salär. Dieses Salär ist aber nicht leistungs-, sondern positionsbezogen und hat überhaupt nichts mit dem Ergebnis und Erfolg oder mit dem Erreichen wirtschaftlicher Ziele der Organisation zu tun. Anreizsysteme in der pyramidalen Struktur berücksichtigen häufig nicht den Erfolg der Organisation – das wäre eine horizontale Betrachtung und dazu kommen wir später – sondern den Erfolg in der Hierarchie. Sie sollen zum Aufstieg in der Organisation animieren und suggerieren gleichzeitig Aufstiegschancen, die es rein logisch so nicht geben kann. Die Aussicht auf Aufstieg dient der Motivation des Einzelnen durch Verknüpfung von Anreiz und Erwartung (Beckmann & Heckhausen, 2018). Berücksichtigt wird aber nicht, dass nicht jeder Mensch durch Aufstieg und Erweiterung des Machtbereichs motivierbar ist. Leistungsorientierung bei Menschen bedeutet nämlich keinesfalls nur ewigen Aufstieg anzustreben und damit jederzeit bereit zu sein, die ‚extra Meile zu gehen‘. Leistungsorientierung kann auch persönlichen Wissenserwerb oder den Ausbau des sozialen Gefüges bedeuten und ebenso motivierend sein, wie der stetige Wettbewerb (Scudder et al., 2014). Die Aussicht auf Erfolg soll das Wohlbefinden steigern und zu weiteren Leistungen motivieren. Da es aber vollkommen unterschiedliche Motivationssysteme gibt, ist es sehr kurzsichtig zu glauben, dass sich jeder Mensch als *Homo Oeconomicus* (Alisch et al., 2013) betrachtet und andauerndem wirtschaftlichem Wachstum nacheifert.

Der Druck innerhalb der Organisation steigt von unten nach oben. Je weiter oben man sich befindet, umso weniger Plätze gibt es zu verteilen. Die Inhaber dieser wenigen Plätze befinden sich andauernd auf dem ‚heißen Stuhl‘ und müssen für ihren Erhalt kämpfen. Die Ableitung des Drucks von oben nach unten erfolgt durch Arbeitsanweisungen, normierte Regelwerke und Bürokratie. Sie sollen sicherstellen, dass zum einen im Sinne des Managements gearbeitet wird und zum anderen Fehler weitgehend vermieden werden. Bürokratisierung und Standardisierung dienen der Fehlervermeidung.

▶   Pyramidale, hierarchische Strukturen funktionieren immer top-down.

Anweisungen und Informationen fließen top-down durch die Organisation, vom Kopf der Pyramide in den Rumpf. Der Rückfluss der Information, vom Rumpf in die Spitze, erfolgt über viele heiße Stühle – wird also gefiltert, gefärbt, ergänzt und gekürzt, zensiert und schlimmstenfalls sogar erfunden. Die Information wird auf jeder Ebene der Pyramide den jeweiligen eigenen Bedarfslagen angepasst, um die Information im Sinne der jeweiligen Position zu formen. Ein echtes Feedback, eine offene Kommunikation, findet von unten nach oben nur in den seltensten Fällen statt und die Unternehmensspitze ist von der Basis gänzlich entkoppelt. Um die Kontrolle über die Struktur zu halten, werden die Expertinnen und Experten ihrer Expertise regelrecht beraubt – sie entscheiden nichts, sie bereiten nur Entscheidungsvorlagen auf, um anderen eine Entscheidung unter Einbezug auch aller politischen Faktoren zu ermöglichen.

1.2.2 Gesteuert und kontrolliert

Der hohe Konkurrenzkampf und Erfolgsdruck machen es notwendig, die eigene Position zu schützen. In einer stark hierarchischen Struktur sind die wenigen Plätze auf den oberen Rängen heiß begehrt und werden direkt wie indirekt streitig gemacht. Die elegante Beschreibung dafür ist Unternehmenspolitik. Eine hochpolitische Position ist eine stark umkämpfte Position. Es gilt die eigene Position in der Pyramide gegen Angriffe von innen und außen schützen.

▶   Silos dienen dem Strukturerhalt der pyramidalen Organisation.

Ein guter Schutzwall innerhalb einer Organisation ist die Schaffung eines Silos. Damit hält man das Wissen einer Abteilung exklusiv und vermeidet jede Art von Wissenstransfer. Man sorgt dafür, dass eine abteilungsübergreifende Zusammenarbeit möglichst nicht stattfindet und die internen Arbeitsweisen möglichst intransparent bleiben. Das schützt vor äußeren Angriffen und Restrukturierungsmaßnahmen. Jede Reorganisation ist dazu geeignet, den eigenen Machtbereich zu beschneiden. Daher gilt es, Reorganisation und Wandel in der Logik der Machtpyramide zu verhindern. Das mag der Liefer- und Leistungsfähigkeit der Gesamtorganisation abträglich sein, diese steht aber nicht im Fokus der Anreizsysteme. Kontraproduktives Verhalten bei Reorganisationen, Veränderungsmaßnahmen und Organisationsentwicklung wird durch die Anreizsysteme innerhalb der Pyramide gefördert. Wenn besondere Leistung incentiviert wird, dann ergibt es keinen Sinn, Belohnungen mit möglichen Konkurrenten zu teilen (Nerdinger, 2007).

Silos sind hermetisch abgeriegelte Ab-Teilungen. Es sind Machtbereiche, die gleich einer Organisation in der Organisation regiert werden. Die Silobildung dient einerseits dazu, die Organisation vor Angriffen von außen zu schützen, gleichzeitig aber auch, Probleme im Inneren nicht nach außen dringen zu lassen. Fehler sind im Gefüge der Pyramide ein Makel, etwas Negatives, das es prinzipiell zu vermeiden, notfalls zu vertuschen gilt. Dummerweise passieren aber Fehler, auch wenn man es in einer pyramidal-hierarchischen Organisation nicht wahrhaben will. Deshalb müssen Fehler innerhalb der Grenzen des Silos bleiben und dürfen keinesfalls nach außen getragen werden. *What Happens in Vegas stays in Vegas.*

PRAXISBEISPIEL

Ich war einmal in einer Produktabteilung eines Finanzdienstleisters tätig. In der stellte man fest, dass ein Analyse-Tool falsch rechnete. Es wurden also Werte mit leichten Abweichungen ausgegeben. Der Grund lag in einer fehlerhaft hinterlegten Berechnungsformel, die im Finanzdienstleistungssektor recht kompliziert sein können. Die fehlerhafte Formel zu korrigieren wäre für einen Menschen aus dem Entwicklungsteam wahrscheinlich eine Aufgabe weniger Stunden gewesen.

Das war dem Leiter der Produktabteilung auch bewusst. Aber die Furcht innerhalb der Organisation an Stellung zu verlieren, weil sein Handeln nun makelbehaftet war, überwog jedes ökonomische Denken. Er nahm in Kauf, dass die selbstdurchgeführte Fehlersuche drei Wochen dauern könnte und der Fehler dann aus seiner Abteilung nicht einmal behebbar wäre. Nur um das Bekanntwerden dieses Fehlers zu vertuschen, nahm er erheblichen Schaden für die Gesamtorganisation in Kauf – für die Erhaltung der eigenen Reputation. Das Bitten um Hilfe wäre in seiner Organisation als Zeichen der Schwäche wahrgenommen worden und Schwäche ist kein gutes Signal im Haifischbecken. Schwäche bedeutet Machtverlust und Angreifbarkeit. ◄

So wie es bei echten Haien eine Theorie der Territorialität (Sommer, 1969) gibt, gibt es auch Territorialität im klassischen Management. Das Territorium ist der eigene Machtbereich, den es nach außen zu vergrößern und schützen gilt. Der Hai muss im Inneren dauernd seine oder ihre Macht demonstrieren. Positionserhalt in der Pyramide, Machterhalt im Territorium hat ganz klar nichts mit Kompetenz zu tun – eher mit Gewaltbereitschaft – oder, um im in der Sprache des Managements zu bleiben, mit Durchsetzungswillen. Um dem Führungsanspruch gerecht zu werden, muss der Manager oder die Managerin die/der Stärkste, Klügste, Kompetenteste sein, muss schnell und sofort die komplexesten Dinge entscheiden können – und das natürlich perfekt und fehlerfrei. Und tatsächlich glauben auch viele Menschen in solchen Positionen, dass sie dazu in der Lage wären. Auch PolitikerInnen halten sich häufig für wesentlich kompetenter, als sie es eigentlich sind. Der Dunning-Kruger-Effekt lässt schön grüßen (Kruger & Dunning, 1999). Gleichgültig, ob in der Wirtschaft oder der Politik – das Umfeld ist von Misstrauen geprägt. Der Verzicht, eigene Interessen zugunsten Anderer durchzusetzen, gilt als Schwäche und wer schwach ist, wird zerrissen.

Daraus folgt, dass Entscheidungen nicht in der Breite getroffen werden, sondern in der Spitze. Entscheidungen werden von oben nach unten, top-down, getroffen. Fehler werden verheimlicht oder vertuscht und geahndet und damit Ideen und Verbesserungsvorschläge bottom-up unterdrückt. In der pyramidalen Organisation denken nur wenige Gehirne über die Struktur und das Vorgehen nach und Expertinnen und Experten dürfen nicht im Rahmen ihrer Expertise entscheiden. Oder kurz: die Organisation ist nicht lernfähig und sehr schwerfällig, wenn es um Veränderung geht. Es gibt keine Strukturen, die neue Ideen aufnehmen und bearbeiten können. Wenn Fehler bestraft werden, wird niemand neue Wege ausprobieren. Die Organisation wird ihrer Innovationskraft beraubt. Neue Produkte, Verbesserungen oder neue Dienstleistungen zu entwickeln, wird ein sehr schwerfälliger, langwieriger Prozess und die *Time-to-Market* wird immer länger, was wiederum zu Nachteilen im Markt führt und somit den ökonomischen Druck steigert. Alle Bereiche arbeiten zwar innerhalb vorgegebener Parameter, sind aber vollkommen erstarrt und wandlungsunfähig. Genau wie eine Dampfmaschine – elegant, aber behäbig – die Merkmale der *Steampunk Ökonomie* (Rein, 2021).

1.2.3 Plangetrieben und präzise

Um dem oben beschriebenen Führungsanspruch gerecht zu bleiben, muss der Manager oder die Managerin die oder der Stärkste, Klügste, Kompetenteste sein und schnell und sofort die komplexesten Dinge entscheiden können. Und diese Entscheidungen werden überwacht. Erfolg ist bekanntlich die Summe der richtigen Entscheidungen. Um das System leistungsfähig zu halten, werden Anreizsysteme geschaffen, Gründe für alle Menschen auf allen Ebenen der Pyramide performant zu bleiben und ihre Leistung im Zweifel zu steigern.

Anreizsysteme wirken in der Regel mit Belohnungen. Belohnt wird, wer ein vorher gestecktes Ziel erreicht, wie zum Beispiel Absatz, Ziele, Leistungsziele, Meilensteine, Lieferdaten. Anreizsysteme bilden sowohl Individualziele als auch Abteilungsziele ab. Individualziele werden in der Regel in einem Zeremoniell, das man Entwicklungs-gespräch nennt, vermittelt. Hier werden Ziele und Teilziele vorgegeben, die es einzu-halten gilt. In regelmäßigen Abständen wird der Grad der Einhaltung kontrolliert, in der Regel einmal im Jahr im Mitarbeitergespräch oder im Jahresendgespräch. Der Erfolg, der persönliche Erfolg, der persönliche mögliche Aufstieg in der Pyramide misst sich an der Erreichung dieser Ziele. Abteilungsziele oder Silo ziele sind übergeordnete Ziele, die idealerweise in die Individualziele heruntergebrochen werden können.

▶   Der Erfolg des Silos ist die Summe der eingehaltenen Individualziele.

Erfolg bemisst sich am Grad der Einhaltung des Plans. Der Plan beschreibt, was in einer Zeitspanne erreicht werden muss. Und wie wir oben gesehen haben, darf es da keine Fehler geben, denn der Plan muss gehalten werden. Fehler bedeuten Scheitern und Scheitern ist in der pyramidalen Organisation – im Haifischbecken – keine Option.

Wenn das oberste Ziel die Einhaltung des Plans ist, werden Ziele so gesteckt, dass sie erreichbar sind. Sie dürfen nicht zu ambitioniert, nicht zu aufwendig, nicht zu visionär sein. In der Schätzung des Machbaren wird jede Aufgabe mit einem Puffer versehen, dadurch dauern Entwicklung, Umsetzung und Zielerreichung immer länger. Termine werden großzügig geschätzt, um sie auch sicher halten zu können. Damit bläht sich der Plan immer weiter auf. Die Beurteilung, ob Ziele erreicht wurden oder eben nicht, liegt in den Händen derjenigen, die sie erreichen sollen. Sicher gibt es ein Controlling, eine Abteilung mit eigenen Zielen, die den Grad der Zielerreichung überwacht. Aber woher kommen die Daten? Sie werden von den Leuten berichtet, die *controlled* werden. Und somit schließt sich der (Teufels-)Kreis wieder.

Jede Abteilung hat eigene Ziele, weil die Haie damit ihre Territorien abstecken und daran letztlich ihr Erfolg gemessen wird. Der Grad der Zielerreichung des Managers ist der Kleber, der sie oder ihn auf dem heißen Stuhl hält. Nur so können sie und er sitzen bleiben. Silo ziele werden haargenau auf die Funktionen des Silos zugeschnitten und dabei so bemessen, dass sie auch erreicht werden können. Leider schüren Ziele je Silo und Ziele je Abteilung auch Konflikte, denn die haargenau zugeschnittenen Ziele können aus der organisatorischen Sicht durchaus widersprüchlich sein.

BESIPIEL

Wenn zwei Menschen in einem Auto fahren, aber unterschiedliche Ziele verfolgen, kann man sich die aufkeimenden Diskussionen lebhaft vorstellen. Wenn die eine das Ziel hat, möglichst schnell zu fahren, der andere aber auf einen möglichst geringen Benzinverbrauch achten soll, sind die Konflikte unvermeidlich. Es lässt sich nicht beides maximieren. Was tun, wenn der persönliche Erfolg an der Erreichung der Ziele bemessen wird? Dann hat man einen Konflikt in der Organisation, und zwar auf Führungsebene. Im besten Fall schließen die beiden einen Kompromiss. Das führt dazu, dass das eine Auto 130 fährt und dafür zehn Liter verbraucht. Das ist absolutes Mittelmaß. Kompromisse schließen führt zu mittelmäßiger Leistung. Noch schlechter, wenn es zu keiner Einigung käme und beide Seiten versuchten, sich um jeden Preis mit ihren Zielen durchzusetzen. Das Ergebnis ist Chaos, Verwirrung, Frustration und mangelnde Kommunikation. ◄

Das Ergebnis ist, dass die Organisation nicht zusammenarbeitet und im schlimmsten Fall überhaupt nichts fertigstellt. Ziele werden nur auf Abteilungsebene erreicht, während Organisationsziele nicht nachgehalten werden. Was fertig und den Kunden wirklich geliefert wird, ist für dieses Organisationsdesign keine Richtschnur. Wenn der Plan das Ziel ist und lokale Ziele, bzw. lokale Optima angestrebt werden, kann die Organisation als Ganzes keine Höchstleistung erbringen. Sie kann bestenfalls mittelmäßig agieren. Das eigentliche Ergebnis – der *Outcome*, also der Wert, der für den Kunden geschaffen werden soll -, die Leistung der Organisation, tritt vollkommen in den Hintergrund.

1.3   Ein hochpräzises Uhrwerk

Traditionelles Organisationsdesign folgt einer pyramidalen Struktur: je weiter man in der Hierarchie nach oben wandert, umso weniger Menschen findet man vor. Je globaler und weitreichender die Aufgaben und Entscheidungen sind, umso weniger Köpfe zum Denken sind dafür vorgesehen.

Um die Entscheidungen der wenigen Köpfe in die Organisation zu tragen, bedarf es stringenter Berichtslinien – jede Funktion hat einen Ansprechpartner oder eine Ansprechpartnerin, jede Subfunktion wird von einer Person repräsentiert und die Informationen werden von oben nach unten immer weiter aufgefächert, bzw. von unten nach oben immer weiter zusammengefasst, aggregiert und konsolidiert.

▶   Von oben nach unten wird angereichert, von unten nach oben wird weggelassen.

Die wenigen Köpfe, die die globalen Entscheidungen treffen, haben das geringste Wissen über die Umsetzungsfähigkeiten und Umsetzungswege in ihrer Organisation.

Wie können wenige über genug Expertise verfügen, um für alle Entscheidungen treffen zu können?

Die Antwort ist leicht: Sie können es nicht. Damit sie aber das Gefühl habensboard, das zum Beispiel einmal im Quartal tagt, um neue Produktideen zu generieren, einem Leadershipboard, das die neuen Ideen zweimal im Jahr bewertet und ein Strategieboard, das einmal im Jahr die neuen Ideen einplant und deren Umsetzung anordnet. Neue Ideen fließen dann in die strategischen Ziele des kommenden Jahres ein und werden über die unterschiedlichen Funktionen der Organisation zur Umsetzung ausgeschüttet.

Zu diesem Zeitpunkt ist die neue Idee bereits ein Jahr alt und im Sinne der Wertschöpfung hat noch niemand daran gearbeitet. Die eigentliche Wertschöpfung, also Umsetzung der Idee, erfolgt erst jetzt. Die Arbeit wird in Arbeitspakete aufgeteilt und zur Lieferung den einzelnen Fachbereichen zugewiesen. Weil die Fachbereiche aber an mehr als einem Thema arbeiten sollen, müssen diese entscheiden, wann sie die Lieferung denn nun tatsächlich tätigen können.

PRAXISBEISPIEL

Fachbereich 1 setzt seinen Teil vielleicht sofort um, Fachbereich 2 hingegen aber erst am Ende des Jahres. Fachbereich 3 braucht die Ergebnisse von Fachbereich 1 und 2 und wartet darauf, endlich mit der Arbeit beginnen zu können. Hätte Fachbereich 2 das gewusst, dann hätte er die Arbeit vielleicht vorgezogen. Aber wie sollte er? Solche Details gehen bei der aggregierten Berichterstattung über die Hierarchien leider verloren.

Also warten alle auf Fachbereich 2, der offensichtlich mal wieder unglaublich langsam und ineffizient ist. Vielleicht sollte der mal umstrukturiert werden? Oder vielleicht würde ein schärferes Anreizsystem hier für höhere Geschwindigkeit sorgen? So kann es jedoch nicht weitergehen, weil der Plan nicht gehalten werden kann. Und wie bereits oben gesehen ist der Plan das einzig sinnvolle Steuerungsinstrument in der pyramidalen Organisation. Der Plan berichtet über Erfolg oder Misserfolg der Organisation. ◄

Diese Form der Organisation erinnert an ein hochpräzises mechanisches Uhrwerk. Jede Feder, jede Schraube und jedes Zahnrad, ist perfekt austariert und folgt seiner Bestimmung und Funktion. Die Zahnräder greifen in einer idealen Organisation perfekt ineinander und treiben diese in einem bestimmten, vorhersagbaren Takt an. Aufgaben sind klar verteilt und Funktionen sind eindeutig aufeinander abgestimmt. Was passiert aber, wenn ein Teil kaputtgeht, sagen wir, weil eine Spezialistin das Unternehmen verlässt? Dann muss die Funktion von einer vorhandenen Nicht-Expertin ausgefüllt werden, bis ein neuer Experte da ist. Und dieser braucht ja auch wieder eine Anlernphase. Die Funktion wird also nicht hinreichend erfüllt und die Primäraufgabe der Ausfüllenden leidet ebenfalls. Wir haben in unser hochpräzises Uhrwerk ein Plastikzahnrad aus dem 3-Drucker eingefügt. Das hält das Werk zwar am Laufen, wird aber nicht lange halten und verringert die Präzision.

Was passiert, wenn sich der Zweck einer Organisation ändert oder ändern muss, zum Beispiel, weil sich die wirtschaftlichen Realitäten verändern?
Stellen wir uns weiter vor, dass dieses Arbeitssystem in seinem Zweck angepasst werden muss – nicht nur marginal in Farbe und Aussehen, sondern fundamental in seiner Funktion. Was ist, wenn *Marketresearch* feststellt, dass die Uhr nicht nur die Zeit, sondern auch das Datum anzeigen soll? Funktional können wir die notwendige Veränderung leicht beschreiben – wir leben ja in dieser Uhr. Aber wie setzen wir sie um? Ohne den laufenden Betrieb zu unterbrechen? Die Uhr einfach anzuhalten, auseinander zubauen, die neue Funktion zu integrieren und dann wieder zu starten, scheint kompliziert, aber machbar. Aber im laufenden Betrieb?

Wir werden unglaublich viele Workarounds schaffen müssen. Jedes Zahnrad, das wir herausnehmen, muss durch einen anderen Mechanismus ersetzt werden. Das System wird groß, komplex, fragil und unglaublich ineffizient. Es ist aufwendig und dauert lange. Andere Hersteller werden lange vor uns Uhren mit Datumsfunktion auf den Markt bringen, während wir versuchen, unser System überhaupt am Laufen zu halten. Hochpräzise Maschinen dienen einem Zweck, EINEM Zweck. Diesen im laufenden Betrieb zu verändern ist unglaublich schwer, wenn nicht sogar unmöglich.

Aber warum müssen wir die Mechanik überhaupt anpassen? Wir funktionieren doch hervorragend und waren mit dem, was wir getan haben, immer erfolgreich. Noch nie wollte ein Kunde eine Datumsfunktion auf unseren Uhren sehen. Das stimmt wahrscheinlich sogar. Wir haben als Uhr immer genau so funktioniert, wie unsere Kunden es haben wollten. Dabei nehmen wir aber einen blinden Fleck in Kauf. Aus welchen Gründen haben sich denn unsere Nicht-Kunden gegen uns entschieden? Und bleibt die Zahl unserer Neu-Kunden stabil? Ist unser Angebot noch zeitgemäß, unabhängig davon, ob es das vorher war? Und was, wenn sich generell die Anforderungen an Produkte und die sie umgebenden Dienstleistungen verändern?

GEDANKENEXPERIMENT

Was würde beispielsweise passieren, wenn man sich darauf einigt, im Rahmen der Globalisierung eine weltweite metrische Standardzeit einzuführen? Der Tag hätte 100 h, mit jeweils 100 min und 100 s. Dann hätte die Welt sich verändert und unsere Produkte würden den neuen Bedarf nicht mehr erfüllen. Als Organisation würden wir unseren Zweck nicht mehr erfüllen. Wir funktionieren noch wie früher – hochpräzise und genau –, aber leider an dem neuen Bedarf vorbei. Der Raum, in dem wir wirken, verändert sich. Er ist nicht länger geradlinig und linear, sondern wechselhaft und gekrümmt. ◀

Viele sprechen von der sogenannten *VUCA-Welt*, einer Welt, die volatil **(volatile)**, unsicher **(uncertain)**, komplex **(complex)** und mehrdeutig **(ambiguous)** ist (Rein, 2021, S. 22). Durch die Digitalisierung haben Kunden sowohl mehr Vergleichsmöglichkeiten als auch mehr Detailwissen und bedürfen einer anderen Ansprache. Gleichzeitig ändern sich die Bedürfnisse der Kunden genauso schnell, wie sich durch die allgemeine Informiertheit auch die Ansprüche an Produkte und Dienstleistungen ändern. Nicht die Organisation muss sich von innen heraus verändern, weil sie dann effizienter wäre. Sie muss sich von außen getrieben verändern, um überhaupt effektiv zu bleiben. Ein hochpräzises Uhrwerk scheint da eher ein Nischendasein zu fristen und nur noch für Liebhaber interessant zu sein.

Literatur

Alisch, K., Winter, E., & Arentzen, U. (2013). *Gabler Wirtschaftslexikon*. Springer.

Beckmann, J., & Heckhausen, H. (2018). Motivation durch Erwartung und Anreiz. In J. Heckhausen & H. Heckhausen (Hrsg.), *Motivation und Handeln*. Springer.

Dunning, J., & Kruger, D. (1999). Unskilled and unaware of it. How difficulties in recognizing one's own incompetence lead to inflated self-assessments. *Journal of Personality and Social Psychology, 77*(6), 1121–1134.

Nerdinger, F. W. (2007). Produktives und Kontraproduktives Verhalten. In H. Schuler & K. Sonntag (Hrsg.), *Handbuch der Arbeits- und Organisationspsychologie*. Hogrefe.

Rein, A. (2021). *Steampunk Ökonomie – Mit der Dampfmaschine zum Mond*. Tredition.

Schneck, O. (Hrsg.). (2018). *Lexikon der Betriebswirtschaft: 3.300 grundlegende und aktuelle Begriffe für Studium und Beruf*. Dtv beck.

Scudder, T., Lacroix, D., & Gallon, S. (2014). *Working with SDI*. PSP, Inc.

Sommer, R. (1969). *Personal space*. Prentice-Hall.

Spektrum.de. (2023). *Kompaktlexikon der Biologie*. https://www.spektrum.de/lexikon/biologie-kompakt/karpose/6232. Zugegriffen: 6 Febr. 2023.

Straub, T. (2020). *Einführung in die allgemeine Betriebswirtschaftslehre*. Pearson.

… in den Gezeiten des Wandels

2

Zusammenfassung

Digitale Wirtschaft ist grenzenlos und treibt notwendigerweise die Globalisierung und immer kürzere Veränderungszyklen voran. Gänzlich neue Produkte mit neuen Vertriebswegen erfordern neue Geschäftsmodelle, um dauerhaft bestehen zu können, während klassische Geschäftsmodelle verdrängt und unrentabel werden. Digitalisierung geht exponentiell vonstatten und geschieht global und grenzenlos. Lokale ökonomische Systeme ergeben in der digitalen Wirtschaft häufig keinen Sinn mehr, weil Standorte irrelevant werden. In einer sich exponentiell verändernden Welt, in einem von Dynamik geprägten Markt, ändern sich gleichzeitig die Produkte, Produktmöglichkeiten und Geschäftsmodelle und die Kompetenzen, Bedarfe und Wünsche der Kunden. Das ganze Marktgefüge wird also dynamisch und verändert sich stetig. Ohne Sensorik in diese Welt bekommt die statische Organisation diese Veränderungen nicht mit und kann demnach auch nicht darauf reagieren.

Dass und wie sich unsere Welt andauernd verändert, habe ich mit vielen Beispielen in meinem Buch *Steampunk Ökonomie* belegt und muss ich hier nicht wiederholen. Dass sich jedoch die Dynamik, die Geschwindigkeit der Veränderung ebenfalls andauernd ändert, muss wiederholt werden. Es kann gar nicht oft genug wiederholt werden.

Unsere Gehirne sind evolutionär auf lineares Wachstum, auf lineare Veränderung und proportionale Zusammenhänge geeicht.

GEDANKENEXPERIMENT

Wenn ich zwei Wochen Sport betreibe, wiege ich am Ende 5 k weniger. Aber egal, was ich tue, wenn ich 10-mal mehr trainiere, werde ich nach zwei Wochen keine 50 k weniger wiegen. Gewicht und Gewichtsreduktion verlaufen zwar linear, allerdings nur bis zu einem gewissen Grenzwert. Ab diesem Grenzwert reagiert der Körper mit Überlastung und Krankheitssymptomen. Dieser Zusammenhang und seine Grenze sind uns Menschen sofort eingängig.

Wir kennen auch nicht lineare Zusammenhänge. Der Umgang mit nicht linearen Zusammenhängen fällt uns Menschen wesentlich schwerer. Der Grund dafür ist einfach. Unsere wahrnehmbare Welt ist in aller Regel linear. Linearität entspricht unserer normalen Realität. Deshalb missverstehen wir nicht-lineare Zusammenhänge so leicht.

Sie verdeutlichen, wie schwer uns ihr Umgang mit ihnen fällt. Verdopplungsraten zum Beispiel sind nicht lineare Zusammenhänge – sie sind exponentiell. Wir durften die erstaunlichen Effekte exponentiellen Wachstums während der COVID-19 Pandemie in unterschiedlichsten Ausprägungen erleben. Das Problem mit exponentiellem Wachstum ist, dass es kontra-intuitiv ist. Wir sehen einen kleinen Effekt und können uns einfach nicht vorstellen, dass er in wenigen Tagen die Welt beherrschen mag. ◄

Noch abstrakter wird es, wenn wir uns die Entwicklung der Technologie anschauen. Ganz langsam drang die Digitaltechnik in unsere Leben, zunächst als Taschenrechner, dann als Homecomputer, Personal Computer, BTX, Personal Assistant, Mobile Phone, Navigationssystem, Smartphone, Tablet PC, Digitalfernsehen & Rundfunk, LTE, Streaming Dienste, und so weiter. Zur Zeit des Homecomputers brauchte man noch einen klassischen Röhrenfernseher, heute hat die LED Display Technik die klassische analoge Fernsehtechnik komplett verdrängt (Kim & Mauborgne, 2015). Wie lange hat das gedauert – 20 Jahre? Ein heutiges Smartphone verfügt über mehr Rechenleistung als alle Großrechner der USA und Sowjetunion in den 70er -Jahren zusammen. Also jedes *einzelne* Smartphone verfügt über diese Rechenleistung.

Ganze Märkte und Produktsparten sind einfach verschwunden. Sie fielen der digitalen Disruption zum Opfer. Wie funktioniert das? Stellen wir uns vor, eine neue Technologie wird entwickelt – die ist am Anfang teuer, weil neu und nicht massentauglich produzierbar (Christensen, 2000). Nehmen wir den 3-D -Druck als Beispiel. 2007 kostete ein 3-D-Drucker etwa US\$10.000. Die Ergebnisse waren nicht perfekt und das Material nicht sehr haltbar. Im Jahr 2021 gab es 3-D -Drucker ab US\$100 – also um den Faktor 100 billiger, schneller und zuverlässiger. Solarmodule sind um den Faktor 3000 günstiger geworden. Kostete ein DNS-Sequenzierung des menschlichen Genoms 2007 noch etwa US\$10 Mio., sind es im Jahr 2021 noch US\$70! Solche Sprünge sind nur exponentiell erreichbar (Dieffenbacher et al., 2022).

Am Anfang wird die neue Entwicklung als Spinnerei oder Liebhaberei abgetan. Ja, eine Digitalkamera ist lustig, aber mit der Auflösung kann man ja nicht wirklich arbeiten. Ja, ein Telefon ohne Tastatur sieht super aus, aber für geschäftliche Anwendungen ist das nicht nutzbar (Chistensen, 2000). Ein elektrisches Auto ist eine tolle Idee, aber wer will schon alle paar Kilometer an die Steckdose, und so weiter und so fort. So wird die neue Idee als unbedeutendes Rauschen wahrgenommen, von dem keine Bedrohung

ausgeht. Bis die Absätze der eigenen Produkte zurückgehen. Und wenn man genau hinschaut, sind die gar nicht plötzlich zurückgegangen, sondern eigentlich schleichend.
Ein paar hundert Verkäufe weniger vor drei Jahren, ein paar tausend Verkäufe weniger
vor zwei Jahren, ein paar Millionen Verkäufe weniger letztes Jahr und dieses Jahr wirds
dann wohl eng (Gassmann et al., 2017). Wohlgemerkt – ohne dass sich die eigene
Produktqualität verändert hätte. Wir liefern immer noch das gleiche Produkt, in gleicher
Qualität – wir liefern nur nicht mehr, was der Markt verlangt und technologisch hängen
wir echt hinterher, wir haben das Internet, den Wasserstoff, die Batterietechnik, die
E-Mobilität, die Smartphones, was auch immer, einfach verpasst.

▸   Ein hochpräzises Uhrwerk hat ein Problem, wenn sich die Einheiten der Zeit-
    messung ändern.

2.1   Die Herausforderungen mit der VUCA-Welt

In den 1990er -Jahren entstand am United States Army War College das Akronym
VUCA, als Abkürzung für voltility (Volatilität), uncertainty (Unsicherheit), complexity
(Komplexität) und ambiguity (Mehrdeutigkeit). Der Begriff wurde genutzt, um die sich
verändernden Strategien der Kriegsführung zu lehren und zu beschreiben. Am United
States Army War College sprach man von volatilen Sachlagen, von Zuständen, die
sich plötzlich verändern konnten. Aus vermeintlich sicheren Aufträgen konnten durch
Angriffe und plötzliche Attacken Kampfeinsätze werden, die gänzlich andere Herausforderungen an Menschen und Material stellen. Veränderungen sind nicht vorhersehbar
und Ursache-Wirkung-Zusammenhänge praktisch nicht benennbar. Das Fehlen der
Ursache-Wirkung-Zusammenhänge macht das Handeln in der VUCA-Welt unsicher. In
einer nicht linearen Welt, also einer Welt ohne erkennbare Ursache-Wirkung-Zusammenhänge, ist das Planen von Handlungen als Reaktion auf zukünftige Entwicklungen nämlich fast unmöglich.

Seit 2010 wird der Begriffe der VUCA-Welt auch in der Wirtschaft verwendet.
Rapide Veränderung, gänzlich neue Produkte mit neuen Vertriebswegen erfordern neue
Geschäftsmodelle, um dauerhaft bestehen zu können (Gassmann et al., 2017, S. 4). Die
offensichtlichste schnell voranschreitende Veränderung ist die Digitalisierung der Wirtschaft und Gesellschaft. Sie bildet inzwischen das Rückgrat technologischer, aber auch
sozialer Entwicklungen.

Digitalisierung
Die Digitalisierung des 21. Jahrhunderts meint nicht das Herbeiführen eines papier-
losen Büros und die Umstellung auf E-Mail und Video-Calls. Die Digitalisierung meint
die grundlegende Veränderung unserer Wirtschaftsordnung; das Aufkommen vollständig
neuer Geschäftsmodelle und damit auch das Aufkommen vollständig neuer Kundenwünsche. Die dafür notwendigen Grundlagentechnologien, allem voran das Internet,

haben Marktreife erlangt und stellen den Baukasten an Werkzeugen zeitgemäßer Organisationen dar (Osterwalder & Pigneur, 2010, S. 128).

Digitale Wirtschaft ist grenzenlos und treibt notwendigerweise die Globalisierung voran (Indset, 2019). Viele Unternehmen entwickeln weltweit verteilt viele Produkte und erproben neue Geschäftsmodelle. Gelegentlich sind diese geeignet, traditionelle Industrien vollständig auszulöschen. In diesen Fällen spricht man von Disruption. Und die Strategie, wie man in einer solchen Welt bestehen kann, wird meistens mit Agilität beschrieben, also der Fähigkeit als Organisation wandlungs- und anpassungsfähig sein zu können – und zwar nicht im Takt der regelmäßigen Restrukturierung, sondern angetrieben durch die Impulse des Marktes und da konkret der eigenen Kunden (Häusling, 2018). Und das so schnell, dass man sich an den Kundenbedarf anpasst, bevor dieser verflogen ist – also sehr schnell.

Digitalisierung geht exponentiell vonstatten und geschieht global und grenzenlos. Lokale ökonomische Systeme ergeben in der digitalen Wirtschaft einfach keinen Sinn mehr, weil Standorte irrelevant sind. Solange man ins Netz kommt, ist der Aufenthalts- und Handlungsort egal. Noch nie war es so leicht und alltäglich, weltweit Waren und Dienstleistungen zu beziehen. Noch niemals zuvor standen uns so viele Informationen zur direkten Nutzung zur Verfügung – in Text, Bild und Ton (Indset, 2017). Unsere heutige mobile Datennutzung und unsere Möglichkeit, jederzeit auf alle Informationen auch mobil zugreifen zu können, war noch vor zehn Jahren undenkbar. Mobil ein Meeting mit weltweit verteilten Menschen durchzuführen ist heute aus dem Unternehmensalltag nicht mehr wegzudenken. Dennoch handelt es sich gleichzeitig um eine neue Entwicklung, und zwar sowohl technologisch als auch kulturell.

Globalisierung
Der Schutz des lokal Abgegrenzten wird nicht nur aufgegeben, sondern löst sich notwendigerweise im Laufe der mit Digitalisierung einhergehenden Globalisierung auf. Sich gegen die Globalisierung zu stemmen heißt, sich gegen die Digitalisierung zu stemmen. Es steht zu befürchten, dass niemand genug Kraft hat, sich dauerhaft dagegenzustemmen – unabhängig, ob es sich um eine Organisation oder ein sonstiges Sozialgefüge, wie eine Gesellschaft, handelt. Wenn konservativ *erhaltend* im Wortsinn meint, dann ist schon rein logisch eine erhaltende Haltung in einer sich kontinuierlich verändernden Welt nicht angemessen. Eine retrograde, rückwärtsgerichtete Gesinnung ist dem Untergang geweiht.

Globalisierung und Digitalisierung führen zu entkoppelten, automatisch ablaufenden Prozessen, die außer Innovation natürlich auch Krisen beschleunigen können. Immer wenn ein Business oder die dem Business zugrunde liegenden Informationen digitalisiert werden, verbreiten sie sich nahezu unendlich in Lichtgeschwindigkeit. Sie stehen praktisch jedem Menschen zur Verfügung und können genutzt werden. Digitalisierung betrifft deshalb keineswegs nur IT und Software-Entwicklung. Es geht nicht um die Natur des vertriebenen Produkts, sondern die Ausgestaltung des Herstellungsverfahrens- und Vertriebsprozesses. Wir sind digitale Unternehmen, wenn unsere Warenwirtschaft,

Buchhaltung, Personaldaten digital vorliegen, digital ausgewertet und digital verwendet werden. Wenn wir digitale Infrastrukturen zur Kommunikation, zur Speicherung von Unternehmenswissen und zur Analyse von Geschäftsfällen nutzen, dann sind wir ein digitales Unternehmen und Unterliegen den Gesetzen und Regeln der exponentiellen Veränderung. Und nicht nur wir, sondern die anderen auch. Der Markt ist nicht mehr statisch, sondern digital und dynamisch.

▶   Alle Unternehmen sind digitale Unternehmen.

Statisches Handeln, Denken und Fühlen verhindert nicht, dass wir ein digitales Unternehmen sind. Es verhindert nur, dass wir uns marktgerecht verhalten. Wer sich also auf konstante Veränderung nicht einzustellen vermag, wird vermutlich den Anforderungen des Marktes nicht mehr gewachsen sein.

2.2   Das Umfeld ist dynamisch

Sollten wir uns tatsächlich in der VUCA-Welt befinden, dann ändert sich diese Welt, also unser Marktumfeld ständig und exponentiell. Immer häufiger gibt es technologische Neuerungen, die neue Industrien ermöglichen und neue Unternehmen, die alteingesessene, etablierte Unternehmen vom Platz fegen. Außerdem werden Unternehmen viel schneller sehr groß, dafür aber nicht mehr so alt.

Woran würden wir erkennen, dass wir uns in einer solchen Welt befinden?
Nehmen wir einmal an, wir wären eine klassische Organisation. Wir bauen irgendwelche Geräte – egal was. Da gibt es Elektronik, vielleicht einen Antrieb, Mechanik, die die Teile verbindet, Industriedesign und auch ein bisschen Software, weil das Ganze ja auch gesteuert werden muss. Vielleicht hat unser Gerät sogar einen Bildschirm und interagiert darüber mit den Nutzern, dann brauchen wir sogar etwas mehr als ein bisschen Software. Aber wie zuvor erwähnt, das spielt überhaupt keine Rolle.

Nehmen wir weiter an, dass wir über Jahre Marktführer waren, treue Kunden hatten und für Innovation und großartige Geräte standen. Wir haben an unserer bewährten Herstellungsmethode nichts geändert und auch sonst keine umwälzenden Veränderungen vorgenommen. Das Anforderungsmanagement beschreibt die Produkt-Features, die Technik legt dazu, was so alles möglich ist, und die Entwicklung ist angehalten, das Produkt so kosteneffizient wie möglich zu bauen. Dennoch sinkt unser Marktanteil stetig. Und wir wissen, dass es nicht das Marktvolumen ist, das kleiner wird. Wir haben Mitbewerber, die gleichzeitig wachsen, obwohl sie früher in unserem Segment keine Rolle gespielt haben oder noch gar nicht existierten – mysteriös.

Jetzt stellen wir uns in dieser Organisation eine Abteilung, ein Silo mit 4 Teams vor. Jedes dieser 4 Teams besteht aus fünf Personen, die im Grunde alle das Gleiche machen. Organisatorische Teams fassen Kompetenzen zusammen. Wenn es in diesen Teams um

Zielerreichung geht, dann ist damit kein gemeinschaftlich zu erreichendes Ziel gemeint, sondern Einzelziele, die zusammengezählt werden. Etwa wie beim Schießen: Unsere Teams schießen mit einer Armbrust auf eine Zielscheibe. Wenn jeder und jede nur einen Schuss hat, sollte in einer perfekten Welt nur ein Loch in der Zielscheibe sein. Der eine Punkt, an dem alle genau gleich getroffen haben. Dass es das nicht geben kann, scheint offensichtlich, weil es zu viele Faktoren gibt, die auf den Bolzen einwirken und die Bolzen selbst auch nicht vollkommen identisch sind.

Die Leistung ist von Erfahrung, Gesundheitszustand und Windverhältnissen abhängig. Und – auch wenn ein Schütze das nur ungern hört – vom Glück. Es ist also davon auszugehen, dass wir fünf Einschusslöcher in der Zielscheibe vorfinden werden. Uns ist die Welt perfekt genug, wenn die fünf Einschusslöcher des ersten Teams im Kreis in der Mitte der Zielscheibe (dem Bull's Eye) liegen, und da möglichst dicht beieinander. Das Ergebnis dieses heldenhaften Teams wird in Abb. 2.1 illustriert.

Im Silo gibt es insgesamt vier Teams, die Armbrust schießen. Und eigentlich erwarten wir von allen vier Teams das gleiche oder wenigstens fast identische Trefferbilder. Aber erstaunlicherweise stellen wir fest, dass die Performance des zweiten Teams zu einem anderen Trefferbild führt. Im Grunde produziert es das gleiche Trefferbild wie Team 1, nur an einer anderen Stelle (vgl. Abb. 2.2).

Es ist offensichtlich, dass die Zielscheibe eine Versinnbildlichung der strategischen Ziele der Abteilung ist. Dieses zweite Team ist nach klassischer Lehre sehr effizient. Es

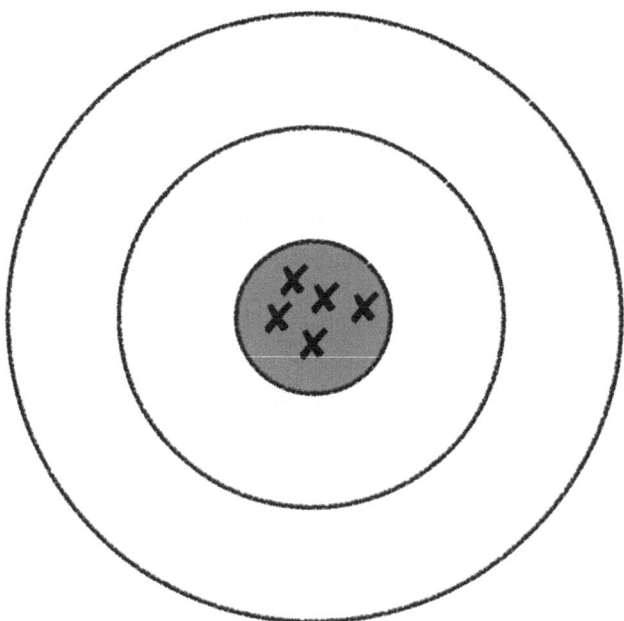

Abb. 2.1 Team 1 – Unsere Helden

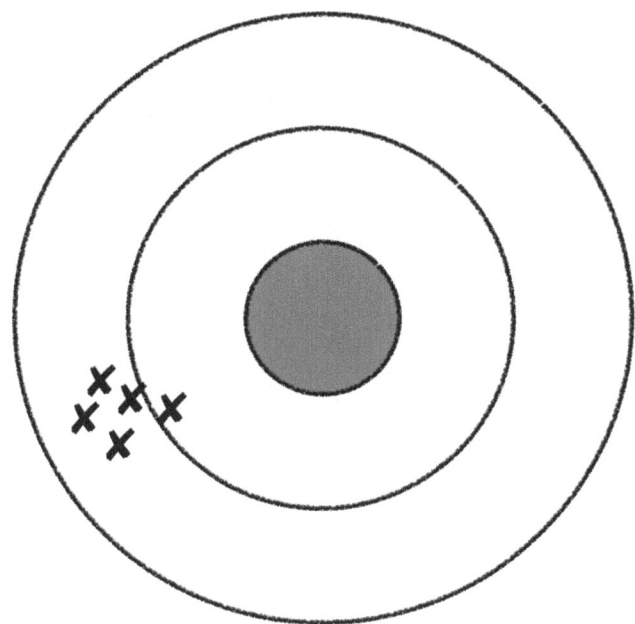

Abb. 2.2 Team 2 – Bias

ist genauso effizient wie das erste Team. Sie sind nur nicht so effektiv. Sie treffen zwar
die Zielscheibe in reproduzierbaren Mustern, nicht aber das Bull's Eye. Woran kann das
liegen? Team 2 produziert für sich selbst betrachtet *selbstähnliche* Ergebnisse. Es gibt
innerhalb des Teams keine großen Abweichungen. Damit erfüllt das Team aber nicht die
außerhalb des Teams gesteckten Ziele. Das Ergebnis ist verzerrt (oder *biased*). Woran
kann das liegen? Wahrscheinlich doch nur am Gerät – das Fernrohr ist vielleicht verbogen, der Korpus verzogen oder das Equipment und die Tools veraltet.

Schauen wir uns das Trefferbild von Team 3 an (Abb. 2.3).

Zu der bei Team 2 erkennbaren Verzerrung kommt bei Team 3 nun auch noch eine
Streuung hinzu – in der Psychologie nennt man das *Rauschen* oder *Noise* (Hilbert,
2012). Zur Ineffektivität des zweiten Teams gesellt sich in Team 3 nun auch eine
zunehmende Ineffizienz. Das verzerrte Ergebnis unterliegt jetzt auch noch einem
Rauschen – *Bias und Noise*. Die Organisation könnte Team 3 als Team einstufen, das
keine hohen Fähigkeiten besitzt und mit nicht optimalem Gerät arbeitet. Der Voll-
ständigkeit halber werfen wir aber auch noch einen Blick auf das Trefferbild von Team 4
(Abb. 2.4).

Bei Team 4 scheint nur noch Rauschen stattzufinden. Das Trefferbild unterliegt
einer einzigen Verzerrung. Das Team trifft die Ziele nicht und erreicht überhaupt keine
vergleichbaren Ergebnisse. Ihr Ergebnis scheint vollkommen willkürlich.

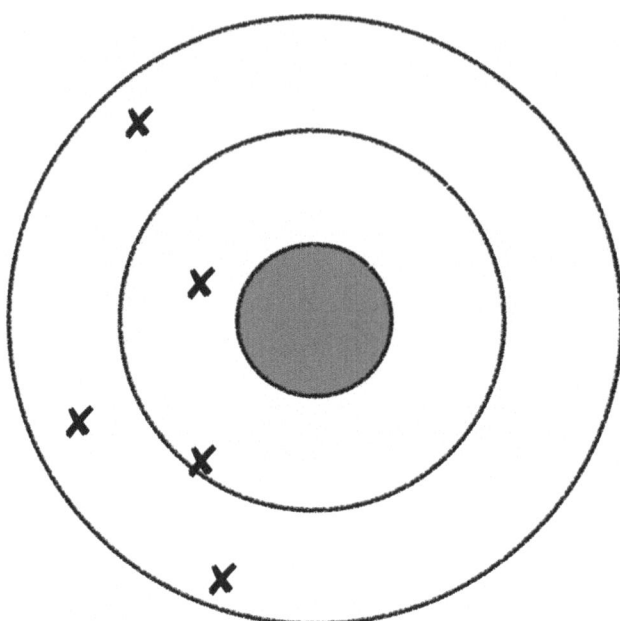

Abb. 2.3 Team 3 – Bias & Noise

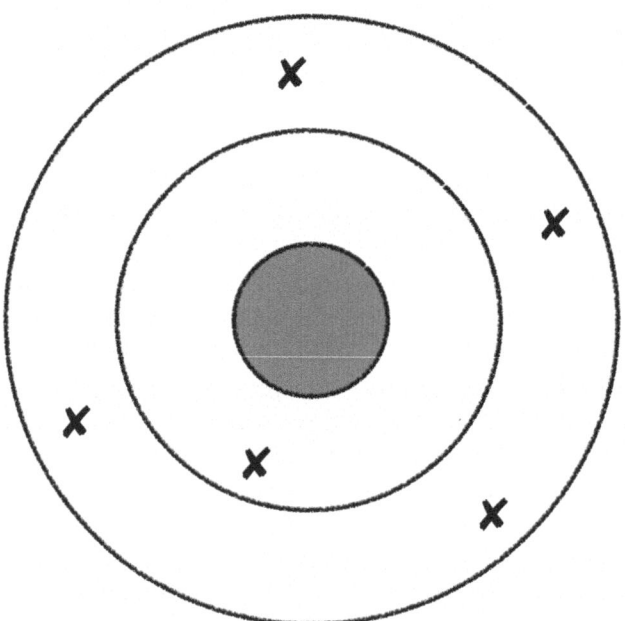

Abb. 2.4 Team 4 – Noise

Wie reagiert eine Organisation auf so unterschiedliche Trefferbilder, respektive Zielerreichungsgrade?

Warum betrachten wir die verschiedenen Trefferbilder? Die unterschiedlichen Trefferbilder lösen bei pyramidalen Organisationen reflexartig konditionierte Verhaltensmuster
aus, mit denen umgehend reagiert wird.

In Team 1 scheint alles bestens zu sein. Hier werden die Organisationen keinen Hand-
lungsbedarf erkennen. Alle Ziele wurden offensichtlich hinreichend erreicht.

In Team 2 scheinen alle Teammitglieder ihre individuellen Handlungen gut auszu-
führen. Das Trefferbild für sich betrachtet entspricht dem von Team 1, nur eben etwas
verzerrt. Das Ergebnis scheint aber reproduzierbar zu sein. Daraus könnte eine klassische
Organisation den Rückschluss ziehen, dass die eingesetzten Tools nicht optimal justiert
sind. Sinnbildlich würde das bedeuten, dass das Zielfernrohr der Armbrust von Team 2
justiert werden muss. Der Fehler liegt in den Werkzeugen und muss behoben werden.

Auch für Team 3 gibt es ein antrainiertes Verhalten. Während Bias, als die Verzerrung
eher mit mangelhaften Werkzeugen in Verbindung gebracht wird, scheint Streuung eher
auf einen Kompetenzmangel der Mitarbeitenden hinzudeuten. Team 3 arbeitet mit dem
gleichen Equipment wie Team 2, verfügt aber offensichtlich über weniger Erfahrung und
eine geringere Kompetenz. Hier können Entwicklungschancen identifiziert und Projekte
zum Erfahrungserwerb begleitet werden.

Team 4 ist scheinbar unerfahren oder nicht hinreichend ausgebildet. Jedenfalls ist es
nicht in der Lage seine Aufgaben zur Zufriedenheit des Unternehmens zu erledigen. Hier
muss also an der Befähigung der Menschen gearbeitet werden – Training, Schulung,
Coaching – gerne das volle Programm.

Es lohnt sich allerdings einen zweiten, genauen Blick auf die Trefferbilder und Zielerreichungsgrade der Teams zu werfen. Es gibt nämlich noch eine andere Interpretation.

2.3   Statisches Handeln im gekrümmten Raum

Die statische, pyramidale Organisation betrachtet die Zielerreichungsgrade und Trefferbilder und leitet dann Maßnahmen zur Verbesserung der Ergebnisse ab. Die daraus
gewonnenen Erkenntnisse und Daten generiert die statische Organisation einzig aus
sich selbst. Dies geschieht mittels sogenannter KPI – *Key Performance Indicator* – mit
deren Hilfe sie sich selbst von innen heraus interpretiert und beobachtet (Piontek, 2015,
S. 114). Diese Perspektive erlaubt nur einen Schluss: Die Ursachen für nicht erreichte
Ziele sind ausschließlich auf interne Faktoren zurückzuführen. Das bedeutet folge-
richtig, dass wir durch Schulung, Training und Coaching sowie die Erneuerung und
Aktualisierung unserer Tools wieder an alte Erfolge anknüpfen können. Da aus der Sicht
der statischen Organisation die Gründe für diese Abweichungen alle intern verankert
sind, lassen sich die Abweichungen auch ausnahmslos alle durch nach innen gerichtete
Maßnahmen ausgleichen und beheben. Und genau darin liegt der Trugschluss, dem die
Steampunk Organisation unterliegt.

Was bedeutet es, mit statischen Methoden in einem dynamischen Umfeld zu agieren?

Tritt eine Verzerrung *(Bias)* auf, werden Mittel, Methoden und Werkzeuge verbessert. Es wird also Zeit, Geld und vor allem Kapazität in die Infrastruktur investiert. Tritt Rauschen *(Noise)* auf, werden die Fähigkeiten und Fertigkeiten, die Präzision, verbessert. *Bias* scheint sich auf die Effektivität, *Noise* auf die Effizienz zu beziehen. Mangelt es an beidem, tritt also wie bei Team 4 oben, sowohl Verzerrung als auch Rauschen auf, hilft nur noch die Umstrukturierung – neue Teams, neue Abteilungen, neue Silos.

Der jahrelange Blick nach innen verhindert die Entwicklung einer nach außen gerichteten Sensorik. Ein vollständig auf innere Werte gerichtetes Controlling missversteht die Änderungen des Umfelds, sofern es sie überhaupt wahrnimmt. Der ständige Blick nach innen führt zu einer Entkopplung mit der Außenwelt. In einer digitalen Welt sind die Kunden informierter und weniger ausgeliefert. Sie brauchen eine weniger breite Beratung, sondern echte Fachexpertise mit Detailwissen. Sie können Preise und Ausstattungen alleine vergleichen und Aussagen auf ihren Wahrheitsgehalt prüfen. In einer sich exponentiell verändernden Welt, in einem von Dynamik geprägten Markt, ändern sich gleichzeitig die Produkte, Produktmöglichkeiten und Geschäftsmodelle und die Kompetenzen, Bedarfe und Wünsche der Kunden. Das ganze Marktgefüge wird also dynamisch und verändert sich stetig. Ohne Sensorik in diese Welt nimmt die statische Organisation die Veränderungen nicht wahr und kann demnach auch nicht auf sie reagieren.

Disruption

Wenn eine statische Organisation strategische Ziele formuliert, im übertragenen Sinne also ihre Zielscheibe in einem sich exponentiell verändernden Raum, was für ein Trefferbild erhält sie dann? In *Steampunk Ökonomie* (Rein, 2021) habe ich die Wirkung von exponentieller Veränderung im Detail beschrieben – sie wirkt am Anfang linear, weil die Änderungen sehr klein sind. Sie hat keinen Effekt auf den Markt und die Ziele werden mit althergebrachten Methoden erreicht. Unser Team trifft ins Bull's Eye. Es ist effektiv, tut also das Richtige, und ist effizient, nutzt also angemessene Mittel. Das Team macht das Richtige richtig. Sobald die exponentielle Krümmung aber bemerkbar wird – Mikroprozessoren erobern die Wohnzimmer in Spielekonsole und Heimcomputern – sich die Kundenwünsche durch die neuen Möglichkeiten verändern, setzt eine langsame Verzerrung ein. Die gleichen Produkte treffen nicht mehr die Kundenwünsche. Das Team ist effizient, aber die Effektivität nimmt ab. Und das passiert nicht, weil die Werkzeuge defekt oder ungeeignet sind, sondern weil der Raum und damit die Zielscheibe selbst sich verändern.

Abb. 2.5 zeigt ein disruptives Ereignis, wo eine neue Technologie, ein neues Geschäftsmodell, und schließlich eine neue Lösung, die alle Aufgaben der alten Lösung erfüllt und damit die alte Lösung vollständig ersetzen kann. Zu der wachsenden Verzerrung kommt auch noch ein Rauschen hinzu. Die nachlassende Effektivität wird

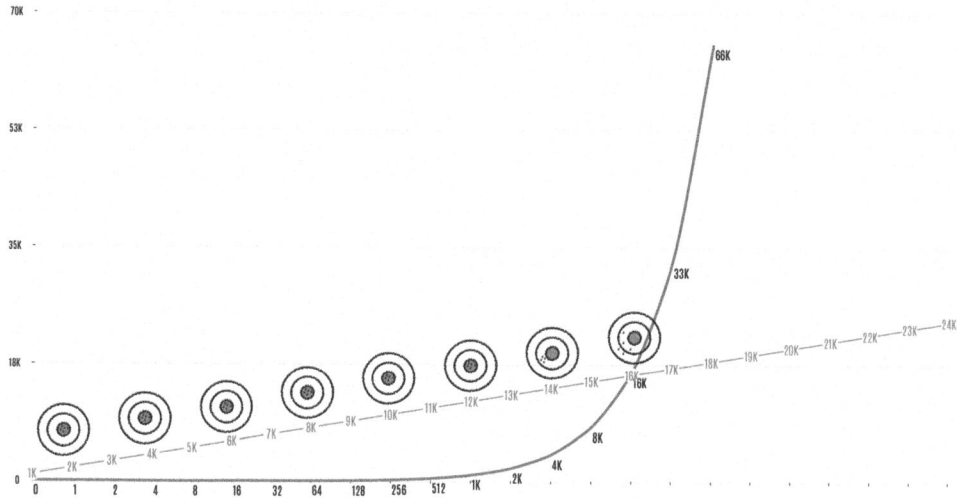

Abb. 2.5 Disruption

zunehmend durch nachlassende Effizienz begleitet. Alte Mittel, Verfahren und Vorgehensweisen sind einfach nicht mehr geeignet, die Bedarfe des Marktes zu erfüllen.
Die Exponentialkurve durchbricht das lineare Vorgehen der Vergangenheit. Und je weiter
die Exponentialkurve steigt, sich die wahrgenommene Realität der Organisation von der
äußeren Realität entfernt, umso weiter werden die Trefferpunkte auseinander driften.
Effektivität und Effizienz gehen gänzlich verloren, bis am Ende nicht mal mehr die
Zielscheibe getroffen wird. Das dürfte dann der Punkt sein, an dem eine altehrwürdige
Organisation sich in das exponentielle Nirvana verabschiedet.

Gibt es disruptive Ereignisse?
Wer sich nun gerade fragt, ob es wirklich disruptive Ereignisse gibt, dem sei gesagt:
ja, die gibt es schon immer. Als Beispiel dient mir der einstige Wohlstand der Stadt
Manaus, der heutigen Hauptstadt des brasilianischen Bundesstaates Amazonas im
Kapitel *Disruption* in meinem Buch *Steampunk Ökonomie* (Rein, 2021, S. 46). Manaus
beherrschte den Weltmarkt mit Kautschuk, also Naturgummi. Das disruptive Ereignis begann 1910 mit der Entwicklung von künstlichem Gummi und dem Verfall der
wirtschaftlichen Bedeutung Manaus. Im Ganzen 20. Jahrhundert sind disruptive Ereignisse aufgetreten, aber die Geschwindigkeit – also die Häufigkeit je Zeiteinheit – wurde
größer.

Ginge es nach Stanley Kubrick, wäre *Dr. Heywood Floyd* mit einer *PanAm* Maschine
im Jahr 2001 zum Mond geflogen. Man konnte sich 1969 nicht vorstellen, dass es
PanAm einmal nicht mehr geben würde. *Kodak,* der Erfinder der Digitalfotografie,
ist an dieser gescheitert. Der Markt wurde anderen überlassen, weil man zu lange auf
chemischen Film setzte (Christensen, 2000). Die gesamte deutsche HiFi Industrie

existiert nicht mehr. Wollte man in den 1980er -Jahren HiFi vom Feinsten, kaufte man *Braun, Grundig, Saba* und *Dual.* Brauchte man das coolste Handy (vor 2007), kaufte man *Nokia, Siemens, Sony/Ericsson* und *Motorola.* Und das Business Phone war ein *Blackberry. DF-1* und *Premiere,* Videothek und Plattenladen, *Schlecker, Hertie, Quelle, Horten, Kaufhof,* alle wurden Opfer des sich immer weiter krümmenden Raumes.

2.4   Strategiearbeit und andere Illusionen

In einer statischen, pyramidalen Organisation soll die Strategie der Unternehmensführung aufzeigen, auf welche Art mittel- und langfristige Ziele erreicht werden können (Piekenbrock, 2011). Dabei ist die Strategie der Führungsebene vorbehalten und liegt deshalb häufig beim Vorstand (Maier, 2019). Strategie*arbeit* wiederum zielt darauf ab, den Erfüllungsgrad der strategischen Ziele zu messen und zu überprüfen. In einer statischen, pyramidalen Organisation hilft sie den Grad der Zielerreichung zu ermitteln und dient dazu, den eigenen Erfolg zu messen und das in der Organisation vorherrschende Anreizsystem zu bedienen.

Auf allen Ebenen der Pyramide gibt es heiß umkämpfte Plätze, die es zu verteidigen gilt. Überall in der Organisation gibt es Silos, die Machtbereiche umreißen – und die es zu erhalten gilt. Zielerreichung und damit kommunizierbarer Erfolg in der Organisation ist ein mächtiges Mittel, den eigenen Status zu erhalten und sich gegen andere in der Hierarchie durchzusetzen. Strategiearbeit dient dazu strategische Ziele zu erreichen, mit dem Ziel den eigenen Erfolg zu belegen und die eigene Position zu rechtfertigen.

Wie funktioniert Strategiearbeit in der statischen, pyramidalen Organisation?
Menschen in der Organisation arbeiten dauernd an irgendetwas. Gegen Ende des Jahres werden häufig die strategischen Ziele für das kommende Jahr verkündet – und die Menschen in der Organisation arbeiten weiter. Gegen Ende des Jahres wird dann ein Zielerreichungsformular herumgeschickt und für später ein Mitarbeitergespräch vereinbart.

In dem Zielerreichungsformular geht es darum zu dokumentieren, auf welche der Anfang des Jahres verkündeten Ziele die eigene Arbeit einzahlt und ob sie auch strategisch relevant war. Der Report erfasst und berichtet, ob man geholfen hat, Produkt X zu stärken oder Markt Y zu erweitern. Die Menschen sind angehalten in der Retrospektive, also in der Rückschau, aus der Gegenwart in die Vergangenheit blickend, zu beschreiben, wie sie aus der Vergangenheit die Zukunft, also die heutige Gegenwart, entwickelt haben.

Niemand würde in einem solchen Bericht feststellen, dass die eigene Arbeit strategisch irrelevant und vollkommen bedeutungslos war. Niemand würde in einem solchen Bericht vermerken, dass die eigene Arbeit zum Erreichen der Unternehmensziele vollkommen ungeeignet war und damit nicht den geringsten Beitrag zum Erfolg der Organisation geleistet hat. Jede Arbeit, die in der Organisation geleistet wurde, wird in irgendeiner Form mit den formulierten Zielen in Einklang gebracht werden. Sie wird schon auf das strategische Ziel und auf den Erfolg des Unternehmens eingezahlt haben. Oh Wunder! Damit hat im ganzen Jahr in der ganzen Organisation nur strategische Arbeit stattgefunden. Alle Arbeit war strategisch relevant!

2.4.1 Die Organisation hört nach innen

Leider hat die Organisation keine Sensorik für ihre Außenwelt entwickelt. Mit ihren KPI entwickelt sie ihren Maßstab, ihre Bemessungen und Kenngrößen aus sich selbst und somit aus der Selbstbeobachtung von innen heraus. Das sie umgebende Umfeld, mit dem sie interagiert oder in dem sie agiert, berücksichtigt sie systematisch nicht. Im Bild der Zielscheibe der vier Teams von oben, wäre das so als ob sie das ganze Jahr schießen würde, um dann am Ende des Jahres um die Einschusslöcher eine Zielscheibe zu zeichnen. Das ist retrospektive Strategiearbeit in der statischen, pyramidalen Organisation.

Wir malen die Zielscheibe, nachdem wir geschossen haben. Und damit sind natürlich alle Ziele erreicht und alle Pfeile im Bull's Eye, wie in Abb. 2.6 dargestellt. Dass damit eine Organisation nicht entwickelt wird, dass damit eine Organisation am Markt ihre Ziele nicht erreichen und sie damit auch nicht auf die Bedürfnisse des Marktes im Entferntesten eingehen kann, ist selbstverständlich und leicht zu verstehen. Zielerreichung auf diese Weise festzustellen, dient nur der Selbstaffirmation. Es geht darum, das von der Organisation selbst ausgegebene Anreizsystem tatsächlich auszuschöpfen.

Es geht nicht darum, die Leistung der Organisation zu bemessen. Es geht auch nicht darum, die Ausrichtung der Organisation zu verändern. Ebenso wenig die Produkte für die Kunden zu verbessern, sondern ausschließlich darum, aus sich selbst heraus

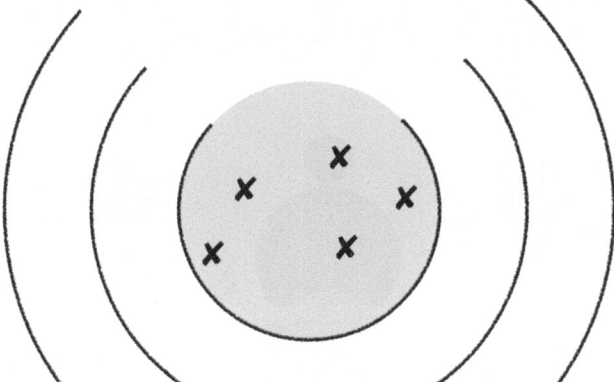

Abb. 2.6 Erfüllen strategischer Ziele

getrieben die eigene Position zu sichern. Mit dieser Strategiearbeit wird nicht die Zukunft, sondern die Vergangenheit vorhergesagt.

2.4.2 Prognosen sind schwierig, insbesondere wenn sie die Zukunft betreffen

Die Aussage über schwierige Prognosen wird gleich vielen Urhebern zugeordnet. Darunter sind *Mark Twain, Winston Churchill, Nils Bohr* und *Karl Valentin*. Gleichgültig, wer der Urheber der Aussage ist, sie ist wahr. Gleichwohl sind Vorhersagen jedoch leicht, *solange sie die Vergangenheit betreffen.* Und wir Menschen sind Meister darin, die Vergangenheit vorherzusagen. In der Retrospektive ergibt alles immer einen Sinn. Das eine fügt sich zum anderen und führt alternativlos von einem Ereignis zum nächsten, auf genau einem Weg in die Zukunft: unsere Gegenwart.

Dass es Tausende von Alternativen gegeben hätte, die zu einer alternativen Wirklichkeit geführt hätten, blenden wir aus. Wir können uns diese Zukünfte nicht vorstellen. Nach vorn blickend die Zukunft vorherzusagen, ist bedeutend schwerer – weil die Zukunft (mit ihren konkurrierenden, nicht eintretenden Zukünften) nicht alternativlos ist (siehe Abb. 2.7). Auf dem Weg in die Zukunft sind wir nach vorn gerichtet, mit andauernder Unsicherheit konfrontiert.

Die Vergangenheit vorhersagen ist die Kernkompetenz der statischen, pyramidalen Organisationen. Ihre Strategiearbeit ist retrospektiv und vom realen Marktgeschehen gänzlich entkoppelt. Wirkliche Strategiearbeit muss nach vorn gerichtet sein. Sie muss in die Zukunft gerichtet sein. Die Vorhersage der Zukunft ist schwierig, weil sie die Zukunft betrifft – und damit aus unserer Perspektive unzählige Möglichkeiten betrachten muss. Nach vorn gerichtet, gibt es rein logisch keine Alternativlosigkeit. Es gibt nicht genau einen Weg.

Gerade weil wir nicht wirklich in die Zukunft schauen können, müssen wir versuchen, die unterschiedlichen Möglichkeiten zu beschreiben. Die Statistik gibt uns das Wissen,

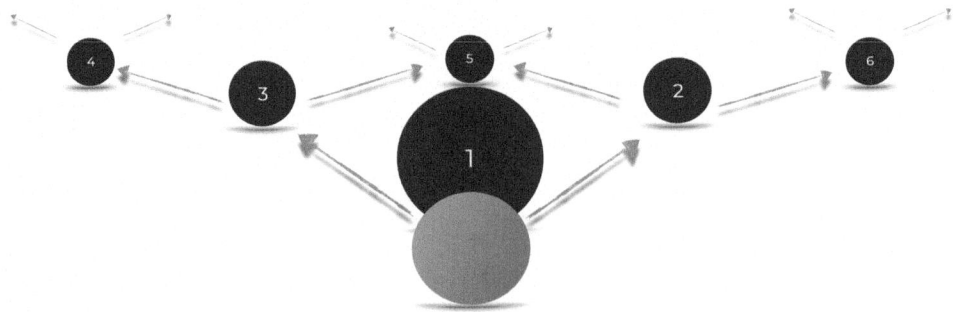

Abb. 2.7 Alternative Zukünfte

mögliche Pfade mit Eintrittswahrscheinlichkeiten zu belegen und dann probabilistische Entscheidungen zu treffen. Leider wird an den Schulen nur ein sehr unzureichendes statistisches Verständnis gelehrt und probabilistisches Entscheiden ist häufig kontraintuitiv und damit nicht ‚gefühlt richtig'. Die damit einhergehenden Probleme offenbaren sich deutlich in der vergangenen Pandemie.

Echte Strategiearbeit formuliert Hypothesen und entwickelt Szenarien (plural!) mit Eintrittswahrscheinlichkeiten. Und echte Strategiearbeit weiß, dass sie immer falsch-liegt. Sie hilft aber, Entscheidungen zu treffen, in welche Richtung die Organisation ausgerichtet wird, und ist die Entscheidungsgröße, welchen Weg man geht. In einer Null-Fehler-Toleranz-Organisation kann man sich das nicht vorstellen.

Wenn die Organisation die statische und pyramidale Sensorik für ihre Umwelt ent-wickelt und die einzelnen Expertinnen und Experten im Rahmen ihrer Expertise entscheiden lässt, wandelt sie sich in etwas dynamisches, wandelbares, anpassungs-fähiges. Dann wird aus Organisation Organismus.

Literatur

Christensen, C. M. (2000). *The Innovator's Dilemma – When new technologies cause great firms to fail.* Harvard Business Review Press.

Dieffenbacher, S., Hüttinger, C., Zaninelli, S. M., Lines, D., & Rein, A. (2022). *How to create innovation – The ultimate guide to prove strategies and #businessmodels for driving #innovation and #digitaltransformation!* Digital Leadership AG.

Gassmann, O., Frankenberger, K., & Csik, M. (2017). *Geschäftsmodelle entwickeln.* Hanser.

Häusling, A. (2018). *Agile Organisationen.* Haufe.

Hilbert, M. (2012). Toward a synthesis of cognitive biases: How noisy information processing can bias human decision making. *Psychological Bulletin, 138*(2), 211–237. https://doi.org/10.1037/a0025940.

Indset, A. (2017). *Wildes Wissen.* Campus.

Indset, A. (2019). *Quantenwirtschaft.* Econ.

Kim, W. C., Mauborgne, R. (2015). *Blue Ocean Strategy – How to create uncontested market space and make the competition irrelevant.* Harvard Business Review Press.

Maier, G. (2019). *Das Vergessene Vokabular der Strategie: Handbuch der Strategischen Prinzipien.* BoD.

Osterwalder, A., & Pigneut, Y. (2010). *Business model generation.* Wiley.

Piekenbrock, D. (2011). *Gabler Kompaktlexikon Wirtschaft.* Springer Gabler.

Piontek, J. (2015). *Controlling.* Oldenbourg.

Rein, A. (2021). *Steampunk Ökonomie – Mit der Dampfmaschine zum Mond.* Tredition.

Von der Organisation zum Organismus

3

Zusammenfassung

Organisationen müssen in einem sich stetig verändernden Umfeld zwei Sensoriken entwickeln. Eine feinfühlige, die in der Lage ist, Bedarfsänderungen schnell zu erfassen und eine übergreifende, die die Gesamtausrichtung der Organisation zu beurteilen vermag. Da die kontinuierliche Auswertung dieser Messdaten nicht sinnvoll zentral erfolgen kann – mangels Kapazität und Kompetenz – werden Entscheidungen dezentral getroffen und organische Netzwerkstrukturen nachgebildet. Die gesamte Organisation folgt der Logik sich gegenseitig bedienender Services und bildet ein lernendes Netzwerk. Der Idee der Neuroplastizität folgend kann sich jeder Netzwerkknoten den jeweiligen Anforderungen anpassen und damit die Gesamtleistungsfähigkeit der Organisation verbessern. Aus der statischen, pyramidalen Organisation wird ein flexibles, organisches Netzwerk.

Das schwerfällige einer hierarchischen, statischen Organisation muss einem leichtgewichtigen Design weichen. In der VUCA-Welt ist die Zahl der zu treffenden Entscheidungen, im Kleinen wie im Großen, so unüberschaubar hoch, dass sie nicht sinnvoll auf wenige Köpfe verteilt werden kann. Und da die Wenigen auch keine Experten und Expertinnen für die Beantwortung von zum Teil hochkomplexen Fragen sind, können sie intellektuell keine hinreichenden Antworten liefern und schon gar nicht alle Entscheidungen treffen.

Es bedarf gleichzeitig einer feinfühligen Sensorik, die in der Lage ist, Bedarfsänderungen schnell zu erfassen und einer übergreifenden Sensorik, die die Gesamtausrichtung der Organisation zu beurteilen vermag. Bei diesen Sensoriken muss es sich aber keinesfalls um dasselbe System handeln. Die Aufgabe der Strategie ist es jedenfalls, die Gesamtausrichtung der Organisation zu bestimmen und gegebenenfalls anzupassen.

3.1   Die Ausrichtung der Organisation

Die Ausrichtung der Organisation muss in einem sich kontinuierlich verändernden Umfeld logischerweise ebenfalls kontinuierlich sein. Das heißt nicht, dass dauernd jemand auf das Strategie-Board schaut, aber, dass die Strategie in hinreichend kurzen Abständen überprüft und angepasst wird. Die strategischen Ziele sollen sich in Einklang mit den ökonomischen Realitäten befinden. Damit ist Strategiearbeit kein punktuelles Ereignis mehr, sondern eine kontinuierliche Tätigkeit. Es gibt nicht mehr die strategischen Ziele für das Jahr, deren Erreichungsgrad nach 12 Monaten überprüft wird.

Eine handlungsfähige Organisation überprüft anhand geeigneter Messkriterien andauern, ob sie sich auf Zielkurs befindet und ob die zur Erreichung der Ziele eingesetzten Mittel und Methoden probat sind. Eine handlungsfähige Organisation vermeidet *Noise,* indem sie hinterfragt, ob sie die Dinge richtig tut und *Bias,* indem sie hinterfragt, ob sie auch die richtigen Dinge tut.

Daraus folgt, dass Strategiearbeit nicht mehr allein in der Hierarchie verankert sein kann. Alle Mitarbeitenden, die zur Strategie beitragen können, tun dies auch. Strategie findet damit in der gesamten Organisation, ausgerichtet auf die jeweilige Perspektive statt. Jeder Teil der Organisation kann auf Veränderungen reagieren, ohne das Gesamtgefüge der Organisation zu gefährden. Strategie ist nicht notwendigerweise in der Hierarchie verankert, sondern dort, wo sie beurteilt werden kann (Laloux, 2014).

In einer statischen Organisation ist das so nicht abbildbar. Wenn Strategie die Ziele vorgibt, kann das nur top-down erfolgen (Schein & Schein, 2017). Wenn die Erreichung der Ziele Machtgefüge schützt und sichert und die Verbesserung der Organisation gar nicht adressiert, dann benötigt man für die Formulierung der strategischen Ziele – zugegeben etwas überspitzt – keinerlei Kompetenz. Wachstum um x% braucht keine Kompetenz, sondern das Glück einigermaßen treffend zu raten – egal, ob für eine Pommesbude oder einen DAX-Konzern. Was wir wirklich brauchen, ist ein reaktionsfähiger Organismus, der selbstständig partielle Veränderungen wahrnimmt, darauf reagiert, damit interagiert und lokale Probleme auf dem großen Kurs nach vorn löst.

3.2   Die Schnecke macht es vor

Niemand würde wohl einer Schnecke ein hohes Maß an Intellektualität zusprechen. Trotzdem ist sie ein großartiges Sinnbild für eine organische Struktur, von der Organisationen lernen können. Natürlich können wir nicht direkt lernen, aber im übertragenen Sinne. Es lassen sich gewisse Strukturen abschauen.

Schnecken verfügen über kein Gehirn im eigentlichen Sinne, sondern über eine Ansammlung von Nervenzellen, die man als *Cerebralganglion* bezeichnet. *Gastropoden* können also nicht in unserem Sinne denken. Aber sie können natürlich instinktgetrieben durchaus Entscheidungen treffen. Sie entscheiden, in welche Richtung sie kriechen wollen, oder ob sie sich in ihr Schneckenhaus zurückziehen. Der genaue Aufbau von Schnecken ist unglaublich interessant und auch ihre Artenvielfalt ist beeindruckend, führt aber hier eindeutig zu weit.

Wichtig ist hier, dass eine Schnecke über einen kleinen Kopf verfügt, der mit zwei oder vier Fühlern ausgestattet ist – von denen zwei mit Augen bestückt sind. Unterhalb des Kopfes verfügen Schnecken im sichtbaren Bereich über einen großen, kräftigen und sehr flexiblen Fuß, während die Eingeweide und sonstigen Organe im Schneckenhaus geschützt liegen. Über ihre Sinnesorgane kann die Schnecke hell von dunkel unterscheiden und rudimentäre Formen erkennen. Sie verfügt über den gesamten Fuß über einen ausgeprägten Geruchssinn und über die Fühler einen feinen Tastsinn. Erschütterungen nimmt sie mit ihrem gesamten Körper wahr. Ferner sind sie in der Lage, sich Strukturen ihrer Umgebung bis zu 4 Monate lang einzuprägen und zu merken. Über diese Sensorik steht die Schnecke in permanenter Interaktion mit ihrer Umgebung. Der genaue Aufbau von Schnecken ist weit komplexer und kann zum Beispiel bei Markl (2019, S. 957) im Detail nachgelesen werden.

Basierend auf diesen Informationen, entscheiden Gastropoden, in welche Richtung sie am besten kriechen sollten. Wie das genau funktioniert, wie die Schnecke ihre strategischen Ziele tatsächlich identifiziert, weiß ich nicht, aber es ist hier auch nicht von Belang. Was auch immer die Schnecke antreiben mag – sei es Hunger, sei es Laune, sei es etwas, das ich einfach nicht verstehe – sagen wir einfach, sie hat strategische Ziele und diese gilt es zu verfolgen.

3.2.1   Die Schnecke ist kein Uhrwerk

Wäre die Schnecke eine klassische, statische Organisation, würde sie wie ein Uhrwerk funktionieren. Dann müsste das Gehirn zu jedem strategischen Ziel entscheiden, wie sich ihre Einzelteile zu verhalten hätten. Strategische Ziele wiederum stünden gleichzeitig immer auf dem Prüfstand des Machbaren. Das bedeutet, dass sinnvolle Ziele unter Umständen gar nicht in Betracht gezogen würden, weil die Organisation aus aktueller Sicht überfordern ist. Viel Neues entsteht so nicht. Dem *Cerebralganglion* fehlt für ein so umfassendes Denken die Kapazität. Die Fülle der Entscheidungen und die erforderliche Entscheidungsgeschwindigkeit können kapazitiv gar nicht erbracht werden. Die statische, pyramidal gesteuerte Schnecke könnte mit der Welt nicht interagieren und würde von der Evolution wahrscheinlich relativ schnell aus dem Genpool entfernt.

In einer organischen Struktur braucht das *Cerebralganglion* diese Fähigkeiten nicht. Wenn jede Zelle im Fuß der Schnecke ‚weiß‘, wie die jeweiligen Funktionen und Leistungen erbracht werden, benötigt der Fuß nur die Richtung und das Ziel der zu erbringenden Arbeit. Wenn die Schnecke weiß in welche Richtung sie sich bewegen will, obliegt es einzelnen organischen Organisationseinheiten auf dieses Ziel hinzuarbeiten. Die Schnecke fängt also an, Schleim zu produzieren und macht sich auf ihren Weg. Auf ihrem Schleim können sich Schnecken auf praktisch jedem Untergrund bewegen und sogar unverletzt über Rasierklingen kriechen. Das ist ein Vorteil, wenn man auf unbekannte Hindernisse stößt. Das *Cerebralganglion* ruft nämlich nur das Ziel aus. Mit der Problemlösung, also dem Weg, wie dieses Ziel erreicht werden kann, beschäftigt es sich nicht. Die betroffenen Regionen des Schneckenkörpers entscheiden situativ.

3.2.2 Situatives Entscheiden

Nehmen wir an, auf ihrem Weg befindet sich ein Stein. Und nehmen wir weiter an, dass sie nun drei Handlungsoptionen hat: Sie kann komplett ausweichen und einen weiteren Weg in Kauf nehmen. Sie kann sich entscheiden, beschwerlich den direkten Weg über den Stein zu nehmen oder, drittens, an dem Stein entlang gleiten – nicht ganz so beschwerlich und nicht viel weiter als der direkte Weg.

Das sind keine Entscheidungen, die das *Cerebralganglion* trifft. Das kann es gar nicht. Es sind die betroffenen Segmente des Körpers, die vollständig *selbstorganisiert* entscheiden, wie sie mit dem Problem umgehen. Das Gehirn erlangt von dieser Störung keine Kenntnis. Es handelt sich vielmehr um Reflexe und Reaktionen auf die aktuell vorgefundenen Begebenheiten. Eine Seite des Fußes führt die Kontraktionen für die Vorwärtsbewegung aus, die andere die Kontraktion für die Bewegung nach oben und vorn. Die Vorwärtsseite muss sich nur der Geschwindigkeit der anderen Seite angleichen. So bleibt die Gesamtbewegung gleichförmig und die Schnecke behält ihr Ziel bei. Die situativen Handlungen werden nur dort ausgeführt und gesteuert, wo sie auch stattfinden.

Der Schneckenfuß ist so aufgebaut, dass jeder Teil jederzeit auf Unebenheiten, Abweichungen, auf Hindernisse und auf Probleme selbstorganisiert so reagieren kann, dass der gesamte Ablauf im Bewegungsapparat nicht gestört wird. Das ist keine zentral gesteuerte Funktion, das ist keine strategische Vorgabe, sondern die operative Anpassung des Verhaltens und des Handelns auf die strategischen Vorgaben. Strategie und Operative sind vollkommen voneinander getrennt. Aber die Operative ist so eingestellt, dass sie mit allem, was sie tut und mit allem, was sie entscheidet, auf die Strategie *einzahlt*. Und die Strategie-Ebene muss sich darüber keine Gedanken machen, wie die Operative eigentlich funktioniert. Die strategiegebende Instanz muss sich nicht mit der Umsetzung beschäftigen und die Operative nicht mit der Strategie – jeder Teil arbeitet im Rahmen seiner Expertise. Würde die Schnecke mechanisch funktionieren, wie ein Uhrwerk, müsste bei jeder Störung steuernd auf die Abläufe im Gesamtorganismus eingegriffen werden – das wäre schwerfällig, langsam und ineffizient. Der Stein würde die Strategiearbeit behindern und unter Umständen zu einem Totalausfall der Fortbewegung führen.

▶   Organische Strukturen sind flexibel und anpassungsfähig und damit für die Fortbewegung in einer dynamischen Umgebung weit besser geeignet als statische, mechanistische Strukturen.

Egal, wie die Schnecke das Problem löst – es ist keine strategische Entscheidung, die aus dem Schneckenhirn käme. Das Gehirn bekommt von dem Problem wahrscheinlich überhaupt nichts mit. Es weiß nicht einmal, dass da ein Stein liegt. Dennoch wird das strategische Ziel von der gesamten Organisation erreicht. Vielleicht gibt es am Abend eine Lagebesprechung, wo die linke Körperhälfte kurz darauf hinweist, dass es eine Störung gab, die aber einfach umgangen werden konnte. Vielleicht stellt die linke Körperhälfte die Informationen bereit, wie das Problem gelöst wurde, sodass die rechte Seite, sollte sie mal in eine ähnliche Situation kommen, das erworbene Wissen direkt anwenden kann. Dann würde die Gesamtorganisation lernen.

Vielleicht aber auch nicht. Die Schnecke belastet die Strategiearbeit nicht mit operativen Fragen. Warum auch? Dafür ist die Operative ja schließlich da.

Wir sollten versuchen, von der Schnecke zu lernen. Wie muss eine Organisation, eine klassische Organisation, geschnitten sein, um organische Strukturen nachzubilden?

3.3 Die Anpassungsfähigkeit eines Netzwerks

Wie kommen wir jetzt von der statischen Struktur einer Organisation zu einer organischen Struktur, wie der einer Schnecke?

Wo einzelne Segmente selbstorganisiert auf Hindernisse reagieren, ganz nach Bedarf, ohne ein *Cerebralganglion* zu involvieren und mit unnötigen Informationen zu belasten, können keine zentralistischen Strukturen vorherrschen. Betrachten wir das Organisationsdesign – das *Organismusdesign*.

Stellen wir uns Organisation doch einmal als Netzwerk vor (Abb. 3.1). Das Netzwerk besteht aus Wertströmen, deren Aktivitäten zusammengenommen Wert stiften (Bertagnolli, 2018). Gehen wir noch weiter und stellen uns die Wertströme als Dienstleistungen vor, als Services, die erbracht werden. Jeder Service hat eine klare Funktion und stiftet einen Wert. Das ist die Bedingung – das Resultat des Services muss tatsächlich zur Fertigstellung des Endproduktes benötigt werden. Der Service muss also irgendeinen Wertbeitrag leisten. Jeder Service hat einen Auftraggeber und einen Abnehmer, für den der Wertbeitrag geleistet wird. Der Wertbeitrag wird demnach nach Bedarf angefordert.

3.3.1 Das Netzwerk nimmt Gestalt an

Jeder Service hat einen Input. Es wird also ein Reiz angelegt, der den Service triggert, mit der Arbeit zu beginnen. In aller Regel ist das eine Anforderung, eine Anfrage oder eine Information. Diese Anforderung, Anfrage oder Information kommt auf einen priorisierten Stapel – es wird also nicht nach Eingang der Anforderung gearbeitet, sondern nach Wichtigkeit der Anforderung. Und Wichtigkeit bemisst sich nicht nach dem zugemessenen Wert der Anfordernden, sondern bekundetem Wert des Abnehmers,

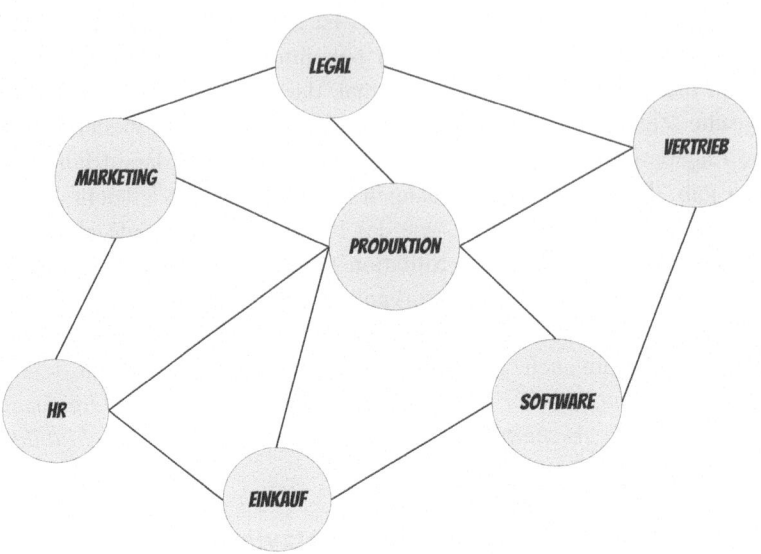

Abb. 3.1 Die Organisation als Netzwerk

nach Kundenwert. Der Stapel sollte nicht zu hoch werden, um sinnvoll priorisieren und (ab-)arbeiten zu können.

Jeder Service hat einen *Output* und mindestens einen Adressaten, an den dieser Output gerichtet ist. Als Output betrachten wir die nüchterne Menge an Dingen, die fertig werden. Der Service muss quantitativ hinreichend liefern. Der *Output* sollte aber auch immer *Outcome* sein. *Outcome* ist der für den Kunden des Services – sei er oder sie intern oder extern – gestiftete Mehrwert. Der Service muss also auch qualitativ seinen Wertbeitrag leisten. Diesen Wertbeitrag aus der Perspektive der Kunden muss der Service kennen, da dies das Ordnungskriterium, die Priorisierung, des Eingangsstapels war.

BEISPIEL: Output vs. Outcome

Quantitative ein Ergebnis zu erschaffen ist leicht. Wenn ich ein Loch im Garten grabe, produziere ich Output. Wenn ich das Loch am Abend wieder zuschütte, dann war ich den ganzen Tag beschäftigt und habe Output produziert – das Controlling wird es mir danken. Meine KPI sind erfüllt, ohne dass ich einen Wert erzeugt hätte.

Nur, wenn das Loch tatsächlich einen Wert stiftet, generiere ich Outcome. Wenn das Loch der Keller eines neuen Hauses wird, dann stiftet es Wert und wird zu Outcome. ◄

Zwischen Input und Output findet irgendeine Form der Bearbeitung statt. Das ist das aus der Informatik altbekannte EVA-Prinzip: Eingabe, Verarbeitung, Ausgabe. Es beginnt

Abb. 3.2 Eingabe-Verarbeitung-Ausgabe

also mit einer Schnittstelle am Anfang – Eingabe – die vom Anforderer möglichst pass-genau bedient werden sollte. Ist die Eingabe am Anfang unvollständig, unpräzise oder gar falsch, dann behindert das die Verarbeitung. Die Eingabe kann nicht auf den Stapel gelegt und priorisiert werden. Es müssen erst eine Fehleranalyse betrieben und fehlende Informationen eingesammelt und Anforderungen präzisiert und ausgearbeitet werden. Ohne die Vorbereitung und Ausarbeitung der Anforderungen ist eine Verarbeitung gar nicht möglich. Das ist aber nicht der Job der Verarbeitung, sondern der Job der Instanz, die die Eingabe an den Service macht, die den Service beauftragt, etwas zu tun. Und der Anforderer ist ja selbst ein Service – sein Output ist der Input der Verarbeitung (Abb. 3.2).

Die Verarbeitung ist der eigentlich produktive Teil im Service. Hier wird aus der Anforderung ein Produkt oder aus der Aufforderung eine Dienstleistung erzeugt. Hier wird der Input durch Bearbeitung mindestens in einen Output, idealerweise in ein Outcome verwandelt. Kommt die Verarbeitung ins Stocken, weil sie Aufklärungsarbeit durchführen muss, behindert das die effiziente Ausführung des Services. Wenn eine Organisation so geschnitten ist, dass der Service erst Aufklärungsarbeit betreiben muss und damit Arbeit eines vorgelagerten Services übernimmt, dann sollte über den Neu-schnitt des Services nachgedacht werden. Klärung und Umsetzung sind nämlich zwei vollkommen unterschiedliche Tätigkeiten, die durchaus auch widersprüchlich sein können. Ein Service sollte idealerweise eindeutig, logisch und kurz sein. Dann kann die Verarbeitung hinreichend zielsicher erfolgen und führt zu einer raschen Ausgabe.

▶   Ein Service sollte idealerweise eindeutig, logisch und kurz sein.

Die Lieferleistung des Services – der Output – sollte sämtliche Anforderungen des Adressaten erfüllen. Wenn es sich dabei um einen Endkunden handelt, wissen wir, warum. Der soll schließlich für unsere Leistung bezahlen und wird das nicht tun, wenn unsere Leistung nicht seinen oder ihren Ansprüchen genügt. Sie wird unser Produkt nicht kaufen, uns nicht weiterempfehlen oder andere Produkte aus unserer Palette ausprobieren, wenn wir ihre Qualitätsansprüche nicht treffen. Meistens ist der Adressat eines Services aber gar kein Endkunde, sondern ein anderer Service. Und damit ist dieser Service, wie wir selbst, auf eine wohlgeformte Eingabe angewiesen. Was wir von unserem Vorgänger fordern, müssen wir gleichermaßen unserem Nachfolger liefern. Wenn jeder Service mit seinem Nachfolger abklärt, was er denn eigentlich in welcher Form benötigt, minimiert sich die Mehrarbeit an der Schnittstelle zwischen Services.

Es bedarf jetzt keiner großen Fantasie mehr, um sich eine Organisation als eine Verkettung von Services, als eine Reihe von parallelen Dienstleistungen in einem Netzwerk vorzustellen. In einem Netzwerk werden Knotenpunkte so miteinander verbunden, dass jede Information auf geordneten Bahnen jeden Bereich der Struktur erreichen kann. Die Übergabepunkte sind dabei die kritischen Punkte. Hier darf es zu keinem Informationsverlust und zu keiner Überlastung des Netzwerkes kommen. Die Topologie des Netzwerkes muss permanent austariert und die Architektur des Netzwerkes den äußeren Anforderungen angeglichen werden. Für alle, die sich schon immer gefragt haben, was bei einem selbstorganisierten Team ‚das' Management macht – hier kommt die Antwort: Systemarchitektur und Systemtopologie.

3.3.2 Die Geschwindigkeit des Netzwerks

Durchfließen alle Informationen alle Knotenpunkte, ist die Verarbeitung im Netzwerk ineffizient, wahrscheinlich langsam und es kommt zu Wartezeiten. Besteht wiederum eine direkte Verdrahtung zwischen zwei Punkten, dann kann es sein, dass die Information geby-passed und die Frage nach dem Outcome übergangen wird. Eine direkte Verdrahtung bindet ferner die Struktur an spezielle Funktionen, was die Anpassung der Systemarchitektur erschwert. Es würde ihr die Flexibilität nehmen und damit alle Effekte, die wir aus der netzwerkartigen Struktur generieren wollen. In einem Netzwerk geht man den Kompromiss ein, auf etwas Effizienz zugunsten der Effektivität zu verzichten. Ganz gleich, was wir tun, selbst wenn wir die Netzwerktopologie ändern, bleiben wir effektiv. Wir schießen also noch auf die richtige Zielscheibe. Wir können sicher sein, dass unsere Arbeit durch die Organisation fließt und sicher den Adressaten erreicht.

▶   In einem Netzwerk verzichtet man auf Effizienz zugunsten der Effektivität.

Es klingt so, als ob ein generisches, flexibles Netzwerk langsam wäre, als ob wir Geschwindigkeit für Zielgenauigkeit aufgeben würden. Dass ein Netzwerk mit bedarfsgerechtem Informationsfluss schneller ist als direkt verbundene Funktionen, erscheint kontra-intuitiv. Es scheint aber nur so.

Die in einer hierarchischen Organisation voneinander abgeschotteten Silos lassen gerade *keinen* Informationsfluss zu. Als Folge sind die Eingaben häufig nicht im Entferntesten auf die Bedarfe der verarbeitenden Einheiten ausgelegt. Darum mangelt es vielen klassischen Organisationen gerade an Effizienz. Wie oft wird in einer Silo-organisation Arbeit ‚über den Zaun geworfen'? Das eigene KPI ist erfüllt und damit ist man der eigenen Verantwortung entbunden. Man kann sich wegducken.

GEDANKENEXPERIMENT

Nehmen wir an, die Erfolgsmessung in einem Silo, also in einem vom Rest der Organisation, aus welchen Gründen auch immer, abgeschotteten Teil, erfolgt in *cost-per-unit,* dann heißt das, dass bei einer großen Menge fertiggestellter Arbeit das Silo erfolgreich ist. Es sollte so viele Units wie möglich produzieren, um den Stückpreis zu senken. Maschinen sollen so viele Teile wie möglich pro Stunde herstellen, MRT-Geräte sollen idealerweise 24/7 in Betrieb sein und Software-Entwickler sollen so viele Funktionen wie möglich je Sprint[1] fertigstellen. Ein hoher Output wird honoriert.

Dabei scheint es unerheblich zu sein, ob der hohe Output des Silos auch Outcome bedeutet und auch einen hohen Output der Organisation zur Folge hat. Denn ob die Liefermenge von dem nachfolgenden Organisationsteil überhaupt verarbeitet werden kann, wird gar nicht betrachtet. Wem nutzen Maschinenteile, wenn in der Lackiererei die Farbe fehlt? Wem nutzen zeitnahe MRTs, wenn es keine Ärzte gibt, die angemessen behandeln können? Wem nutzt Software, die nicht getestet und integriert werden kann? Trägt die eigene Geschwindigkeit zur Gesamtgeschwindigkeit und damit zur Lieferfähigkeit der Organisation bei? Ohne den Blick über den Tellerrand sicher nicht. Das ist schade, denn gekauft wird das Produkt erst ganz am Ende der Wertschöpfungskette, wenn die Kunden bereit sind für die Produkte auch zu bezahlen. Ungetestete Software wird nur Ressourcen gebunden haben, aber kein attraktives Produkt zur Nutzung sein. Dieses Denken spielt in der pyramidalen Organisation mit all ihren Silos absurderweise keine Rolle. Diese Betrachtung liegt in der Silo-Denke überhaupt nicht vor. Sie wird ausgeblendet. ◄

Wenn man die Umsetzungsgeschwindigkeit systemisch betrachten möchte, also wie lange es dauert, bis eine Anforderung tatsächlich ausgeliefert wird und zum Kunden kommt, dann kann man sich Silo-denken und abgeschottete Bereiche, einzelne Machtbereiche und pyramidale Strukturen nicht mehr leisten. Nicht einzelne Funktionen müssen besonders effizient sein, sondern das *Zusammenspiel* der Funktionen übergreifend im Netzwerk muss effizient sein. Darauf muss die Netzwerktopologie des organischen Unternehmens abzielen.

---

[1] Unter einem *Sprint* versteht man in *Scrum* und anderen agilen Methoden ein Zeitintervall mit einer Dauer von zwei bis vier Wochen. Die Lieferleistung für dieses Intervall ist festgelegt und darf während der Laufzeit des *Sprints* nur aus sehr guten Gründen geändert werden.

▶   Das *Zusammenspiel* der Services im Netzwerk muss effizient sein.

Ein Netzwerk verzichtet ein wenig auf Effizienz. Ja. Aber wenn wir uns mal vorstellen, welche anderen Ineffizienzen, die in der Pyramide oder in der statischen Struktur immanent sind, vermieden werden, dann wird schnell klar, dass wir diesen Preis leicht in Kauf nehmen können. Allein die Vermeidung von unnötigen Abstimmungen, der klare Kommunikationsfluss, überhaupt die Möglichkeit der abteilungsübergreifenden Kommunikation und die Vermeidung von Überlastung, erhöhen die Geschwindigkeit der Gesamtorganisation messbar. Die kleinen Ineffizienzen im Netzwerkdesign fallen da im Vergleich zu den großen Ineffizienzen nicht ins Gewicht.

3.4   Von Neuronen und Gliazellen

Wenn wir über Netzwerke nachdenken, über Architekturen und Topologien, dann sehen wir vor unserem inneren Auge wahrscheinlich so etwas, wie ein Computernetzwerk, oder das Straßen – oder Schienennetz. Auch hier wird der Kompromiss eingegangen, zwischen radikaler Effizienz und hoher Effektivität. Es könnte eine Autobahn Frankfurt-Hamburg geben, die in gerader Linie von der Mitte nach oben verläuft. Das wäre für eine spezielle Aufgabe, nämlich eine Verbindung von Frankfurt nach Hamburg zu schaffen, hocheffizient und maximal effektiv. Die Autobahn jedoch so zu bauen, dass auch andere Orte angebunden werden und damit eine gemeinsame Nutzung möglich wird, erhöht deren Gesamteffektivität, allerdings zu lasten der Effizienz – wir müssen Kurven einbauen und riskieren Stau. Dennoch ist dies eine sinnvolle Netzwerktopologie, die in ihrer Gesamtheit die Vorzüge der direkten Verbindung überwiegt. Wie schwerfällig jedoch eine Reparatur oder Veränderung der Straße ist, muss niemandem erklärt werden. Und die Veränderung eines Straßenverlaufs ist praktisch unmöglich.

3.4.1   Organische Netzwerke

Wenn wir von einem Netzwerk in einem Organismus, wie dem einer Schnecke oder eben eines modernen Unternehmens sprechen, dann sprechen wir von Nervenzellen und deren Verbindungen. Dann sprechen wir im Grunde von einem Gehirn (oder dem Darm, aber das ist eine andere Geschichte (Enders, 2017)). Das menschliche Gehirn besteht aus etwa hundert Milliarden Nervenzellen, also etwa 150.000 Zellen unter jedem Quadratmillimeter Hirnrinde (Rubner, 1999). Nervenzellen, *Neuronen*, bestehen aus einem hundertstel Millimeter großen Zellkörper und zwei Zellfortsätzen – den Dendriten und dem Axon. Neben den Neuronen besteht das Nervengewebe noch aus Gliazellen (Markl, 2019, S. 1346), von denen man bei ihrer Entdeckung Mitte des 19. Jhrds. annahm, dass sie lediglich eine Stützfunktion für die Neuronen einnähmen. Daher der Name: Glia leitet sich vom griechischen Wort für Leim ab. Gliazellen stellen etwa die Hälfte aller Zellen im menschlichen Gehirn (Azevedo et al., 2009).

Heute weiß man, dass die Funktion der Gliazellen weit bedeutender ist. Zum einen isolieren sie die Neuronen elektrisch. Zum anderen sorgen sie für einen ausgewogenen Stofftransport und Flüssigkeitsaustausch, indem sie einen internen selbstregulierenden Prozess aufrechterhalten, der das offene dynamische System des Gehirns im Gleichgewichtszustand erhält (Martin et al., 2008). Diese Funktion wird nicht nur in der Biologie, sondern auch in der Ökologie, in den Wirtschaftswissenschaften, der Soziologie und Psychologie als Homöostase bezeichnet.

Gliazellen können aber noch mehr. Gliazellen bilden Myelin. Das ist eine Biomembran, mit der die Informationsleiter zwischen den Nervenzellen, die Axone, umwickelt sind. Über die Axone werden Aktionspotenziale zwischen den Neuronen hin und her geschickt, und das Myelin erhöht die Geschwindigkeit der Erregungsleitung erheblich. Damit wirken Gliazellen maßgeblich an den Prozessen der Informationsverarbeitung, -speicherung und -weiterleitung mit (Rubner, 1999).

Die eigentliche Informationsverarbeitung und -speicherung obliegt aber den Nervenzellen, den Neuronen, den anderen fast 50 % unserer Hirnmasse. Jede unserer etwa hundert Milliarden Nervenzellen verfügt über bis 10.000 Verbindungen zu anderen Nervenzellen. Von oben ist das ein scheinbar unentwirrbares Netzwerk. Zoomt man aber hinein, kann man sehr viele Strukturen und Unterstrukturen erkennen, die für das Modell eines organischen Organisationsdesigns lehrreich und inspirierend sein können.

3.4.2 Organische Informationsverarbeitung

Vereinfacht betrachtet, besteht eine typische Säugetier-Nervenzelle aus einem Zellkörper und zwei Zellfortsätzen. Die Dendriten, die so verästelt aus dem Zellkörper sprießen, dass man ihn mit einem Baum verwechseln könnte, dienen dazu, Reize von anderen Zellen aufzunehmen. Dendriten sind der Eingangskanal der Nervenzelle, der auf Erregungen anderer Zellen als Input reagiert. Das Axon ist, wie wir oben schon gesagt haben, ein Informationsleiter, der über einen Meter lang sein kann. Hundert Milliarden Nervenzellen und jede davon hat ein Axon von einem Meter. In einer Reihe sind das hundert Milliarden Meter, also 100 Mio. km. Von der Erde sind es etwa 78 Mio. km bis zum Mars.

Die Axonen stehen über Synapsen, die als Rezeptoren die Signale anderer Zellen aufnehmen. Während meiner Schulzeit habe ich mich immer gefragt, warum das Axon über der Synapse steht und dann seine elektrischen Signale chemisch mittels Neurotransmitter an die nächste Nervenzelle weiterleitet. Das schien mir nie schlüssig. Es dauert doch wesentlich länger erst ein Signal zu übersetzen, dann mittels eines langsameren Botenstoffes zu übertragen und dann in der Synapse und den Dendriten wieder in elektrische Signale übersetzen zu lassen. Und ich meine mich zu erinnern, dass diese Frage zum Beleg meines Unverständnisses für Biologie genutzt wurde. Allerdings wurde mir diese Frage auch nie sinnvoll beantwortet. In Manfred Spitzers (2012) Buch habe ich die Antwort auf diese Frage gefunden. Man hat mir in der Schule die Frage nicht beantwortet, weil man es nicht konnte. Meine Biologielehrer wussten in den 80er -Jahren nicht, warum Axon und Synapsen nicht einfach direkt mit einem Kabel verbunden sind. Und sie konnten das natürlich auch nicht zugeben. In der Pyramide heißt Nicht-Wissen Schwäche. Warum sollte das nur in Wirtschaftsorganisationen so sein? Es war bislang nicht bekannt, welchen brillanten Vorteil die Nicht-Verbindung in sich birgt. Diese Architektur schafft eine Flexibilität, die ich in mein Modell der organischen Unternehmensstruktur einflechten möchte.

Mir ist durchaus klar, dass meine Beschreibungen sehr rudimentär sind und die Realität weit komplexer ist, aber dies soll kein Biologiebuch werden. Ich möchte vielmehr aus der Biologie ein paar ziemliche gute Ideen für das Organisationsdesign ableiten.

Das Axon und die Synapse sind nicht hart verdrahtet, was ja effizienter wäre, weil sie sich permanent den aktuellen Anforderungen anpassen. Die Flexibilität wird bis in jedes einzelne Neuron erhalten. Direkte Verdrahtung wäre eine Zweckgebundenheit, die dem Netzwerk Gehirn seine Flexibilität nähme. Denn die Synapse wird durch die Art der Information, die sie erhält, physisch geformt. So wie Wasser ein Flussbett ausspült, spült der chemische Reiz des Axons die Synapse aus und passt sie so an, dass sie den Reiz optimal aufnehmen und verarbeiten kann. Die einzelne kleine Nervenzelle, mit ihrem EVA-Prinzip, Dendrit, Zellkörper und Axon, Eingabe, Verarbeitung, Ausgabe ist hochflexibel und anpassungsfähig. Die Eigenart von Synapsen, Nervenzellen und ganzen Hirnarealen sich in ihrer Anatomie und Funktion abhängig von ihrer Tätigkeit durch Veränderung optimieren zu können, heißt Neuroplastizität. Neuroplastizität bedeutet, dass das die Nutzung des Gehirns die Effizienz des Gehirns steigert. Ohne Neuroplastizität wäre Lernen, Denken und Erinnern, wie wir das so kennen, gar nicht möglich. Ohne Neuroplastizität könnten ,fachfremde' Hirnareale keine beschädigten Areale ersetzen, wie es bei Schlaganfallpatienten häufig der Fall ist – klar, wir müssen neu lernen – aber es geht (Spitzer, 2012).

In einem fest verdrahteten Netzwerk, wo jedes Areal systematisch nur eine Aufgabe bewältigen kann, lassen sich Änderungen nicht einfach einbinden. Möchte man hier die Struktur ändern, ist eher einreißen und neu bauen angesagt. Das erinnert doch sehr an das hochpräzise Uhrwerk.

Literatur

Azevedo, F., Carvalho, L., Grinberg, L., Farfel, J., Ferretti, R., Leite, R., Filho, W., Lent, R., & Herculano-Houzel, S. (2009). Equal numbers of neuronal and nonneuronal cells make the human brain an isometrically scaled-up primate brain. *Journal of Comparative Neurology, 513*(5), 532–541. https://doi.org/10.1002/cne.21974.

Bertagnolli, F. (2018). *Lean Management – Einführung und Vertiefung in die japanische Management-Philosophie*. Springer Gabler.

Enders, G. (2017). *Darm mit Charm: Alles über ein unterschätztes Organ*. Ullstein.

Laloux, F. (2014). *Reinventing Organizations – Ein Leitfaden zur Gestaltung sinnstiftender Formen der Zusammenarbeit.* Vahlen.

Markl, J. (Hrsg.). (2019). *Purves Biologie.* Springer Spektrum.

Martin, J., Hardy, J., & Cartier, S. (Hrsg.). (2008). *Welt im Fluss: Fallstudien zum Modell der Homöostase.* Steiner.

Rubner, J. (1999). *Vom Wissen und Fühlen – Einführung in die Erforschung des Gehirns.* Dtv.

Schein, E. H., & Schein, P. (2017). *Organisationskultur und Leadership.* Vahlen.

Spitzer, M. (2012). *Digitale Demenz – Wie wir uns und unsere Kinder um den Verstand bringen.* Droemer.

Eine Frage der Kultur

4

Zusammenfassung

Spezialisierung und Abgrenzung führen zu (Wissens-)Silos und zum Silobau und damit zur Undurchlässigkeit von Informationen und Wissen. Eine Organisation, die auf rasche Veränderungen schnell reagieren will, kann sich undurchlässige Informationswege nicht leisten. Der Schlüssel zur nachhaltigen Veränderung einer Organisation liegt in der Kultur. Die Kultur prägt die Art, wie die Nervenzellen der Organisation verbunden sind. Sie beschreibt die Architektur des Netzwerks und regelt, welche Informationen, wo, wie und wann weitergegeben werden. Wenn wir eine veränderungsaffine Kultur stiften wollen, brauchen wir Entitäten, die auch veränderbar sind. Wenn Menschen mit dem Growth Mindset gewisse Verhaltensweisen zeigen und gewisse Werte ausleben können sollen, dann muss die vorherrschende Organisationskultur diese Verhaltensweisen und Werte selbst fördern, fordern und verinnerlichen. Ohne die Einbindung des Topmanagements lässt sich dieses Ziel nicht erreichen.

Bislang haben wir uns mit den Charakteristika einer pyramidalen, statischen, klassisch hierarchisch geprägten Organisation beschäftigt – einer Steampunk Organisation. Steampunk Organisationen orientieren sich an den Organisationsdesigns, die sich im Zuge der Industrialisierung während und nach der industriellen Revolution Mitte des 19. Jahrhunderts entwickelt haben. Erstaunlicherweise haben diese Organisationsmuster in vielen Bereichen bis heute noch so ihre Gültigkeit. Und auch an den Hochschulen werden sie durchaus so gelehrt. Steampunk Organisationen sind statisch. Steampunk Organisationen sind hierarchisch. Sie folgen klaren Befehlsketten und sie organisieren sich durch Spezialisierung und Abgrenzung.

Spezialisierung und Abgrenzung führen zu (Wissens-)Silos und zum Silobau und damit zur Undurchlässigkeit von Informationen und Wissen. Eine Organisation, die auf rasche Veränderungen schnell reagieren will, kann sich undurchlässige Informationswege

A. Rein, *Agiler Organisationsaufbau*, https://doi.org/10.1007/978-3-662-68146-6_4

nicht leisten. Insofern stellt sich die Frage, wie man von einer statischen Organisation zu einer organischen Organisation kommt, die nicht über eine Zentralintelligenz verfügt, sondern ihr Wissen und ihre Entscheidungsbefugnisse über viele Intelligenzen fächert. Zu einer Organisation, die in allen Bereichen intelligent auf Veränderungen, auf Herausforderungen und Störungen ihres Umfelds reagieren kann.

4.1   Der Steampunk-Impuls

Der erste Impuls, der erste Steampunk-Impuls, ist wahrscheinlich eine solche Struktur am Reißbrett zu designen. Dazu gehört die Entwicklung neuer Prozesse, die Zusammensetzung und Aufgabenverteilung in Teams, die Einführung von *Squads, Gilden* und *Communitys of Practice* und natürlich die Verkündung einer neuen Arbeitsweise, die ab sofort gilt. Ab sofort gilt die Selbstorganisation und Entscheidungen, die bis gestern vorgegeben wurden, liegen heute in der Verantwortung der Teams. Es gibt ein Zielbild und ein Transformationsprojekt kann aufgesetzt werden. Und irgendjemand in der Organisation kann sich als *Transformation-Lead* auch gleich Schulterklappen erwerben.

Ich vermute, dieses Vorgehen ist der einen Leserin oder dem anderen Leser durchaus vertraut. Die Sache hat leider einen kleinen, aber schwerwiegenden Haken. Eine Organisation, auch eine pyramidale Organisation, ist ein dynamisches, also komplexes Gebilde. Es scheint zwar alles klar geregelt zu sein und es scheinen eineindeutige Strukturen vorzuherrschen, aber in jeder Organisation gibt es auch informelle Strukturen. Also die Wege und Routen, die nicht in der Landkarte verzeichnet sind.

4.1.1   Informelle Strukturen

Informelle Strukturen prägen sich immer dann aus, wenn die designten Wege und Prozesse nicht funktional und/oder nicht pragmatisch sind. Menschen neigen zu Abkürzungen – und Abkürzungen prägen sich in jeder Organisation aus. Die Frage ist, wie die Organisation damit umgeht.

Sind Umgehungen des Prozesses eine Störung, dann werden sie verheimlicht. Sind sie eine Bereicherung, dann werden sie genutzt. In der Steampunk Organisation ist die Abweichung von der Norm eher ein Malus und wird nicht offengelegt. Gleichzeitig sind es Seilschaften und Bündnisse, die die Silo- und Machtstrukturen schützen und stützen und deshalb nicht offengelegt werden. Das ist ein Problem. Denn die informellen Strukturen gehören genauso wie die formellen Strukturen zur Organisation und müssen in dem oben genannten Zielbild berücksichtigt werden. Das können sie aber nicht, weil sie offiziell in der Organisation nicht existieren und manchmal geheim gehalten werden. Werden sie offengelegt, dann werden sie häufig in Verdrehung der Tatsachen als Begründung für ein vorangegangenes Scheitern aufgeführt. Das macht die Sache mit dem Zielbild verzwickt.

Um ein Zielbild für ein Transformationsprojekt entwickeln zu können, müsste das hochpräzise Uhrwerk bis ins kleinste Detail analysiert und mit anderen Strukturen funktional nachgebaut werden. Wir wollen schließlich keine Organisation bauen, die am Ende weniger leistungsfähig ist als die alte. Sie muss mindestens dasselbe können, dabei aber eben wandlungsfähig und flexibel sein. Ohne die Berücksichtigung der informellen Strukturen wird das nicht gelingen. Um informelle Strukturen offenzulegen und im Zielbild berücksichtigen zu können, bedarf es einer siloübergreifenden Zusammenarbeit und damit einem übergreifenden Willen Silostrukturen aufzulösen. Das ist keine Frage der Methoden, sondern eine Frage der Führungs- und Organisationskultur. Die Vernachlässigung dieses Aspekts ist aus der Erfahrung des Autors ein häufig auftretender Grund für das Scheitern von Transformationen.

4.1.2 Transformationsprojekte

Ein Transformationsprojekt, das im Grunde ja die Organisation einmal auf links dreht, ist selbst ein Stressfaktor für die Organisation. Und nicht nur das, es bindet auch noch Ressourcen, die damit für andere produktive Arbeiten nicht zur Verfügung stehen. Überhaupt scheint das Aufsetzen eines Transformationsprojektes nicht sinnvoll. Es klingt doch absurd dynamische Strukturen mit statischen Mitteln, wie einem Projektplan, mit Meilensteinen und Timings und Personen und Verantwortlichkeiten, schaffen zu wollen, nur um am Ende eine Organisation zu haben, die an den Rand der Handlungsunfähigkeit geführt wird und mit ein wenig Pech implodiert. Wir würden nicht nur den Veränderungsdruck von außen nicht abfangen, sondern auch noch Veränderungssog von innen schaffen. Die schlechte, aber nicht sehr überraschende Nachricht ist, dass Transformationsprojekte häufig scheitern.

Dennoch werden sie von vielen Organisationen aufgesetzt. Häufig sind diese mit einem Zielbild, das die informellen Strukturen nicht berücksichtigt, schnell bei der Hand. Und ein Transformationsprojekt ist auch schnell gestartet. Und schon führt die Steampunk Organisation agile Methoden ein. Das klingt paradox. Und das ist es auch.

Wenn etwas nicht funktioniert, wird die Methode *verbessert,* essenzielle Teile *weggelassen* oder sie passt einfach nicht zur Einmaligkeit der eigenen Organisation. Dann wird in manchen Bereichen einfach mit den alten Methoden weitergearbeitet. Immer wieder hört man, dass ‚agiles Arbeiten nicht zur Hardware-Entwicklung passt‘, oder zur Rechtsabteilung oder HR oder ganz spannend, ins Controlling.

▶ Agilität ist aus der Experimentierfreude der Software-Entwicklung entstanden. Eine junge Profession hat sich hier von unpassenden Strukturen emanzipiert. Das bedeutet aber nicht, dass agile Methoden Methoden für die Software-Entwicklung sind. Das sind sie nicht. Agile Methoden können Industrie agnostisch eingesetzt werden. Sie spiegeln eine gewisse Haltung zu Arbeit wider, aber nicht den Inhalt der Arbeit.

Das Ergebnis einer solchen Transformation bezeichne ich als agile Folklore. Nur weil ich mir eine Lederhose anziehe, bin ich auf dem Münchner Oktoberfest noch lange kein Bayer. Und nur weil ich mich in ein agiles Framework zwänge, heißt das noch lange nicht, dass ich eine adaptive, dynamische, agile Organisation bin. Man kann auch innerhalb eines agilen Frameworks klassisches top-down Projektmanagement durchführen. Ich ändere nur ein paar Begriffe und führe ein paar Standardmeetings ein – und schon bin ich agil, dynamisch und vor allem nicht mehr hierarchisch. Das ist natürlich Unsinn und zum Scheitern verurteilt und verdammt. Aber es gibt auch eine gute Nachricht.

▶   Der Schlüssel zur Veränderung liegt nicht in der Methode, sondern in der Kultur.

Die gute Nachricht ist, dass eine Organisation, die in klassischen Frameworks und Methoden arbeitet, ihre Wertschöpfung tatsächlich organischer gestalten und sich zu einer adaptiven, perzeptiven und dynamischen Organisation, einem agilen Organismus, wandeln kann. Und all das, ohne erst einmal all ihr Wissen über den Haufen werfen zu müssen. Es muss also nicht alles neu gelernt, altes verlernt und verändert werden. Der Schlüssel zu einem agilen Organismus liegt nämlich nicht in der Methode, sondern in der Kultur. Die Kultur prägt die Art, wie die Nervenzellen verbunden sind. Sie beschreibt die Architektur des Netzwerks und regelt, welche Informationen, wo, wie und wann weitergegeben werden. Methoden kommen und gehen. Und Methoden können eingeführt werden, ohne jegliche Wirkung zu erzielen. Kultur aber bleibt. Und sie prägt das Wesen der Organisation. Will sich eine Organisation wirklich verändern, muss sie einen Kulturwandel vollziehen. Ich nenne diesen Kulturwandel **metanoia**, Umdenken.

4.2   Kultur als Summe der Verhaltensweisen

Metanoia ist die griechische Bezeichnung für die innere Umkehr, religiös für die Buße und philosophisch für die Änderung der eigenen Lebensauffassung. *Metanoia* ist die Bezeichnung für die Gewinnung einer neuen Weltsicht. Der Begriff mag etwas melodramatisch erscheinen, ist meines Erachtens aber sehr geeignet und treffsicher.

Erstens, weil er inhaltlich exakt beschreibt, was die Wandlung einer Organisation zu einem Organismus braucht: kulturellen Wandel. Es bedarf eines an sich verändernden Selbstverständnisses. Es gilt die pyramidalen und hierarchischen Strukturen aufzubrechen und aus dem Haifischbecken ein Goldfischbecken, oder besser noch, einen Koi Teich zu machen.

Zweitens: Der Begriff ist diametral gegenläufig zu meinem vorher verwendeten Begriff der Steampunk Ökonomie. Steampunk als moderner Begriff beschreibt eine Haltung basierend auf gelerntem veraltetem Wissen aus dem 19. Jahrhundert. Steampunk Ökonomie steht für ein ewiges ‚immer weiter so', ‚das haben wir früher auch schon so gemacht'. Steampunk beschreibt eine Haltung, die es zu überwinden gilt. Metanoia als alter Begriff, beschreibt hingegen hervorragend den Weg in einen neuen Zustand. Gewinne eine neue Weltsicht. Aber was bedeutet: ‚Gewinne eine neue Weltsicht'?

4.2.1 Gewinne eine neue Weltansicht

In der Agilität wird häufig vom *agilen Mindset* gesprochen. Aber was ist eigentlich das *agile Mindset?* Unabhängig vom Kontext ist leider der Begriff des *Mindsets* nicht einfach ins Deutsche zu übertragen. Gängige Übersetzungen sind ‚Denkweise', ‚Mentalität' und ‚Geisteshaltung'. Ich glaube, dass diese Begriffe aber zu kurz greifen, weil das *Mindset* auch Verhaltensmuster und Weltanschauungen beinhaltet. In ihrem Buch ‚Mindset' prägt die amerikanische Psychologin Carol Dweck die Begriffe des *Fixed* und *Growth Mindsets.* Als deutsche Übersetzung wird hier der Begriff *Selbstbild* vorgeschlagen (Dweck, 2017), den ich tatsächlich ebenfalls für sehr treffend halte. Er umfasst sowohl die innere Haltung als auch das äußere Wirken. In diesem Sinne ist der Begriff Mindset hier zu verstehen.

Die von Caroll Dweck geprägten Begriffe des *Fixed* und *Growth Mindsets* (Dweck, 2017) beschreiben zwei vollkommen unterschiedliche Typen von Selbstbildern. Analog der *XY-Theorie* von Douglas McGregor (McGregor, 1960) beschreibt sie Menschen mit einem *Fixed Mindset* als starr und unflexibel. Sie glauben daran, dass Talent und Intelligenz angeboren und nicht veränderbar sind. Sie lernen nur ungern neues und bemühen sich Dinge zu vermeiden, von denen sie glauben, dass sie nicht gut sind. Bei Menschen mit einem *Fixed Mindset* erfolgt Weiterentwicklung nur im eigenen Kompetenzbereich. Fehler sind schlecht und werden vermieden, weil sie ein Makel sind und die eigene Kompetenz schmälern. Deshalb entsteht bei Menschen mit einem *Fixed Mindset* auch nur selten etwas wirklich Neues. Sie neigen nicht zur radikalen Innovation oder zum totalen Umdenken. Fehltritte sind nicht Teil des Lernens, sondern Grund, verurteilt zu werden. Also werden Fehltritte um jeden Preis vermieden und Lernen durch Ausprobieren ist somit ausgeschlossen. Das klingt alles sehr stark nach den Haltungen, die wir in einer klassischen pyramidalen Organisation erwarten würden.

Menschen mit einem *Growth Mindset* hingegen beschreibt sie als das exakte Gegenteil. Deren Auffassung nach sind Mühe, Arbeit, Übung, Wiederholung und Nachahmung die fundamentalen Bausteine des Erfolges. Sie sind durchgehend angespornt, Neues zu probieren. Nach ihrer Sicht sind Talent und Intelligenz nicht angeboren und können konstant weiterentwickelt werden. Ja, es ist sogar die eigene Pflicht, Können, Talent und Intelligenz zu erweitern. Aus der Sicht eines *Growth Mindsetters* ist das alles eine Frage der *Willenskraft.*

4.2.2   Das Mindset

Das Mindset ist der Psychologie wichtig, weil es eine fundamentale Rolle darin spielt, wie mit Herausforderungen und Rückschlägen umgegangen wird. Menschen mit einem Growth-Mindset lassen sich weniger schnell entmutigen und fühlen sich eher angespornt nach alternativen Lösungen zu suchen.

Und jetzt kommt das agile Mindset. Es gibt keine Legaldefinition, was das denn eigentlich sein soll. Wenn man Menschen fragt, was sie denn unter dem agilen Mindset verstehen, dann wird häufig von der inneren Haltung gesprochen, die es ermöglicht, Ungewissheit zuzulassen, mit Anforderungen situativ umgehen zu können und Veränderungen als konstruktiv wahrzunehmen. Das agile Mindset versteht Veränderungen sogar als kontinuierlichen Dauerzustand und akzeptiert diese auch (Hofert, 2018).

An anderen Stellen wird das agile Mindset als Definition agiler Glaubenssätze beschrieben, die zu einem agilen Werteverständnis und agilen Verhaltensmustern führen (Al-Khalisi, 2021). Das scheint mir alles doch sehr esoterisch. Eine agile Religion, die sich im Meinungsstreit, welche Ausprägung denn nun die richtige ist und wie sie sich richtig auszulegen hat, in Kleinkriegen, in Definitionen und Haarspalterei zerschlägt, braucht niemand (auch wenn die Glaubenskriege längst im Gange sind). Das kann nicht gemeint sein. Kein Mensch braucht eine agile Religion (Dietrich, 2019, S. 25).

Das Growth Mindset

Was wir brauchen und fördern müssen, ist ein *Growth Mindset*. Wenn wir eine veränderungsaffine Kultur stiften wollen, brauchen wir Entitäten, die auch veränderbar sind. Dann brauchen wir Nervenzellen, die zur *Neuroplastizität* fähig sind. Wir können (und müssen) in der Organisation auch *Fixed Mindsetter* ertragen, aber nicht überall und nicht beliebig viele. Die Kultur einer Organisation ist geprägt von den gezeigten Verhaltensweisen. Die Kultur ist die Summe dieser Verhaltensweisen. Das Zusammenspiel von Verhaltensweisen und deren Vorleben bildet die Kultur einer Organisation.

Neuronen in unserem Netzwerk müssen sich konstant weiterentwickeln *wollen*. Sie müssen Lust haben, neue Vorgehensweisen zu erkunden und Fehler als Sprossen in der Lernleiter zu sehen. Gleichzeitig müssen sie die funktionalen Areale des gesamten Netzwerks kennen und deren Zusammenspiel verstehen. Die Torhüter und -hüterinnen von Fußballmannschaften wissen genau, wie Abwehrspielerinnen und -spieler sich verhalten, die Stürmer und Stürmerinnen, die Flanken. Auch wenn sie nie an dieser Position spielen und gar nicht die Kompetenz dazu haben. Aber sie können das gesamte Spiel aus deren Sicht denken und sich auf alle möglichen Situationen einstellen.

In einem Silo ist das unmöglich, weil das gesamte Spielfeld gar nicht einsichtig ist, weil die Schnittstellen zum eigenen Kompetenzbereich nicht sichtbar sind und weil wir gar nicht wissen, wann wir dann eigentlich Informationen zur Weiterverarbeitung aus den angrenzenden Silos erhalten. Wir können Informationen gar nicht einplanen. Entscheidend ist, dass diese systemische Sicht nicht auf die operativen Teile der Organisation beschränkt ist, sondern wirklich das gesamte Netzwerk umspannt.

Im Netzwerk ist alles operativ

In einem Organismus gibt es nur noch operative Teile. Die Aufgaben des Managements sind Aufgaben, die für den Erfolg des gesamten Organismus nicht mehr oder weniger wichtig sind, wie das Zusammenschrauben von Bauteilen oder die Entwicklung von Marketingmaßnahmen. Es handelt sich bei Managementaufgaben lediglich um ein funktional anders ausgeprägtes Areal.

Die Neuronen in dem Management Areal müssen sich also gleichermaßen konstant weiterentwickeln wie die Neuronen in dem operativen Areal. Sie müssen auch Lust haben, neue Vorgehensweisen zu erkunden und Fehler als Sprosse in der Lernleiter zu sehen, eigene wie fremde. Es bedarf also einer positiven Fehlerkultur.

Gleichzeitig müssen Sie die funktionalen Areale des gesamten Netzwerks kennen und deren Zusammenspiel und Wirkungsweisen verstehen, ohne die exakten Funktionsweisen im Detail durchdringen zu müssen. Es geht nicht darum, Mikromanagement betreiben zu können. Es geht darum zu verstehen, wie die unterschiedlichen Teile des gesamten Netzwerks wertschöpfend, sinnstiftend zusammenarbeiten.

Die Areale im Netzwerk haben unterschiedliche Aufgaben und Funktionen, sind in ihrer Struktur, Aufbau und persönlichen Anforderungen aber stets selbstähnlich. Wir werden später noch sehen, dass eine organische Struktur *rekursiv* ist, in ihrem Aufbau immer den gleichen Regeln folgt und deshalb von der operativen bis in die strategische Sicht *fraktal* ist. Egal, welchen Bereich der Organisation man anschaut, sei es in der strategischen Ebene, wo die großen Pläne geschmiedet werden, oder sei es im operativen Teil, wo das präziseste Produkt hergestellt wird, die Vorgehensweisen, wie diese Organisationsteile gesteuert werden und sich selbst steuern sind immer die gleichen. Egal aus welcher Perspektive man auf die Netzwerkorganisation schaut, man kann verstehen, wie die Organisation arbeitet.

4.2.3 Top-Down und Bottom-up

In der Steampunk Organisation kann man – gleich, wohin man schaut – verstehen, wie die Organisation aufgebaut ist. Denn Information fließt in einem Sturzbach von oben nach unten, aber immer nur in einer Richtung. Was man in der Steampunk Organisation nicht versteht, ist, wie sie arbeitet.

Dem Sturzbach von Information läuft nur ein kleiner Bach entgegen. Die Rückkopplung bottom-up – von unten nach oben ist nicht sonderlich ausgeprägt. Es bedarf einer starken Pumpe, um die Information anzuheben und vieler Filtersysteme, um die Information für die jeweils höhere Hierarchiestufe aufzubereiten. Die Spitze der Pyramide weiß also nicht viel von dem, was im Rumpf der Pyramide vorgeht. Alle Informationen werden gefiltert, aufbereitet, bereinigt und geklärt, bevor sie gefahrlos in die nächsthöhere Hierarchieebene übergeben werden können. Von oben kommen also dauernd neue Aufträge und Aufgaben und neue Anforderungen werden permanent in die

Organisation eingestreut. Und mit den neuen Aufträgen, Aufgaben und Anforderungen kommen auch gleich die geforderten Fertigstellungsdaten.

Da in der Spitze aber die Auslastung des Rumpfes nicht bekannt ist, weiß dort auch niemand, gegen wie viele andere Arbeiten die neuen Aufträge im Ringen um verfügbare Kapazitäten konkurrieren.

Der Teufelskreis der Umsetzung

Die Wahrnehmung ist dann häufig diese: In der Operativen ärgert man sich über die Spitze, weil sie dauernd etwas anderes will und alles stets höchste Priorität hat. Alles konkurriert um die begrenzten verfügbaren Ressourcen, und um schnellste Bearbeitung. Da Ressourcen endlich sind, kann aber nicht an allem gearbeitet. Arbeit bleibt also entweder liegen – und dauert deswegen lange bis zur Fertigstellung – oder wird in kleinsten Stückchen verrichtet, weil dauernd zwischen den Arbeitspaketen hin und her gesprungen werden muss. Dann ist das der Grund für lange Durchlaufzeiten.

Die Wahrnehmung in der Spitze der Pyramide ist: In der Operativen wird nicht richtig gearbeitet, weil ja nichts fertig wird. Und wenn es der Spitze zu lange dauert, wird der Druck mithilfe von Prioritäten erhöht. Anschließend kommen die 1* (Prio eins mit Sternchen) Projekte. Und wenn zu viele eins mit Sternchen Projekte im Umlauf sind, dann folgen die Leuchtturmprojekte. Und so weiter. Nichts davon löst die Überlastung in der Operativen. Nichts davon sorgt für schnellere Lieferung.

Um halbwegs etwas liefern zu können, wird eher an der Qualität gespart. „Das Management ist vollkommen inkompetent", so die einhellige Meinung in der Operativen. In der Spitze der Pyramide sieht es gar nicht anders aus. Hier wird im Management-Zirkel die Einführung einer Maßnahme zur Unterstützung des Vertriebs beschlossen. Die Initiative wird als Projekt in die Organisation gegeben, wird aber einfach nicht fertig. Es dauert ewig, bis etwas zurückkommt und dann ist es nicht vollständig oder fehlerhaft. Also wird der Druck erhöht. Es werden Deadlines mitgegeben und ein engmaschiges Controlling eingeführt. Die Frustration über die Inkompetenz der eigenen Mitarbeiter wächst. Und dieser Teufelskreis speist sich aus sich selbst. Hurra.

4.2.4 Organische Umsetzung

In einer organischen Struktur gibt es kein bottom-up oder top-down. Dort gibt es nur ein Miteinander. Der Management-Zirkel identifiziert eine Maßnahme zur Unterstützung des Vertriebs. Diese wird in das strategische Portfolio aufgenommen, in dem *alle* identifizierten Maßnahmen zu sehen sind.

Diejenigen, die sich gerade in der Umsetzung befinden und die, die noch umgesetzt werden sollen. Die bislang nicht begonnenen Maßnahmen sind im Backlog oder Optionen Pool oder Ideensammlung oder wie auch immer man den Speicher nennen mag. Hier werden die Maßnahmen in ihrer vermuteten Wirksamkeit gewichtet, also priorisiert.

Die Fragen lauten hier: Wie groß ist der Impact der Maßnahme? Wie groß ist der Aufwand und wie ist das Verhältnis von beidem zueinander?

Das *Growth Mindset* erlaubt dem Management-Zirkel zu akzeptieren, dass nicht alles gleichzeitig bearbeitet werden *kann,* da die Organisation nicht über unbegrenzte Kapazitäten verfügt. Es ist die ureigenste Aufgabe des Managements, mit der Auslastung der Kapazitäten hauszuhalten. Es gehört daher zur strategischen Arbeit *auszuwählen,* welche Arbeit als Nächstes in die Umsetzung eingelastet werden *darf.* Geschieht dies nicht, wird die Organisation überfordert und langsam, bis hin zum totalen Stillstand.

Ob Kapazitäten in der Organisation frei sind, wissen die Ressourcen, die die Kapazität zur Verfügung stellen, am besten. Das *Growth Mindset* erlaubt den Menschen in der Organisation Arbeit dann zu beginnen, wenn sie auch Zeit dafür haben. Begonnen wird die Aufgabe mit der höchsten Priorität. Arbeit wird also nicht zugeteilt, sondern zur Verfügung gestellt. Und sie wird begonnen und durchgeführt, wenn auch sichergestellt ist, dass sie beendet werden kann.

Dieses System der Bereitstellung und Kapazität getriebenen Durchführung der Arbeit kaskadiert durch das gesamte Netzwerk. Ist ein Projekt wichtig, wird es dem strategischen Portfolio zugeordnet. Ist die Aufgabe groß, wird sie in logische Teilstücke zerlegt und dem operativen Portfolio zugefügt. Von hier ziehen sich die operativen Kräfte ihre Arbeitsteile und stellen diese fertig. Sind die Teilaufgaben eines Arbeitspakets erledigt, wird das Arbeitspaket im operativen Portfolio als erledigt gekennzeichnet. Sind alle operativen Arbeitspakete erledigt, ist auch die strategische Aufgabe fertig. Hat das operative Portfolio die Fertigstellung an das strategische Portfolio rückgemeldet, darf eine neue Initiative eingeleitet werden.

Alle betroffenen Teile des Netzwerks kommunizieren miteinander. Der jeweilige Arbeitsstand ist einsehbar und Störungen im Ablauf werden transparent. Wir haben ein organisches Netzwerk geschaffen.

Die Aufbauorganisation spielt aus der Sicht des Netzwerks nicht die geringste Rolle. Hierarchieebenen, Abhängigkeiten, Reporting, wer an wen berichtet, wer von wem gemanagt wird – all das spielt in dieser Betrachtung keine Rolle. Das heißt nicht, dass es nicht wichtig wäre, auch eine hierarchische Struktur zu haben, aber diese muss um der Effizienz willen so flach wie möglich sein. Auch für die Erfolgsbetrachtung der Organisation spielt die Aufbauorganisation keine Rolle. Wenn wir ein organisches Netzwerk betrachten wollen, müssen wir die Ablauforganisation betrachten und nur die Ablauforganisation. Wir müssen verstehen, wie die Arbeit auf dem Weg durch die Organisation immer wertvoller, angereichert und schließlich fertiggestellt wird, um tatsächlich den Kunden übergeben werden zu können. Und diese Frage stellt sich jedes einzelne Neuron in diesem Netzwerk.

▶   Jedes Neuron im Netzwerk braucht ein Growth-Mindset, weil jedes Neuron ein Knotenpunkt im Netzwerk ist.

Wie trage ich persönlich dazu bei, dass die Leistung der Gesamtorganisation gewährleistet wird? Indem ich mich als Teil des Netzwerks verstehe, das eine Gesamtleistung erbringt. Nicht nur meine individuelle Tätigkeit, nicht die meines Teams und auch nicht die meiner Abteilung oder meines Silos, sondern die Gesamtlieferfähigkeit der Gesamtorganisation zählt.

Wie kann ich dazu beitragen, dass meine Organisation insgesamt fertige Produkte liefert, auch wenn ich nur einen kleinen Teil dazu beitrage? Indem ich die Zusammenhänge in der Organisation verstehe und transparent mache. Wie hat der Mann, der bei der NASA den Boden wischte, auf die Frage, was er da tue geantwortet? „Ich helfe, einen Menschen zum Mond zu bringen."

Metanoia! Umdenken.

4.3   Kulturstiftende Instanzen

Den Begriff der ‚Kultur' zu umreißen, gestaltet sich ähnlich uneinheitlich, wie den des Mindsets. Nach Thomas (2003, S. 436) wird Kultur verstanden als

> „ein universelles, für eine Gesellschaft, Organisation und Gruppe aber sehr typisches Orientierungssystem. Dieses Orientierungssystem wird aus spezifischen Symbolen gebildet und in der jeweiligen Gesellschaft usw. tradiert. Es beeinflusst das Wahrnehmen, Denken, Werten und Handeln aller ihrer Mitglieder und definiert deren Zugehörigkeit zur Gesellschaft".

Schein und Schein (2017, S. 5) bieten eine dynamische Definition von Kultur an:

> Die Kultur einer Gruppe kann als die Ansammlung gemeinsamen Lernens dieser Gruppe definiert werden, die Probleme der externen Anpassung und der internen Integration; das, was gut funktioniert hat, um gültig zu sein, wird neuen Gruppenmitgliedern gelehrt, was richtig ist, und was sie in Bezug auf solche Probleme wahrnehmen, denken und fühlen sollen. Diese Summe von Gelerntem stellt ein Muster oder System von Überzeugungen dar, von Werten und Verhaltensregeln, die als so grundlegend empfunden werden, dass sie schließlich aus der Bewusstheit verschwinden.

Kultur kann demnach im Allgemeinen als ein System gemeinsamer Erfahrungen und Erlebnisse beschrieben werden, bei denen sich die Mitglieder der Kultur als diejenigen verstehen, die diese Erfahrungen teilen.

Werte und Normen sind abstrakte Ideale und Vorstellungen, denen Menschen innerhalb eines kulturellen Umfeldes folgen. Wir haben oben gesehen, dass die Kultur einer Organisation geprägt ist von den gezeigten Verhaltensweisen. Das ist aber nicht ganz vollständig, denn Verhaltensweisen werden getragen von Werten. Verhaltensweisen sind gelebte Werte (Porter, 1976). Wie gehe ich mit Menschen um? Wie nehme ich mich selbst im Gefüge eines sozialen Kontextes wahr? Und welchen Spielraum gebe ich den

Menschen in der Organisation, sich zu entfalten und damit die Organisation auch zu gestalten?

▶   Die Kultur einer Organisation spiegelt sich in der Fehlerkultur wider.

4.3.1 Hierarchische Kultur

Bemerkt eine pyramidale Organisation, dass sie ineffizient, langsam oder vielleicht sogar ineffektiv ist, ist dabei aber reflektiert genug, um zu erkennen, dass sie die Kunden- und Marktbedarfe nicht mehr decken kann, dann wird sie ein Verbesserungsprojekt initiieren wollen. Analysen werden ergeben, dass ihr Produktentwicklungszyklus länger als der der Mitbewerber dauert und sie deshalb später neue Produkte auf den Markt bringt. Sie verliert ihre Innovationskraft. Schlimmer noch wäre die Erkenntnis, dass die entwickelten Produkte oder deren Vertriebswege die Kundenbedarfe nicht mehr decken.

   Es stellt sich die Frage, an welcher Stelle man mit der Veränderung ansetzt. Wir erinnern uns an den Bias, dem statische, pyramidale Organisationen häufig erliegen: trotz der Beibehaltung des ehemals erfolgreichen Verhaltens trifft die Organisation die Zielscheibe nicht mehr. Und wie wir oben gesehen haben (siehe Abschn. 2.1.2), liegt genau hier das Problem – das ehemals erfolgreiche Verhalten und Vorgehen passt nicht mehr zu den veränderten Bedingungen und kann deshalb nicht mehr erfolgreich sein. Die Organisation braucht also keine neuen Methoden und Werkzeuge, sondern anderes Verhalten – auf allen Ebenen. Es gilt die Frage zu beantworten, wo man damit beginnt, die Organisation flexibler, von mir aus auch agiler zu machen, um auf sich verändernde Marktverhältnisse reagieren zu können.

   Die Kultur der Hierarchie, des Bewahrens der Macht und des Sicherns der eigenen Position, steht hier einem beherzten Vorgehen leider im Weg. Die Notwendigkeit der Veränderung in der Spitze der Pyramide würde das Narrativ der Schwäche und Angreifbarkeit erfüllen und ist deshalb ausgeschlossen. Sich selbst als Teil des Problems und damit auch als Teil der Lösung zu begreifen, ist in einer Silo-Organisation und dem Verbleib auf dem heißen Stuhl nicht förderlich. Deshalb wird Veränderung in der Pyramide *nach unten* delegiert. Und so kommen Aussagen wie: „*Wir* müssen schneller werden, also müsst *Ihr* agil werden" zu stande. Was nichts anderes bedeutet als, ihr müsst etwas ändern, damit auch ich profitiere.

   Außerdem ist es leicht einzelne Methoden, einzelne Maßnahmen auf Team ebene einzuführen. Es ist leicht zu sagen: „Wir müssen effektiver werden, wir müssen effizienter werden, wir müssen agiler werden", und damit einzelne Teams zu meinen. Es geht bei solchen Veränderungen nicht um organisationsweite Verbesserung, sondern um lokale Absicherung. Dabei wird häufig übersehen, dass eine lokale Verbesserung, also etwa die Steigerung der Effizienz eines Teams, nicht zwingend zu einer globalen Verbesserung auf Organisationsebene führt, sondern im Gegenteil, die Gesamtleistung der Organisation schmälern kann.

Die Kontra-Intuition der lokalen Verbesserung

Wenn Teams voneinander abhängig arbeiten, dann scheint es nur logisch, dass die Erhöhung der Umsetzungsgeschwindigkeit in einem Team zu einer schnelleren Lieferleistung der Gesamtorganisation führt. Das ist leider eine Illusion. Und bedauerlicherweise ist das Thema der lokalen Optimierung sehr kontraintuitiv, weil unser schnelles Denken (Habermann & Schmidt, 2021) uns eintrichtert, dass im Staffellauf höhere Einzelleistungen zwingend zu besseren Gesamtergebnissen führen. Das ist aber nicht der Fall. Der Erfolg des Staffellaufs hängt vom unmittelbaren Zusammenspiel der Läuferinnen und Läufer ab.

Ungünstigerweise lässt sich der Erfolg eines Teams auch nicht auf die Qualität des Zusammenspiels der Teammitglieder beschränken. Teamarbeit ist eben kein Staffellauf, da hier auch Arbeit parallelisiert werden kann. Der dritte Staffelläufer wartet darauf, dass der zweite Läufer ihm den Staffelstab übergibt. In der pyramidalen Organisation wartet das dritte Team aber nicht auf die Übergabe des zweiten Teams. Das dritte Team macht auch irgendetwas – wahrscheinlich einen Staffellauf in einem anderen Stadion. Das dritte Team kann die Arbeit also erst beginnen, wenn es Kapazität freihat. Oder aber es läuft ein paar Meter in dem einen Stadion, legt den Stab auf den Boden, und läuft dann in dem andern Stadion. Wenn es dauernd hin und her wechselt, kommen auch irgendwann beide Staffelstäbe an. Auf diese oder jene Weise – das zweite Team, die zweite Läuferin trägt dann zur Gesamtleistung nichts bei.

Steigert man die Effizienz eines Teams, dann ist das gut für das Controlling, die KPI und die eigene Position in der Hierarchie. Für die globale Leistung der Organisation ist das meist irrelevant. Im Gegenteil, die Gesamtperformance der Organisation wird schlechter werden, weil ein Team, das schneller arbeitet als die anderen, permanent für das Lager arbeitet. Es bereitet Dinge vor, die überhaupt nicht fertiggestellt werden können. Das mag in einem Umfeld von virtuellen Gütern verschmerzbar sein, da es hier nur um Ressourcenbindung geht, sobald aber ein haptisches Produkt erstellt wird, sprechen wir hier von Materialeinsatz, sprechen wir von Lagerraum, Lagerkosten, Transportkosten. Hier wird dann tatsächlich für die Halde gearbeitet.

Die lokale Optimierung führt keineswegs zwingend zur globalen Optimierung, sondern im Gegenteil – lokale Optimierung hat häufig eine globale Sub-Optimierung oder sogar eine wirkliche Verschlechterung zur Folge.

4.3.2 Organische Kultur

Wir haben oben gesehen, dass Kultur als Summe der Verhaltensweisen, Werte und Einstellungen in einer Organisation beschrieben werden kann. Wir haben ebenfalls gesehen, dass das Mindset einer Organisation in erster Linie von der Unternehmenskultur abhängt und geprägt wird. Wenn Menschen mit dem *Growth Mindset* gewisse Verhaltensweisen zeigen und gewisse Werte ausleben können sollen, dann muss die vorherrschende

Organisationskultur diese Verhaltensweisen und Werte selbst fördern, fordern und verinnerlichen. Der Mensch muss neues schadenfrei ausprobieren dürfen, um lernen zu ermöglichen. Der Mensch muss angehalten und gewillt sein, kontinuierlich zu lernen und der Mensch muss an seine und ihre eigene Weiterentwicklung in der Organisation *glauben,* um sich ermutigt und angespornt zu fühlen. Das *Growth Mindset* muss Teil der Organisationskultur sein.

Also sollte doch die kulturstiftende Instanz die treibende Kraft hinter einer Verbesserung sein. Wie gehen wir miteinander um? Welche Entscheidungsbefugnisse wollen wir den Expertinnen und Experten einräumen? Und welche Fehlerkultur wollen wir etablieren?

Agile Organisationen beginnen nicht mit Methoden, sondern mit der Kultur. Methoden auf Teamebene einzuführen ist leicht – ein bisschen Training hier, ein wenig Coaching da und tonnenweise YouTube-Videos. Die Herausforderung besteht darin, die Organisationskultur an diesen Wandel anzupassen und damit überhaupt die Grundlage, den Boden, den Nährboden zu liefern, damit diese Methoden auch tatsächlich wirken und ihre Wirkmacht entfalten können.

▶ Agile Methoden helfen agilen Organisationen, aber die Einführung agiler Methoden macht eine Organisation nicht agil.

Agilität ist keine Methode, sondern eine Ausprägung des *Growth Mindsets* im Arbeitsumfeld. Agilität ist eine Haltung und damit eine Frage der Kultur.

Die Menschen, die in der Spitze der Pyramide stehen, auch wenn sie sich dessen häufig gar nicht bewusst sind, sind die kulturstiftende Instanz einer Organisation. Deren Umgang mit anderen Menschen, deren gewährte Freiheitsgrade und deren vorgelebte Fehlerkultur prägen den Umgang, die Freiheitsgrade und die Fehlerkultur der gesamten Organisation. Deren Vorleben ist der Maßstab. Das soll nicht bedeuten, dass nicht einzelne Abteilungen oder auch Teams, eine eigene Kultur ausprägen können, aber die gesamte Kultur der Organisation, wird von der Leitung und dem Management geprägt.

▶ Möchte man die Organisation also tatsächlich nachhaltig verändern, muss man bei der kulturstiftenden Instanz anfangen.

Das Topmanagement muss agil arbeiten, und es muss die Agilität vorleben. Und es muss die Werte vorleben – nur dann kann sich das Umdenken in der Pyramide ausbreiten. Die kulturstiftende Instanz muss das agile Leben in der Organisation vorantreiben und vorleben und verlässlich machen. Im Management wird vorgelebt, wie Kommunikation stattfindet. Im Management wird Fehlerkultur etabliert. Hier wird Transparenz gezeigt. Hier wird gezeigt, bis zu welchem Grad die Organisation sich zutraut, transparent zu sein. Man kann von der operativen Seite der Organisation keine positive Fehlerkultur erwarten, wenn im Topmanagement das Credo der null Fehlertoleranz gilt. Das widerspricht sich. Nur wenn Fehler akzeptiert werden, werden auch Fehler zum Lernen genutzt. Scholz und Vesper (2022, S. 48) bringen es auf den Punkt:

> Wenn wir eine Pizza bestellen, dann ist diese Pizza in der Regel nach 30 Minuten auf dem Tisch. Und ich muss mich bei der Zubereitung nicht beteiligen. Bei Change und Transformation ist das anders, denn hier handelt es sich häufig um tiefgreifende, persönliche Prozesse. Durch solche Prozesse geht man gemeinsam. Facilitative Leader wissen: Ohne persönliche Beteiligung findet die Transformation schlicht nicht statt. Ein hilfreiches Prinzip sagt: **Kenne den Unterschied zwischen einer Pizzabestellung und einer Transformation**. Diese Grundannahme ist für Facilitative Leader hilfreich, denn sie… (..) lässt keinen Zweifel daran, dass sich Menschen in Organisationen nicht verändern, wenn es die Führungsspitze nicht tut.

Die Entscheidung, die Organisation zu wandeln, zu entwickeln und dynamischer aufzustellen, liegt offensichtlich beim Topmanagement. Hier wird der Auftrag gegeben, hier finden sich die Sponsoren für eine solche Transition. Daher muss die Veränderung hier als Erstes implementiert werden. Die Vorreiter der Veränderung sollten also nicht nur in der Rolle der Auftraggeber aktiv, sondern auch Vorreiter des Handelns sein. Man kann nur glaubhaft fordern, was man selbst vorlebt.

Eine wertschätzende Kultur kann nur dann etabliert werden, wenn man als Vorgesetzte diese auch vorlebt, also selbst wertschätzend Feedback gibt und einfordert. Nur dann kann man erwarten, dass ein bidirektionaler Informationsfluss entsteht und tatsächlich Transparenz in der Organisation geschaffen wird.

Die Spitze der Pyramide ist die kulturstiftende Instanz der Organisation und hier muss das Umdenken verankert sein. Ist das nicht der Fall, schafft man vielleicht die Einführung vieler unabhängiger, agiler Inseln, vieler unabhängiger Methoden und vieler unabhängiger, agiler Teams. Aber eine Vernetzung findet nicht statt. Und ohne diese Vernetzung gibt es keine gesteigerte Gesamtperformance der Organisation. Ohne die kulturstiftende Instanz schafft man agile Silos zusätzlich zu den bereits vorhandenen strukturalen Silos und es ändert sich nichts.

Literatur

Al-Khalisi, M. (2021). Agiles Mindset: Definition, Bestandteile und Umsetzung. Haufe Akademie. https://www.haufe-akademie.de/blog/themen/persoenliche-kompetenz/agiles-mindset-definition-bestandteile-und-umsetzung/. Zugegriffen: 10. Febr. 2023.

Dietrich, S. (2019). *JEDES JAHR eine NEUE SAU – Wie Manager den Methodenwahn durch Souveränität ersetzen*. Wiley.

Dweck, C. (2017). *Selbstbild: Wie unser Denken Erfolge oder Niederlagen bewirkt | Mit Growth Mindset zu mehr Selbstbewusstsein*. Piper.

Habermann, F., & Schmidt, K. (2021). *Hey, nicht so schnell – Wie du durch langsames Denken in komplexen Zeiten zu guten Entscheidungen gelangst*. Gabal.

Hofert, S. (2018). *Das agile Mindset – Mitarbeiter entwickeln, Zukunft der Arbeit gestalten.* Springer Gabler.

McGregor, D. (1960). Theory X and Theory Y. *Organization Theory, 358*(1), 374.

Porter, E. H. (1976). On the development of relationship awareness theory: A personal note. *Group & Organization Studies, 1*(3), 302–309. https://doi.org/10.1177/105960117600100305.

Schein, E. H., & Schein, P. (2017). *Organisationskultur und Leadership.* Vahlen.

Scholz, H., & Vesper, R. (2022). *Facilitation – Dialog- und handlungsorientierte Organisationsentwicklung.* Vahlen.

Thomas, A. (2003). *Kulturvergleichende Psychologie* (2. Aufl.). Hogrefe.

Strategie und Ziele

5

Zusammenfassung

Strategie ist ein allgemeingültiger Handlungsleitfaden für jede denkbare Situation in einer Organisation. Ziele beschreiben einen erstrebenswerten Zustand, dessen Erreichung durch quantitative Messpunkte überprüft wird. Die qualitativen Ziele beschreiben den *Purpose,* das *Why* der Organisation, die Werte, für die die Organisation steht. Aus den Zielen werden Handlungen abgeleitet, deren Wirkung auf die Ziele mittels der definierten quantitativen Messpunkte überprüft werden. Arbeit leitet sich so unmittelbar aus der Strategie ab und wird in regelmäßigen kleinen Schritten auf ihre Wirksamkeit überprüft. Damit entwickelt die Organisation die Sensorik, die sie für Veränderungen in den Märkten oder Anforderungen sensibel macht. Die kontinuierliche Strategiearbeit führt zu kontinuierlicher Passgenauigkeit der Strategie und damit zu andauernder Anpassung und Verbesserung.

Sir Lawrence Freedman beschreibt Strategie als sich mit dem Verhältnis zwischen (politischen) Zwecken und (militärischen, wirtschaftlichen, politischen usw.) Mitteln befassend. Er beschreibt sie, als die Kunst, Macht zu schaffen (Freedman, 2013). Strategie ist die Kunst, Macht zu schaffen! Das muss man mal sacken lassen. Nach seiner Auffassung verknüpft Strategie militärisches mit wirtschaftlichem Denken und fungiert als Brücke zwischen Militär- und Wirtschaftsstrategie.

In der Wirtschaft wird Strategie als ein langfristiges, an Wirtschaftszielen ausgerichtetes Marktverhalten verstanden. Die Unternehmensführung entwickelt und formuliert die Unternehmensstrategie, um den Weg zur Erreichung mittelfristiger (2 bis 4 Jahre) oder langfristiger (4 bis 8 Jahre) Unternehmensziele zu umreißen. Die Strategie ist demnach die Leitplanke, an der sich das gezeigte Marktverhalten ausrichtet. Zahlt eine Handlung auf die Strategie ein, ist sie gut, zahlt eine Handlung nicht darauf ein, ist sie schlecht und zu unterlassen (Mintzberg et al., 2012).

Das kann man gut nachvollziehen und klingt leicht umsetzbar. Leider steckt in der pyramidalen Organisation der Teufel wie immer im Detail. Ist die Strategie formuliert, begeben sich die Silos an deren Umsetzung. In der hierarchischen Organisation gleicht die Kommunikation eher einer Einbahnstraße. Es gibt also nur wenige Rückkopplungen aus den Silos in die Spitze der Pyramide. Damit ist die Strategie von der Unternehmensrealität weitgehend entkoppelt und kann nicht hinterfragt und korrigiert werden. In einer VUCA-Welt ist das ein Problem.

5.1   Mittel- und langfristige Ziele

Wie hilfreich sind in einer sich schnell verändernden Welt, Ziele, die über Jahre erreicht werden sollen? Hätte man 1990 mittelfristige Ziele für das Jahr 1994 oder langfristige Ziele für das Jahr 1998 sinnvoll vereinbaren können? In den Jahren 1990 bis 1994 wurde der digitale Mobilfunk massentauglich. 1992 wurde der GSM-Standard eingeführt, 1993 gab es bereits über eine Million Mobilfunkanschlüsse in Deutschland und 1994 startete das E-Netz, mit dem das Versenden von Faxen und Datenübertragung möglich wurden (Informationszentrum-Mobilfunk.de). Diese Entwicklung war ein wirtschaftlicher und sozialer *Game-Changer,* den man 1990 so nicht vorhersehen und einplanen konnte. Mit dem Start des SMS-Dienstes in Deutschland 1995 begann sich das Kommunikationsverhalten an sich zu verändern.

Langfristig bis 1998 hätte man die Verzehnfachung der Mobilfunkanschlüsse einerseits und parallel die Verbreitung und Entwicklung des Internets bedenken müssen (wissenschaft.de, 2018). Der Zugang zum Internet wurde Anfang der Neunziger jahre über das Telefonnetz durch Anbieter wie *CompuServe*, Europe Online und ganz massentauglich durch *AOL* ermöglicht. Die Suchmaschinen für den *Netscape Navigator* waren *Lycos, Yahoo* und *AltaVista*, bis 1995 mit *Windows 95* der *Internet Explorer* auf praktisch allen Privatrechnern Einzug erhielt und im Browserkrieg den *Netscape Navigator* verdrängt. Ähnliches geschah mit den Suchmaschinen, nachdem *Google* 1998 an den Markt gegangen war (TÜV Nord, 2019).

Die Entwicklung der Jahre 1990 bis 2000 schaffte die Grundlage für komplett neuer Industrien und Geschäftsmodelle, die disruptive Ereignisse in den Folgejahren nach sich zogen. Konnte man also sinnvoll im Jahr 2000 langfristig für das Jahr 2007 planen? Man hätte E-Commerce, Mobile Commerce, ab 2010 die Plattform-Technologien berücksichtigen müssen. Social Media und die Marktmacht der sozialen Medien kamen dann und ganze Industrien wanderten in die Cloud (Clemens, 2016). Bio-Technologie, künstliche Intelligenz, Werkstofftechnik – welchen Sinn ergeben starre Strategien, die sich über Jahre erstrecken? Das erinnert doch sehr an die planwirtschaftlichen Siebenjahrespläne längst untergegangener sozialistischer Diktaturen.

5.1.1   Die Formulierung einer Strategie

Nehmen wir an, ein Unternehmen formuliert(e) als mittelfristiges Ziel die Erweiterung der Produktpalette, um langfristig die Marktführerschaft in der eigenen Industrie zu erlangen oder zu erhalten. Die Industrie sind Mobilfunkgeräte, die der deutsche Volksmund gerne *Handy* nennt. Dieses Beispiel ist fiktiv und Übereinstimmungen mit ehemaligen Marktführern sind rein zufällig.

PRAXISBEISPIEL

Die Marketingabteilung des Unternehmens hat festgestellt, dass unterschiedliche Personengruppen unterschiedliche Anforderungen an ihr Handy stellen und demnach auch unterschiedliche Bedarfe für die Nutzung haben. Zentral ist den Geräten, dass sie alle zum Telefonieren und seit Mitte der 90er -Jahre zum Schreiben von Kurznachrichten (SMS) geeignet sein müssen. Mit der Einführung von Datendiensten in den späten 90er Jahren können (anfangs) vereinfachte, spezielle Internetseiten auf dem Handy betrachtet, E-Mail-Konten abgerufen und Kontaktdaten mit dem PC synchronisiert werden. Die Vorstellung des Marketings ist, die potenziellen Kunden in immer engeren Kundengruppen zu verorten und dann Produktvarianten speziell auf die unterschiedlichen Bedarfe zuzuschneiden. Der eigene Markt wird also durch immer weitere Spezialisierung diversifiziert und künstlich vergrößert.

Es gibt schicke edle Telefone für den Herren, eine Kollektion für die Damen und die bunte Version mit Spielen für die jüngeren Nutzer, sowie eine Hightech Business Variante, auf der man sogar *MS Office* Dokumente bearbeiten kann. Und weil man Marktführer ist, prägt man sogar die Popkultur, weil die neuesten Modelle in James-Bond-Filmen zur Fernsteuerung eines (deutschen) Autos genutzt oder sogar in einem bahnbrechenden Actionfilm regelrecht inszeniert werden. Für dieses Handy gibt es eine eigene Szene, in der es in Zeitlupe aus Keanu Reeves Hand auf die Kamera zustürzt. Jeder wollte das Nokia Handy mit dem coolen Slide-Mechanismus. Aber bei aller Coolness, wenn sich Erfindung nur auf Äußerlichkeiten bezieht, um selbst ausgedachte Nutzergruppen befriedigen zu können, dann übersieht man, wenn der Raum sich krümmt. Wie war das in *The Matrix?* Es ist nicht der Löffel, der sich verbiegt. ◄

Echte Innovation findet in diesen Produktserien nicht statt. Die Geräte unterscheiden sich in Design und Ausstattung, die kundenspezifisch angepasst wird. Das kleine rote Handy für die Dame, kann technisch das Gleiche, wie der graue Büro-Bolide mit Riesendisplay. Der Marktführer erfindet viel – neue Designs, neue Displays, leistungsfähigere Batterien – aber es wird nicht innoviert. Es entsteht nichts Neuartiges.

Die unüberschaubar große Modellpalette wurde auch nicht aus erfragten Kundenwünschen abgeleitet. Die Kundengruppen und deren Einteilung kommt aus der Marketingabteilung und basiert komplett auf der Vorstellung des Unternehmens. Durch fehlende Sensorik nach außen, kommt die Organisation gar nicht auf die Idee, dass sich die realen Wünsche der Kunden, mit den gedachten Kundenwünschen der Marketingab-teilung unter Umständen gar nicht decken. Die Produktentwicklung war von den realen Kundenbedürfnissen vollständig entkoppelt. Sie wurde lediglich von den bereits vor-handenen Kunden bestätigt – die Fans bleiben treu.

Erfindung vs. Innovation
Der Unterschied zwischen Erfindung und Innovation ist, dass sich Erfindungen auf technische Veränderungen und technische Weiterentwicklung konzentriert. Eine Innovation geht darüber hinaus. Bei der Innovation geht es um die Nutzung, um die Bedeutung des Produktes und der Funktionalität für den Endkunden. Eine Innovation bedarf gar nicht zwingend einer Neuerfindung oder einer neuen Technologie. Eine Innovation kann auch *nur* die neue Zusammensetzung, die neue Art der Verwendung vor-handener Technologien und deren Zusammenspiel sein. So kann eine bahnbrechende Innovation auch ein neues Geschäftsmodell sein, das eine neuartige Nutzung vor-handener Technologien ermöglicht.

▶   Disruptive Ereignisse sind entkoppelt von neuartiger Technologie.

5.1.2   Die Operationalisierung einer Strategie

Stellt nun die Beispielorganisation von oben fest, dass sich die verschiedenen Modell-reihen zwar wie prognostiziert relativ zueinander verkaufen, die Absatzzahlen insgesamt aber sinken, dann liegt eine Verzerrung – ein *Bias* vor. Das Trefferbild sieht wie erwartet aus, es liegt nur nicht in der Mitte der Zielscheibe. Das Ergebnis erfüllt die strategischen Ziele nicht.

Die nach innen blickende, vom Markt dissoziierte, hierarchische Organisation wird den Fehler in den Werkzeugen vermuten. Das Fernrohr muss verbogen sein. Die identi-fizierte Modellreihe adressiert nicht alle Kundenbedürfnisse der identifizierten Personas. Die Organisation könnte auf den Gedanken kommen, dass sich nicht genügend Modell-reihen im Angebot befinden. Benötigt werden also neue Typen mit neuen nutzergruppen-spezifischen Features.

Wenn die Beispielorganisation von oben nun auch noch bemerkt, dass sich die ver-schiedenen Modellreihen nicht wie prognostiziert relativ zueinander verkaufen, also im Verhältnis weniger Businessgeräte als erwünscht oder mehr Freizeitgeräte als erwartet verkauft werden, dann liegt auch noch eine Streuung, also *Noise* vor. Die Organisation könnte auf den Gedanken kommen, die Kundengruppen nicht hinreichend präzise klassi-fiziert zu haben.

Die Organisation bemüht sich nun also neue Kundengruppen zu identifizieren und neue Typen und Modellreihen auf die Kundengruppen anzupassen. Die Produktpalette wird immer größer, immer diverser und immer kleinteiliger. Und immer noch ist diese Produktpalette nicht geeignet, neue Ideen und wirklich neue Produkte zu erzeugen.

Die operativen Maßnahmen, die der Umsetzung der Strategie dienen sollen, werden aus der Organisation von innen nach außen entwickelt. Sie vergrößern die Kluft zwischen Kundenbedürfnissen und Ansprüchen und befeuern den fehlgeleiteten Prozess der vermeintlichen Strategieumsetzung. Aber der Teufelskreis kommt zu einem Ende.

Der Teufelskreis findet ein Ende
Wie erschreckend muss der Tag sein, an dem die Organisation feststellt, dass der eigene Markt implodiert, weil ein Nichtmobilfunk-Hersteller, sondern eigentlich ein Computerhersteller, der sich gerade in den Musikmarkt gewagt hat – Apple – ein Mobiltelefon auf den Markt bringt.

Es handelt sich dabei um keine Modellreihe oder Serie, sondern um genau ein Modell. Und dieses eine Modell soll die Bedarfe aller Kundinnen und Kunden decken. Es kommt ohne mechanische Tastatur, nur mit einem großen Display, das bei Bedarf eine Software-Tastatur einblendet. Wie kann ein Modell alle Spezialbedarfe einer riesigen, schier unendlich diversen Nutzergruppe decken? Warum erreicht dieses eine Modell überhaupt all die unterschiedlichen Nutzergruppen?

Die Antwort ist leider sehr einfach. Die unterschiedlichen Nutzergruppen waren eine Illusion. Es waren Interessengruppen, die bei jedem Kauf einen Kompromiss eingingen. Der Kauf eines Modells erforderte immer die Einordnung in eine der Nutzergruppen und den Verzicht auf manche Funktionen, die der jeweiligen Nutzergruppe vorenthalten war. Das iPhone ist vollkommen modular – eine Plattform für alle. Wie die Plattform genutzt wird, kann jede Interessengruppe durch die Auswahl der gewünschten Software aus dem App-Store konfigurieren. Das iPhone hat die Mobilfunknutzer befreit, weil sie das erste Mal selbst entscheiden konnten, wofür und wie das Smartphone genutzt werden soll. Und auch der Begriff *Smartphone* ist überhaupt nicht mehr zutreffend. Es handelt sich um kein *Phone*. Wenn man genau hinschaut, liegen die technischen Innovationen der vergangenen Jahre und zukünftigen Jahre eher auf der Displaytechnik, der Kameratechnik, dem Speicherplatz und der Prozessorleistung (Kluczniok, 2022). Die Telefonie steht nicht mehr im Vordergrund – das ist nur eine App von vielen.

Nokia verfolgte eine lineare Strategie, die im gekrümmten Raum versagte. Strategie muss für den gekrümmten Raum neu gedacht werden. Strategie ist nicht die Kunst, Macht zu schaffen. Und Strategie ist auch kein langfristiges, an Wirtschaftszielen ausgerichtetes Marktverhalten.

▶ Strategie ist die Kunst, in kurzen Zyklen das eigene Verhalten auf seine Wirksamkeit zu überprüfen – und anzupassen.

5.2 Ein neues Strategiedenken

Es gibt noch eine etwas andere Definition von Strategie, die eher aus der Spieltheorie kommt. Mit der Spieltheorie und mit Wahrscheinlichkeiten habe ich mich ja ausführlich in *Steampunk Ökonomie* (Rein, 2021) auseinandergesetzt. Deshalb braucht das hier jetzt nicht wiederholt werden. Aber der Strategiebegriff ist interessant. In der Spieltheorie versteht man unter einer Strategie *einen allgemeingültigen Leitfaden, wie man sich in jeder denkbaren Situation des Spiels verhalten soll*. Die Strategie ist die Entscheidungsgrundlage für das Verhalten der Spieler (Sinek, 2019). Die Strategie ist die Leitplanke.

Was ist der Unterschied zur oben gezeigten Definition von Strategie?
Die militärisch wirtschaftliche Definition von Strategie zielt auf das Erreichen quantitativer Ziele ab. Marktverhalten richtet sich daran aus, ob messbare Wachstumsziele erreicht werden. Die Taktik ist dann die Auswahl der Mittel zur Umsetzung. Wenn die klassische ‚Strategie' Wachstum um 10 % postuliert, dann kann die Taktik den Verzicht auf Marge ausrufen, um auf diese Weise den Markt zu erobern. Auf Rentabilität wird dann aus strategischen Gründen verzichtet.

Der Strategiebegriff der Spieltheorie zielt nicht auf das Erreichen quantitativer Ziele ab. Die Strategie der Spieltheorie zielt auf einen allgemeingültigen *Handlungsleitfaden für jede denkbare Situation* ab. Wollte man für jede denkbare Situation einen Handlungsleitfaden quantitativ, also klassisch beschreiben, dann wäre ein solches Buch sehr dick und schnelle Entscheidungen wären gar nicht möglich. Man müsste in einem Schachspiel jede gewünschte Reaktion auf einen getätigten Zug beschreiben. Das mag denkbar sein, sobald aber die Natur ins Spiel kommt, der Zufall, und damit nicht mehr jede Handlung rational begründbar ist, ist dieses Vorgehen gänzlich ungeeignet. Es müssten erst mal die zutreffenden Regeln ermittelt und die sich widersprechenden Richtlinien gegeneinander abgewogen werden und bevor man entschieden hätte, wäre die Situation schon vorüber. In manchen Organisationen scheint dies allerdings der Fall zu sein.

5.2.1   Qualitative Ziele als Handlungsleitfaden

Die Strategie der Schnecke könnte lauten: „Lebe gut und vermehre dich." Ihr strategisches Ziel könnte es sein, stets den *besten* Salat zu finden und ihr Vorgehen, ihre Taktik wäre demnach sich in die Richtung zu bewegen, aus der der intensivste Salatgeruch kommt. Taktisch folgt die Schnecke einem einfachen Regelwerk, um ihre strategischen Ziele zu erreichen.

1. Krieche in die Richtung, aus der der Salatgeruch kommt.
2. Ist der direkte Weg versperrt, wähle eine andere Route, auf der der Salatgeruch ebenfalls liegt.
3. Krieche in die Richtung, in der der Geruch des Salats intensiver wird.
4. Liegt kein Salatgeruch in der Luft, krieche Richtung Sonne.

Ich bin keine Schnecke. Und ich weiß auch nicht, ob Schnecken tatsächlich ihre Strategie und ihre Regelwerke so formulieren. Aber ein solches qualitatives Regelwerk ist geeignet, jederzeit eine entsprechende, strategisch relevante Entscheidung treffen zu können. Werden Ziele *qualitativ* formuliert, dann sind es Entwicklungsziele. Ziele, die auf die Veränderung der Organisation einzahlen. Ziele, die den organischen Anteil erhöhen, um in unserem Bild zu bleiben. Strategische Ziele werden also idealerweise in der VUCA-Welt, in einem sich schnell verändernden Umfeld, als qualitativer Zielzustand beschrieben.

Der quantitative Anteil

Die qualitativen strategischen Ziele haben natürlich auch einen quantitativen Anteil. Dieser liefert die Messpunkte, mit denen sich verifizieren lässt, dass man sich auf die qualitativen Ziele zubewegt. Das Ziel der Schnecke ist, den *besten* Salat zu finden. Dabei handelt es sich um ein qualitatives Ziel. Eine Quantifizierung liegt in der Betrachtung der Intensität des Salatgeruchs. Die Orientierung der Schnecke im Raum erfolgt anhand der Intensität des Geruchs. Dabei handelt es sich um eine quantitative Messgröße. Wenn Du Salat riechst, krieche in die Richtung, in der der Geruch intensiver wird.

Bei der Schnecke ist nicht die Fressmenge das Ziel, sondern das beste Fressen. Geht diese Strategie auf, wird die Schnecke immer satt sein, obwohl das Fressen an sich gar nicht in der Strategie vorkommt.

GEDANKENEXPERIMENT

Wenn ich als Organisation den besten Kundenservice anbiete, dann werde ich für alte und neue Kunden attraktiv bleiben und werden, gerade *weil* ich einen guten Service biete. Und wenn Kunden von meinem guten Service überzeugt sind, haben sie auch keinen Grund, mich als ihren Dienstleister wieder zu verlassen. Sie sind also loyal und loyale Kunden bringen neue Kunden. Ich werde also neue Kunden gewinnen.

Ein quantitatives Ziel hätte auf die Menge der Neukunden in einem bestimmten Zeitraum abgezielt. Typischerweise findet man dann Formulierungen, wie: „Wachstum des Kundenstamms um 10 % in Quartal 1". Das ist keine Inspiration, die zur Verbesserung der Organisation anregt. Im Gegenteil – sind an die Erreichung dieses Ziels noch persönliche Vergütungen geknüpft, kann die Verfolgung (und Erreichung) dieses Ziels zu einer Verschlechterung der Gesamtsituation führen. So könnte man den Kundenservice reduzieren, um das Angebot billiger anzubieten und so über den Preis neue Kunden anzulocken.

Mein primäres Ziel ist also nicht Kundenwachstum, sondern eine Verbesserung der Organisation, die sie attraktiver für Kunden macht und damit Kundenwachstum als sekundären Effekt zur Folge hat. Mein Ziel ist die Verbesserung des Kundenservices und obwohl das nirgendwo steht, obwohl die Ziele niemals irgendwo Geld erwähnen, wird sich der Umsatz erhöhen. ◄

Wenn man eine Arbeit gut macht, kann man sich gegen Bezahlung gar nicht wehren – *money follows*. Geld sollte nicht führen, weil dies zu linearem und quantitativem denken führt. Das sind in einem exponentiellen Umfeld die falschen Indikatoren, die falschen Metriken und die falschen Richtlinien.

5.2.2   Sinnstiftung

Wenn sich Kunden weltweit jeden Lieferanten suchen können, dann wählen sie nicht den, der nur darauf aus ist, möglichst viel an dem Kunden zu verdienen. Wahrscheinlich eher im Gegenteil. Der wirtschaftliche Erfolg meines Lieferanten hat für mich als Kunden zunächst keinerlei Wert. Für mich als Kunde sind die Lieferanten von Belang, die in der Lage sind, für mich *wert zu stiften.*

Eine qualitativ formulierte Strategie beschreibt, wofür unsere Organisation am Markt steht, wofür sie wahrgenommen wird und vor allem, welchen Mehrwert sie für ihre Kunden stiftet. Die qualitativ formulierte Strategie reflektiert die Werte der Organisation und hilft den Kunden, sich ganz klar zu diesen Werten zu bekennen und sich für uns als ihren Lieferanten zu entscheiden.

BEISPIEL

Da gibt es mit Amazon den großen Onlinehändler, der ganz rigoros Kundenservice an erste Stelle stellt. Umtausch, Ersatz und Hilfestellung werden kompromisslos gewährt. Da hält kein Einzelhändler mit. Diese Sicherheit, dass mir nicht die Vorsaisonprodukte zur Leerung des Lagers angedreht werden und ich auch im Falle von Unzufriedenheit betreut werde, stiftet für mich als Kunde einen hohen Mehrwert und macht mich loyal. Damit ist der günstigste Preis auch nicht mehr ausschlaggebend. Kundinnen und Kunden entscheiden sich für ihre Händler nach dem Mehrwert, den diese für sie stiften. Was ist mir wichtiger? Wie ich als Kunde behandelt werde, oder wie Amazon wiederum seine Angestellten und Lieferanten behandelt?

Im Apple-Universum geht es um Einfachheit und Stil. Vielleicht bedient Apple aber auch ein wenig Status. Digitale Arbeiterinnen und Arbeiter sind auf chinesischen Plastikrechnern mit Windows unterwegs, während Führungskräfte und Kreative mit kalifornischen Metallrechnern *(designed in california, manufactured in china)* ihren Individualismus zum Ausdruck bringen. Wer im Apple-Universum voller Begeisterung unterwegs ist, kommt gar nicht auf die Idee, dieses zu verlassen. Das wertvollste Unternehmen zu sein, kommt jedoch in Apples Strategie nicht vor. Es ist die Exzellenz und Kreativität, auf die Apple abzielt – und *money follows.* ◀

Die qualitativen Ziele beschreiben den *Purpose, den* Zweck, das *Why* der Organisation, die Werte, für die die Organisation steht. Aus unserem *Why* leiten unsere Kunden ihre Gründe ab, uns gegenüber loyal zu sein.

Unsere strategischen Ziele müssen qualitativ sein und beschreiben, wie wir uns als Organisation in die Richtung unserer Vision entwickeln können – auch wenn wir dieses

Ziel, dieses qualitative Ziel, nie erreichen werden. Das ist ein Weg, auf dem tatsächlich der Weg das Ziel ist. Im LEAN-Management lautet ein Prinzip: *strive for perfection.* Damit ist gemeint, dass man Perfektion nicht erreichen kann – man kann sich ihr nur annähern (Womack & Jones, 2013, S. 111–120). Und da es immer etwas zu verbessern gibt, befindet man sich auch immer auf dem Weg. Die Organisation befindet sich in einer permanenten *Transition,* also in einem Zustand der kontinuierlichen Veränderung.

▶ Nur kontinuierliche Veränderung hilft uns, die Sensorik für eine sich kontinuierlich verändernde Welt zu entwickeln.

Nur so können wir sicher sein, dass wir Krümmungen des Raums wahrnehmen und uns als Organisation darauf einstellen und anpassen können. Damit wird aus statischer Strategie kontinuierliche Strategie. Aus verkündeter Strategie wird kontinuierliche Strategiearbeit.

5.3 Desillusioniert Strategiearbeit

„Prognosen sind schwierig, besonders wenn sie die Zukunft betreffen", soll irgendwer mal gesagt haben. Wer genau das war, ist nicht so klar, die Spannweite reicht von Mark Twain über Karl Valentin zu Niels Bohr und Winston Churchill. Wer auch immer das so formuliert hat, ich denke, sie hatte recht.

Strategiearbeit dient dazu Prognosen treffen, also einen probabilistischen Blick in die Zukunft werfen zu können. Damit wird die Zukunft unter der Beachtung von Wahrscheinlichkeiten planbar. Der probabilistische Blick in die Zukunft ist aber keinesfalls mit einer Vorhersage zu verwechseln.

5.3.1 Ein probabilistischer Blick in die Zukunft

Vorhersage
Eine Vorhersage sagt ein spezifisches Ereignis voraus. „Du wirst vom Blitz getroffen", ist eine Vorhersage. Je präziser eine Vorhersage ist, umso unwahrscheinlicher ist, dass sie zutrifft. Umgekehrt, je allgemeiner eine Vorhersage formuliert ist, umso größer ist ihre Eintrittswahrscheinlichkeit. Die Eintrittswahrscheinlichkeit einer Vorhersage lässt sich neben der allgemeinen Formulierung auch durch häufige Wiederholung steigern.

Wenn man jedes Jahr den Zusammenbruch der Finanzmärkte vorhersagt und dieser dann in einem Jahr, zum Beispiel 2008, wirklich eintritt, wird man wahrscheinlich als brillanter Analytiker gefeiert und hoch dotierte Jobangebote erhalten, auch wenn sich die Vorhersagegenauigkeit in den folgenden Jahren nicht wiederholen lässt. Nach Gerd Gigerenzer (2013, S. 124) besteht

„der Trick (…) darin, die Talfahrt so oft vorherzusagen, dass die Prophezeiung irgendwann
in Erfüllung gehen muss, und dann alle prognostischen Fehlgriffe zu vergessen."

Trifft eine Vorhersage tatsächlich zu, wird dieses Ergebnis als so unwahrscheinlich
empfunden, dass es nur mit wahrer Expertise erklärbar scheint (Kahneman, 2014) und
nicht mit Glück.

▶   Eine Vorhersage, die ein spezifisches Ereignis in einem komplexen System präzise
        vorhersagt und zutrifft, ist mit größter Wahrscheinlichkeit ein Glückstreffer.

Wahrscheinlichkeit
Eine Wahrscheinlichkeit, sagt *wie viele* Leute unter gleichen Umständen in einem
bestimmten Zeitraum normalerweise, also im Durchschnitt, vom Blitz getroffen werden
und wie groß die individuelle Wahrscheinlichkeit dafür ist. Sie sagt uns aber nicht, *wer*
genau vom Blitz getroffen wird. Nur weil ich ungeimpft nicht krank werden, heißt das
nicht, dass die Impfung nicht doch Leben rettet (und ich Glück habe). Nur weil ich
geimpft krank werde, heißt das nicht, dass die Impfung keine Leben rettet. Es ist töricht
auf Blitzableiter zu verzichten, nur weil man noch nie vom Blitz getroffen wurde.

Menschen haben einen eingeschränkten Erfahrungshorizont, nämlich den ihrer Sinne.
Probabilistische Vorhersagen – Wahrscheinlichkeiten – betrachten aber immer eine
Population und damit die Erfahrungshorizonte vieler Menschen. Einzelne Menschen
streben aus Angst vor der Unsicherheit nach Gewissheit. Wir möchten wissen, was *gleich*
passiert. Wir suchen Gewissheit, wo es keine Gewissheit gibt, nämlich in genau diesem
Gleich, der Zukunft. Und so müssen wir lernen, unter Unsicherheit zu navigieren und
unter Unsicherheit Entscheidungen zu treffen. Stoßen wir mit Kanzler Gorkon an: „Auf
das unentdeckte Land – die Zukunft!".

Die Zukunft
Wir haben es oben gesehen (siehe Abschn. 2.2.2). Die Zukunft ist ein Labyrinth von
Alternativen. In der Rückschau sehen wir natürlich genau, welchen exakten Pfad wir
genommen haben. In der Rückschau scheint auch jede Entscheidung alternativlos, weil
wir die verworfenen Entscheidungen nicht mehr sehen können und sie ja auch keinen
empfindbaren Einfluss auf das erzielte Ergebnis hatten. Aber die Zukunft ist niemals
alternativlos.

Die richtigen Entscheidungen treffen oder wenigstens im Vorfeld bewerten zu können,
welche die richtigen Entscheidungen sein könnten, ist tatsächlich schwierig, da eben verschiedene Wahrscheinlichkeiten abgewogen werden müssen. Und deswegen werden wir
auch Fehlentscheidungen und Fehltritte erdulden müssen. Die Kunst besteht also darin,
den Schaden der Fehlentscheidungen und Fehltritte möglichst kleinzuhalten.

Und der beste Weg, das zu erreichen, ist der Weg der kleinen Schritte. Wir sollten
viele kleine Schritte machen und häufig überprüfen, ob wir uns noch auf dem richtigen
Weg befinden. Das hilft, Fehlentscheidungen früh zu erkennen und Schäden frühzeitig

abzuwenden. Wir sollten möglichst häufig wenig entscheiden, statt selten und viel – dann ist der Schaden unserer einzelnen Entscheidungen nicht hoch und der Weg kann nachjustiert werden. Fehler, Fehltritte und Fehlentscheidungen können viel leichter kompensiert werden, wenn sie frühzeitig auffallen und bislang nicht große sind. Schaut man am Ende des Jahres einmal nach Zielerreichungsgraden, drohen böse Überraschungen. Häufiges Entscheiden hat allerdings auch einen Preis.

5.3.2 Strategie wird Arbeit

Viele kleine Feedback-Loops, die ein häufiges Überprüfen und Entscheiden ermöglichen, machen aus der Strategie eine kontinuierliche Strategiearbeit. Die Zeit, dass am Anfang des Geschäftsjahres strategische Ziele ausgegeben werden, deren Erfüllung am Ende des Jahres nur noch überprüft werden muss, ist vorbei. Die Umsetzung der Strategie liefert permanente Feedbacks an die Strategiearbeitenden, sodass diese dauernd angepasst werden kann und wahrscheinlich auch angepasst werden muss. Diese Feedback-Loops stellen die geforderte Sensorik der Organisation in den Markt dar. So erlangt die Organisation zeitnahe Erkenntnisse über die Veränderung des wirtschaftlichen Umfeldes und kann darauf schnell reagieren.

Durch schnelle Feedback-Loops verliert die Organisation nicht immer ein ganzes Wirtschaftsjahr, mit allen Kosten, Betrieb und eingesetzten Ressourcen. Um die eingesetzten Mittel nicht zu verschwenden, durch Arbeit an Produkten, deren Wichtigkeit sich verändert hat, müssen die Feedback-Loops durchgeführt und die erhaltenen Informationen unmittelbar verarbeitet werden. Strategiearbeit muss unmittelbar verrichtet werden. Sie bedarf tatsächlich eigener Kompetenzen und ist ein Full-Time-Job sein. Für die *Steampunk Organisation* kommt es aber noch schlimmer:

▶ Strategie wird dort entwickelt wo sie relevant ist und von den Personen, die es auch können.

Strategie ist keine hierarchische Aufgabe mehr
Strategie wird nicht mehr aus der Spitze der Pyramide verkündet, vom weisen, allwissenden Herrscher, der weiß, was zu geschehen hat und was von der Organisation erwartet wird. Strategiearbeit wird Arbeit. Und wirkliche Arbeit ist keine Verwaltungsaufgabe, sondern richtige, operative Arbeit. Strategiearbeit selbst wird operative Arbeit.

Wie sieht diese operationalisierte Strategiearbeit aus? Die Strategie beschreibt qualitativ, wie wir sein wollen. Wofür wir stehen wollen. Warum unsere Kunden sich immer wieder für uns entscheiden. Quantitativ beschreiben wir, woran wir erkennen, dass wir auch so sind, bzw. werden, wie wir sein wollen. Und gemeinsam überlegen wir, welche Handlungen auf unsere qualitativen Ziele einzahlen, und unsere quantitativen Messpunkte beeinflussen. Wir formulieren also Arbeitspakete, die auf unsere qualitativen Ziele einen positiven Einfluss haben sollten. Diese werden umgesetzt und wir schauen, ob auch das passiert, was wir uns erhoffen. Wir stellen Hypothesen auf und prüfen, ob sie zutreffen. Wir wählen also ein *experimentelles Vorgehen*.

Experimentelles Vorgehen

Was glauben wir, zahlt auf die Strategie ein? Ist es jenes Projekt? Ist es diese Arbeit? Ist es eine Restrukturierung? Wir müssen Optionen generieren. Und aus diesen Optionen wählen wir jene aus, von denen wir uns die größten Erfolgsaussichten versprechen. Diese werden dann zur Umsetzung freigegeben. Durch unser dauerndes Messen und Justieren, wissen wir, ob die Optionen uns in die Richtung bewegen, in die wir uns entwickeln wollen. Wir können frühzeitig erkennen, ob wir das Richtige tun. Ist das der Fall, machen wir weiter. Ist das nicht der Fall, müssen wir unsere Richtung ändern. Wir passen die Operationalisierung der Strategie an.

Das wird gerne missverstanden. In klassischen Organisationen wird immer wieder das Argument hochgehalten, dass eine Organisation, die dauernd ihre Strategie anpasst, gar keine Strategie hat. Dem stimme ich uneingeschränkt zu. Wir wollen ja gar nicht die Strategie dauernd anpassen, sondern deren *Operationalisierung*. Wir schauen, ob unser Handeln auf die Strategie *einzahlt*.

Wenn es das nicht tut, ändern wir das Handeln, nicht die Strategie. Dennoch halten wir uns auch diese Option offen. Wenn unser Handeln permanent nicht auf die Strategie einzahlt, dann kann es schließlich auch sein, dass die Strategie nicht umsetzbar ist oder am Markt vorbeigeht. Es ist auf jeden Fall wertvoll, auch diese Frage zu stellen.

Operationalisierung der Strategie

Die Anpassung der Operationalisierung unserer Strategie ist genau die Chance, die wir haben, um tatsächlich unsere Ziele zu erreichen. Sobald wir *Noise* oder *Bias* messen, untersuchen wir das System und suchen nach inneren wie äußeren Gründen. Wir desillusionieren hier die ehemals in der Hierarchie der Organisation verankerte strategiegebende Instanz.

▶   Strategie ist nicht mehr an die Hierarchie gebunden.

Strategie ist die Leitplanke, an der sich das gezeigte Marktverhalten ausrichtet. Und diese Strategie sollte natürlich stabil bleiben, wohl wissend, dass der Markt und das wirtschaftliche Umfeld keineswegs stabil sind. Zur Strategiearbeit trägt in einer *metanoia*-Organisation jeder Mensch bei. Entweder durch Entwurf und Vorschlag einer Hypothese oder durch deren Umsetzung und Feedback dazu. Und da Strategie in allen Unternehmensbereichen stattfindet, sind auch alle angehalten sowohl an den qualitativen als auch den quantitativen Zielen mitzuarbeiten.

Literatur

Clemens, H. (2016). So könnte die Zukunft des Internets aussehen. https://www.computerwoche. de/a/so-koennte-die-zukunft-des-internets-aussehen,3324977. Zugegriffen: 11. Febr. 2023.

Freedman, L. (2013). *Strategy: A history*. Oxford University Press.

Gigerenzer, G. (2013). *Risiko – Wie man die richtigen Entscheidungen trifft*. Btb.

Informationszentrum-Mobilfunk.de. *Meilensteine der Mobilfunkentwicklung*. https://www.informations-zentrum-mobilfunk.de/technik/geschichte-des-mobilfunks. Zugegriffen: 11. Febr. 2023.

Kahneman, D. (2014). *Schnelles Denken, langsames Denken*. Pantheon.

Kluczniok, J. (2022). *Neue Handys 2023: Das planen Apple, Samsung, Xiaomi und Co.*, https:// www.netzwelt.de/smartphone/kaufberatung-neue-handys-2022-1401.html. Zugegriffen: 16. Febr. 2023.

Mintzberg, H., Ahlstrand, B., & Lampel, J. (2012). *Strategy Safari: Der Wegweiser durch den Dschungel des strategischen Managements*. FinanzBuch Verlag.

Rein, A. (2021). *Steampunk Ökonomie – Mit der Dampfmaschine zum Mond*. Tredition.

Sinek, S. (2019). *Das unendliche Spiel: Strategien für dauerhaften Erfolg*. Redline Wirtschaft.

TÜV Nord. (2019). Eine kurze Geschichte des Internets. https://www.tuev-nord.de/explore/de/ erinnert/eine-kurze-geschichte-des-internets/. Zugegriffen: 11. Febr. 2023.

Wissenschaft.de. (2018). *Die Entwicklung des Internets*. https://www.wissenschaft.de/technik-digitales/die-entwicklung-des-internets/. Zugegriffen: 11. Febr. 2023.

Womack, J. P., & Jones, D. (2013). *Lean Thinking – Ballast abwerfen, Unternehmensgewinne steigern*. Campus.

Arbeit und der Blick nach vorne

Zusammenfassung

Die Operationalisierung der Strategie unterliegt in der modernen Netzwerk-organisation zwei Grundideen: Arbeit wird limitiert, um die Organisation nicht zu überfordern und gleichzeitig lieferfähig zu bleiben. Dazu ist es notwendig, jederzeit zu priorisieren. Wenn nicht an allem gearbeitet werden kann, dann muss zwingend am richtigen gearbeitet werden. Arbeit wird demnach stets aus der Strategie abgeleitet und nicht umgekehrt. Um Arbeit limitieren und priorisieren zu können, bedarf es eines operativen Portfolios, das geeignet ist, alle Arbeit in Organisation und deren Fertigstellungsgrad sichtbar zu machen. Die Fertigstellung der Arbeit folgt einem Wertstrom, bei dem der Fluss der Arbeit durch die Organisation Schritt für Schritt mit Kundenwert angereichert wird. Ist die Arbeit auf der rechten Seite des Prozesses angekommen, ist der Kundenwert erzeugt und die Arbeit erfüllt einen unmittelbaren Kundenbedarf.

In Kap. 5 haben wir Strategie definiert, als die Leitplanke, an der sich das gezeigte Marktverhalten ausrichtet. Sie wird operationalisiert, indem Hypothesen über mögliche Aktivitäten und Tätigkeiten und deren Auswirkung auf die Strategie aufgestellt werden. Es werden diejenigen durchgeführt, von denen die höchste Wirksamkeit erwartet wird. Nach Beendigung der Aktivitäten und Tätigkeiten wird überprüft, ob sich die erhoffte Wirksamkeit auch tatsächlich gezeigt und eingestellt hat. Sollte dies nicht der Fall sein, wird die Realität mit der Erwartung verglichen und versucht, die richtigen Erkenntnisse zu erlangen, um das nächste Mal eine bessere Wahl treffen zu können.

Die *metanoia*-Organisation versucht, aus dem nicht eingetretenen Erfolg zu lernen, um das nächste Mal bessere Hypothesen formulieren und eine bessere Auswahl treffen zu können. Diese Art der Operationalisierung folgt zwei Grundideen:

A. Rein, *Agiler Organisationsaufbau,* https://doi.org/10.1007/978-3-662-68146-6_6

1. Es wird nicht an allem gearbeitet, sondern nur an den Themen, von denen die höchste Wirksamkeit erwartet wird.
2. Arbeit wird nach vorn gerichtet aus der Strategie abgeleitet. Arbeit ist nicht entkoppelt oder gar umgekehrt, Strategie stiftend.

6.1   Nicht alles wird bearbeitet

Wirtschaftsunternehmen haben trotz aller Unterschiede eine Gemeinsamkeit: sie verfügen über beschränkte Ressourcen. Und weil Arbeitsmittel wie Rohstoffe, Maschinen und Zeit nicht uneingeschränkt zur Verfügung stehen, müssen sie damit haushalten. Genau das versteht man unter Wirtschaften (Wöhe et al., 2020). Wenn nun also nicht für alle denkbaren Arbeiten Kapazitäten zur Verfügung stehen, dann hat man zwei Möglichkeiten.

Entweder man beginnt an allem zu arbeiten und *„multiplexed"* die Arbeit, d. h. man schneidet sie in kleine Stücke und wendet sich jedem Stückchen kurz zu, oder man lässt manche Dinge liegen und arbeitet an dem, was man nicht liegen lässt. Die erste Variante, das „Multiplexing" ist in vielen Organisationen eine durchaus beliebte Methode.

6.1.1   Multiplexing

In der Informationstechnik hat ein Multiplexer mehrere Eingänge und einen Ausgang. Der dazugehörige De-Multiplexer hat umgekehrt nur einen Eingang und mehrere Ausgänge. Die Idee des Multiplexings besteht darin, mehrere analoge Signale gleichzeitig über nur eine Leitung zu übertragen (Hagelauer et al., Hagelauer, 2002). Die Ressource und damit der Flaschenhals ist die Leitung. Der Multiplexer überträgt also ein kleines Stück von Signal A, dann ein kleines Stück von Signal B, Signal C und fängt schließlich vorne wieder bei Signal A an. Der De-Multiplexer auf der anderen Seite der Leitung macht genau das Gegenteil – er baut die Fragmente wieder zu mehreren unterscheidbaren Signalen zusammen. Das funktioniert hervorragend, wenn Multiplexer und De-Multiplexer perfekt synchronisiert sind (Abb. 6.1). Sind sie es nicht, passen die Codierung und Decodierung nicht zusammen und das Ergebnis ist Datenmüll.

Was in der Informationstechnik wunderbar funktioniert, funktioniert in der Biochemie so leider nicht. Wenn ein Mensch fünf Aufgaben bewältigen soll und alle gleich wichtig sind, muss er oder sie wie ein Multi- und De-Multiplexer agieren. Die Aufgaben müssen in bearbeitbare Fragmente geschnitten, bearbeitet und wieder zusammengesetzt werden. In der Kognitionspsychologie spricht man von Aufgabenwechsel, bzw. *Task-Switching*.

Eine Maschine, die statt Dreiecke auf einmal Kreise stanzen soll, muss als Vorbereitung auf die neue Arbeit umgerüstet werden. Diese Umrüstung braucht Zeit. Will man häufig zwischen Kreisen und Dreiecken wechseln, erhöht sich die Umrüstzeit entsprechend.

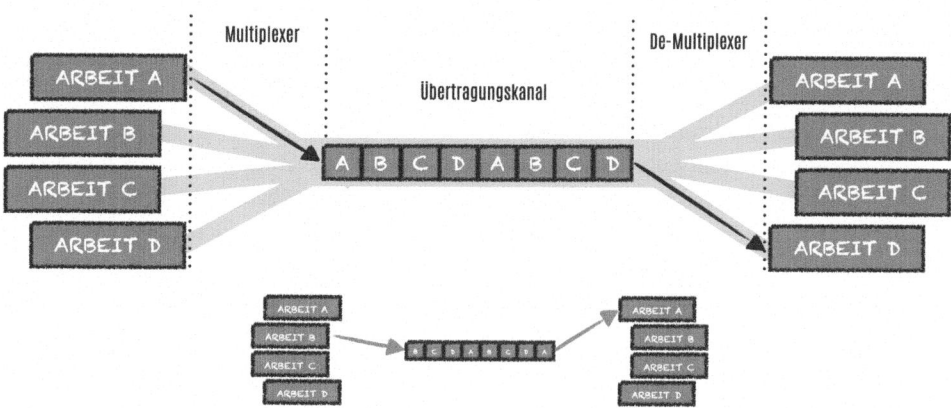

Abb. 6.1 Multiplexing

Möchte ein Gehirn mehr als eine Aufgabe gleichzeitig erledigen, muss es als Multiplexer arbeiten. Es muss die Arbeiten auseinandernehmen und verschachteln – etwas A, etwas B, etwas C, dann wieder etwas A – und am Ende alle A-Fragmente, alle B-Fragmente und C-Fragmente wieder richtig zusammenfügen. Dabei ist das Problem, dass sich die Inhalte einzelner Aufgaben verändern können – B soll doch lieber rot sein – noch gar nicht berücksichtigt. Jeder Wechsel braucht Zeit.

Wenn wir das Gehirn als Biomaschine betrachten, dann müssen wir berücksichtigen, dass wir Kapazität für die komplexe Aufgabe des Multiplexens zusätzlich zu den Kapazitäten für die eigentliche Produktivleistung brauchen. Das menschliche Gehirn bedarf einer gewissen Rüstzeit, um sich, anders als der Multiplexer, auf die geänderte Aufgabenstellung einzustellen. Die Summe dieser Rüstzeiten, zwischen den Aufgabenwechseln, kann bis zu 30 % der produktiven Arbeitszeit betragen und ist von daher höchst ineffizient (Kleinsorge et al., 2015).

GEDANKENEXPERIMENT

Wie ineffizient der Aufgabenwechsel ist, lässt sich an einem einfachen Gedankenspiel belegen.

Stellen wir uns vor, wir schreiben gerade eine Mail an unsere Vorgesetzte, in der wir ihr einen komplizierten organisatorischen Zusammenhang erläutern. Während wir die Mail formulieren, klopft es an der Tür, ein Kollege steckt seinen Kopf herein und sagt: „Ich will nicht stören." Ich sage: „Zu spät" und muss mir später wieder einen nett gemeinten Vortrag über meine Sozialkompetenz anhören.

Er hat eine konkrete Frage zu einem Vorgang in einem Projekt, für den ich verantwortlich war. Und er möchte von mir wissen, wie ich ein bestimmtes Problem gelöst habe, um sich diese Falle selbst zu ersparen. Ganz auswendig weiß ich es nicht und bitte ihn doch einfach in 10 Min. wiederzukommen, weil ich bis dahin den entsprechenden Mailverkehr herausgesucht habe.

Als ich den Projektordner gefunden habe, klingelt mein Telefon und eine Kollegin bittet mich, Ihr die Grafik von eben nochmals als PDF-Datei zu schicken, weil sie das TIFF-File nicht drucken kann. Also öffne ich die Datei, speichere sie erneut als PDF und schicke sie ihr im PDF-Format.

In diesem Moment geht die Tür auf und mein Kollege fragt mich, ob ich die Mail gefunden habe. Ich habe noch gar nicht gesucht. Egal, mache ich jetzt, dann muss er halt warten. Weitere 15 Min. später habe ich die Information für den Kollegen herausgesucht und bin mir sehr sicher, ihm damit tatsächlich geholfen zu haben. Jetzt muss ich noch kurz den Einkauf zurückrufen, den ich eben, als ich die Mail gesucht habe, vertrösten musste.

Und jetzt widme ich mich wieder der Mail an meine Vorgesetzte. Es gibt keinen Menschen auf der Welt, der diese Mail jetzt einfach weiterschreiben könnte. Ich muss den Gedanken wieder aufnehmen, ich muss die Tonalität wieder finden, ich muss das Geschriebene erst noch einmal lesen, bevor ich auch nur ein Wort ergänzen kann.

Anders als der Multiplexer können Menschen nicht einfach im Gleichtakt zwischen Aufgaben hin und her springen. Es bedarf immer einer Um- und Eindenkzeit (Crenshaw, 2021). ◄

In Abb. 6.2 sehen wir den Zeitpunkt der Wertschöpfung von drei konkurrierenden Arbeiten. Jede Aufgabe kann in 6 Tagen erledigt werden. Hier ist ein kleiner Exkurs hilfreich. Im Projektmanagement unterscheidet man zwischen *Dauer* und *Aufwand*.

Unter *Aufwand* versteht man die tatsächlich für die Fertigstellung der Arbeit verwendete Arbeitszeit. *Dauer* hingegen ist der Zeitraum, in dem der Aufwand erbracht wurde. Wenn das Legen des Estrichs einen Aufwand von einem Tag hat, heißt das, dass ein Mensch 8 h mit dieser Aufgabe beschäftigt ist. Da der Estrich aber auch noch trocknen muss, hat das Legen eine Dauer von 3 Tagen. Der Mensch, der den Estrich

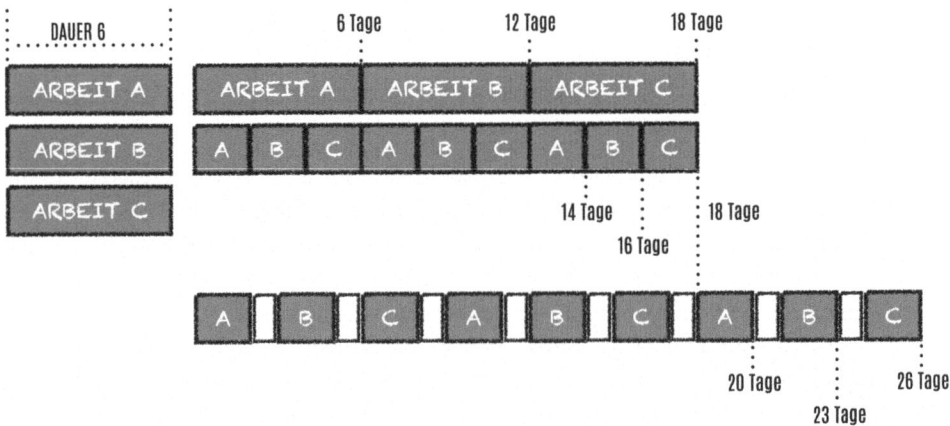

Abb. 6.2 Einfluss von TaskSwitiching auf die Fertigstellungsdauer

verlegt hat, kann schon wieder woanders arbeiten, aber die anderen Handwerker müssen die 3 Tage abwarten.

Im Beispiel in Abb. 6.2 ist mit den 6 Tagen tatsächlich der Aufwand gemeint. Um diese Arbeit fertigzustellen, ist eine Person 6 Tage, also 48 h beschäftigt. Werden die Arbeitsaufgaben einzeln, nacheinander bearbeitet, stiftet Aufgabe A demnach bereits nach 6 Tagen Wert. Bei Aufgabe B sind es 12 Tage und bei Aufgabe C sind es 18 Tage.

Würde man nach Fertigstellung mit jeder Arbeit einen Gewinn von einem Euro pro Tag erzielen, hätte man zum Zeitpunkt der Fertigstellung aller 3 Aufgaben an Tag 18 bereits 18 € Gewinn erzielt: An Tag 18 ist Aufgabe A seit 12 Tagen fertig und wäre mit 12 € vergütet worden. Aufgabe B wäre seit 6 Tagen fertig und hätte 6 € erwirtschaftet.

Wenn keine Prioritäten vorliegen und die drei Aufgaben „gleichzeitig", also in kleinen 2-Tages Fragmenten gemulitplext, umgesetzt werden, dann wird der erste Gewinn durch Aufgabe A an Tag 14 generiert. Der *Aufwand* von 6 Tagen hätte eine *Dauer* von 14 Tagen. Am Fertigstellungstag 18 würden nur 6 € Gewinn generiert worden sein – 4 € durch Aufgabe A und zwei Euro durch Aufgabe B.

Noch drastischer wird es, wenn man auch noch eine Rüstzeit von 30 % bedenkt. Dann wird der erste Umsatz erst an Tag 20 generiert und die drei Aufgaben werden erst an Tag 26 fertiggestellt. Alle Organisationen, die nicht in der Lage sind zu priorisieren und deshalb alle Aufgaben mit Priorität 1 versehen, bzw. wenn es zu viele werden, noch ein Sternchen anhängen, und wenn das zu viele werden, Leuchtturmprojekte einführen, arbeiten so. Es ist schade, dass dauernder Aufgabenwechsel die gängige Vorgehensweise zu sein scheint.

Je mehr Aufgaben gleichzeitig bearbeitet werden sollen, umso mehr Produktivzeit geht verloren. Je mehr Arbeit im System ist, umso länger dauert es, bis das einzelne Werkstück fertiggestellt ist. Dies gilt für physische Arbeit, aber ganz besonders auch für immaterielle Arbeit, für Wissensarbeit. Die Bruttoarbeitszeit entspricht nicht der Summe der Nettoarbeitszeiten, weil eben noch Rüstzeit hinzukommt. Damit dauert die Fertigstellung von Arbeit in einem unlimitierten System deutlich länger und kann das System gänzlich zum Erliegen bringen.

6.1.2   Limitierung der Arbeit

In einem Arbeitssystem mit limitierten Kapazitäten muss notwendigerweise die Zahl der zu bearbeitenden Aufgaben beschränkt werden. In einem normalen Backofen haben keine drei Kuchen Platz. Es ist demnach sinnfrei davon auszugehen, dass die drei Kuchen gleichzeitig fertig werden. Und kein normal denkender backender Mensch geht im Übrigen davon aus. Er oder sie plant eine zweite ‚Backrunde' ein.

Wenn man nicht alles gleichzeitig bearbeiten kann, dann sollte man auf die Reihenfolge der Bearbeitung großen Wert legen. Man sollte sicherstellen, dass man an den wichtigsten und einträglichsten Aufgaben arbeitet, oder eben die Sachen fertigstellt, die zur Weiterverarbeitung benötigt werden.

▶   Priorisierung und Reihung der Aufgaben sind ein Teil der Strategiearbeit.

In einem unlimitierten Arbeitssystem wird nicht nur die Überlastung der Ressourcen und der Stillstand der Arbeit in Kauf genommen, sondern auch, dass eine Umsetzung von strategischer Arbeit nicht möglich ist. Wenn die Umsetzung der Strategie retrospektiv am Ende des Jahres mit der geleisteten Arbeit abgeglichen wird, gleichzeitig, aber keinerlei Prioritäten vorherrschten – außer alles hat höchste Priorität – dann wird alle geleistete Arbeit in der Rückschau mit der Strategie in Einklang gebracht worden sein.

Wir haben gesehen, dass wir dadurch einen blinden Fleck erzeugen, weil natürlich jede in der Organisation durchgeführte Arbeit retrospektiv zur Strategie passen *muss*. Niemand gibt zu oder niemand gesteht sich ein, dass seine oder ihre Arbeit für die Erreichung der strategischen Ziele vollkommen irrelevant war. Dieses unzulängliche Verständnis von Strategie und Strategiearbeit wollen wir nun im Sinne der handlungsfähigen Organisation umdrehen.

Schlank werden

Im Sinne der Handlungsfähigkeit ist es sinnvoll, Ballast abzuwerfen. Im Sinne der Beweglichkeit, der Agilität einer Organisation, ist es sinnvoll unsinnige Prozesse, Vorgehensweisen und Hierarchien loszuwerden. Um schlank – LEAN – zu werden, muss ich abnehmen, entweder physisch oder eben prozessual -organisatorisch.

LEAN ist ein qualitatives Ziel – denn mehr geht immer und wann genug ist, merkt man auf dem Weg. Der Messpunkt, also die Quantifizierung, erfolgt über die Messung des Grades der Gewichtsreduktion. Ich sollte mich also regelmäßig auf die Waage stellen und die Abnahme überprüfen. Wenn ich leichter werde, wenn ich Prozesse vereinfache, wenn ich Organisationen weniger hierarchisch gestalte, dann nehme ich ab. Wie lange ich dieses Ziel verfolge, ist eine Entscheidung, die kontinuierlich hinterfragt und geprüft werden muss. Es ist die Entscheidung, wie lange ich mich auf das strategische Ziel *LEAN zu werden* tatsächlich fokussieren und konzentrieren will. Es kann durchaus einen Zeitpunkt geben, an dem ich feststelle, dass ich so viel Gewicht reduziert habe, dass ich es als primäres Ziel hinten anstellen und auf ein anderes Thema fokussieren kann. Das neue Ziel rückt dann in den Fokus und wird auf die gleiche Weise kontinuierlich hinterfragt und überprüft.

Die Organisation von einer pyramidalen in eine Netzwerkorganisation zu überführen, ist ein strategisches Ziel – kein operatives. Eine *Lean Agile* Organisation zu bilden und kontinuierlich zu verbessern, bedarf eines starken Sponsors. Und in einer pyramidalen Organisation, sitzt der stärkste Sponsor in der Spitze der Pyramide. Unterstützt diese Person die Veränderung nicht und bekämpft sie gar – direkt oder indirekt – dann gibt es auch keine.

▶   Die Spitze der Pyramide muss die Pyramide abbauen wollen. Sonst gibt es kein Netzwerk.

Zielsysteme

Der kontinuierliche Abgleich der Ergebnisse mit dem Ziel verändert die Organisation kontinuierlich. Idealerweise verbessert er die Organisation gleichermaßen. Wir wollen immer wieder bestätigen, dass das aktuelle Ziel immer noch das richtige Ziel ist und dieses so lange weiterverfolgen, bis wir zufrieden sind – *good for now*. Dann können wir uns auf einen anderen Themenschwerpunkt konzentrieren. Strategiearbeit ist kontinuierliche, iterative Arbeit, die regelmäßig und andauernd durchgeführt wird.

Wie passen die aus der klassischen Organisation vorhandenen Leistungsindikatoren in ein solches Zielsystem? Sie laufen vollkommen parallel und beeinflussen es gar nicht. Die kontinuierliche Strategiearbeit formuliert inspirierende Ziele, die die Leistungsfähigkeit und die Verbesserung der Organisation anregen sollen. *KPI*-Systeme betrachten retrospektiv, ob eine Leistung erbracht wurde. Das ist vielleicht gut zu wissen, lässt sich aber nicht mehr ändern. Deshalb spielen *KPI* für unsere Betrachtung hier keine Rolle.

Unser gesundes, von der Strategie abgeleitetes, flexibles Arbeitssystem braucht nur zwei Richtlinien. Die Erste bezieht sich auf die *Menge der Arbeit im System*. Wir haben oben schon gesehen, dass zu viel Arbeiten im System das Arbeitssystem langsam, träge und unvorhersehbar macht. Die Zweite bezieht sich auf das *Portfolio*, also die Auswahl der Arbeit, die tatsächlich in das System genommen wird. Wenn nicht an allem gearbeitet werden kann, sollte die Auswahl die wertvollsten Ergebnisse liefern.

BEISPIEL: Arbeitssystem Autobahn

Jeder, der schon mal in einem Stau gestanden hat, weiß das:

Ist die Autobahn frei, lässt sich die Ankunftszeit leicht errechnen: Entfernung durch (erwartete, durchschnittliche) Geschwindigkeit. Ist die Autobahn voll, ist die erwartete, durchschnittliche Geschwindigkeit niedriger und ich brauche länger. Ist die Autobahn zu voll, schwankt die Geschwindigkeit so sehr (oder kommt ganz zum Erliegen), dass ich keine Erwartungen mehr habe und deshalb auch die Ankunftszeit nicht mehr errechnen kann. Bei zu viel Arbeit im System kann man die Fertigstellung nicht mehr vorhersagen.

Sobald man sich die Ressource Autobahn mit anderen teilt, nimmt die Reisezeit zu – bis hin zur vollkommenen Unberechenbarkeit. Ein solches Arbeitssystem kann keinerlei Vorhersagen über seine Lieferfähigkeit treffen. Das ist schlecht. Die Menge der Arbeit im System bestimmt die Lieferzeit. Welche Arbeit sich im System befindet, sagt uns das Portfolio. Das sollten wir also im Auge behalten, oder vielleicht sogar erst einmal überhaupt haben. ◄

Überblick über das Portfolio

Der Überblick über das Portfolio hilft nicht nur die Frage der Effektivität zu beurteilen – arbeiten wir den richtigen Dingen? –, sondern auch Teilaspekte der Effizienz – wie viele Arbeiten verteilen sich wie viele Ressourcen? Um eine Überlast zu vermeiden, bedarf es der Priorisierung. Priorisieren bedeutet nicht zu entscheiden, woran gearbeitet wird, sondern woran eben gerade nicht gearbeitet wird. Das ist deutlich schwerer. Was ist die Richtschnur, wenn ich entscheiden muss, woran meine Organisation arbeiten darf? Wie bestimme ich die Reihenfolge der Bearbeitung?

▶   Priorisieren bedeutet nicht zu entscheiden, woran gearbeitet wird, sondern woran nicht gearbeitet wird.

Wenn wir nicht an allem arbeiten, dann sollten wir an den Aufgaben arbeiten, die den größten Wert liefern, die den größten Impact für unsere Organisation haben, die am ehesten auf unsere Ziele einzahlen, auf unsere strategischen Ziele. Wir sollten nichts tun, was keinen Wert liefert – Wert im Sinne von Wertschöpfung. In jedem Arbeitsschritt sollte also klar belegbar der Mehrwert unserer Lieferleistung angereichert werden.

Unsere Arbeit folgt unterschiedlichsten Wertströmen, die es zu betrachten und zu designen gilt. Jeder einzelne Arbeitsschritt muss zu diesem Wert beitragen, sonst ist er im LEAN Sinne WASTE und damit sinnfrei und sollte eliminiert werden, weil er tatsächlich nur Ressourcen und Zeit bindet. Und es sollte nie mehr Arbeit im System sein, als die Anzahl der Kapazitäten und Ressourcen im System zur gleichmäßigen Verarbeitung in der Lage sind. Also betrachten wir ein Portfolio und dessen Wertströme.

6.2   Das operative Portfolio

Wenden wir uns zunächst dem Begriff Portfolio zu. Ein zugegeben etwas schwammiger Begriff, deshalb fangen wir vorn an. *Portare* ist lateinisch und heißt tragen. *Folio* ist ebenso lateinisch und heißt Papier. Dem Wortsinne nach ist das *Portfolio* eine Sammelmappe eigener Dokumente, Papiere oder Kunstwerke. Im übertragenen Sinne versteht man unter einem Portfolio eine Sammlung von artähnlichen Objekten, also eine ganz allgemeine Zusammenstellung von Dingen. So wie ein Künstler seine Portfolio-Mappe aufbereitet, sei es ein Maler mit seinen Gemälden, sei es ein Designer mit seinen Designideen oder ein Architekt mit architektonischen Entwürfen, so werden die Produkte eines Herstellers als dessen Portfolio bezeichnet.

> Das Grundprinzip des Produkt-Portfolios besteht darin, alle auf unterschiedliche Teilmärkte ausgerichteten Unternehmensaktivitäten nach strategischen Gesichtspunkten in einer Matrix zu positionieren. (Blohm et al, 1997, S. 216)

6.2.1   Portfolio

Portfolio meint also die Einsortierung verschiedener Objekte in zwei Dimensionen, etwa *Produkt* und *Zielmarkt*. Das Portfolio verschafft einen Gesamtüberblick über die Eingruppierung der Objekte (Hanschke et al., 2016, S. 297). Das *strategische*

Portfolio beschreibt die Produktkategorien und ihre Zielmärkte. Hier wird geplant, *was* den Kunden angeboten werden soll. Das *operative Portfolio* beschreibt die Umsetzung der geplanten strategischen Arbeit.

▶   Im strategischen Portfolio wird geplant, *was* wir tun, im operativen Portfolio, *wie* wir es tun. Es gibt also eine Innen- und eine Außensicht.

Die Außensicht

Die Außensicht beschreibt die strategischen Produkte und Produktkategorien, die der Hersteller anbietet. Die verfügbaren Einzelprodukte lassen sich den strategischen Produktkategorien jeweils zuordnen. Das strategische Portfolio zeigt die Produkte und deren Gruppen, auf welche die Organisation ihren Schwerpunkt setzt. Es zeigt, welche Arten von Arbeit in einer Organisation umgesetzt und letztendlich fertiggestellt und den Kunden geliefert werden.

Die Innensicht

Die Innensicht wird im operativen Portfolio beschrieben. Das operative Portfolio macht die geplante *Art der Arbeit* in der einen und den *Fertigstellungsgrad* in der zweiten Dimension sichtbar. Während sich das strategische Portfolio eher mit der qualitativen Frage: „Was wollen wir tun? Und warum?", beschäftigt, zielt das operative Portfolio eher auf quantitative Fragen, wie die nach der Menge oder der Lieferdauer ab.

   Das operative Portfolio ist, wie der Name schon sagt, die Operationalisierung des strategischen Portfolios. Davon haben wir oben in Kap. 5 bereits gesprochen. Das Portfolio ist ein Werkzeug, um genau diese Art der qualitativen Zielbeschreibung umsetzbar zu machen. Welchen Zweck verfolgt nun aber ein Portfolio konkret?

6.2.2   Transparenz

Das Portfolio verschafft vollkommene Transparenz. Das strategische Portfolio zeigt die Schwerpunkte der Organisation auf und das operative Portfolio zeigt, woran gerade konkret gearbeitet wird. Man sieht also die konkreten *WorkItems,* die konkreten Arbeitsstücke, die sich einer bestimmten Produktkategorie zuordnen lassen. Das operative Portfolio ist eine Landkarte der Arbeit, die sich in der Umsetzung oder in der Warteschlange davor befinden. Es ist die Konkretisierung des strategischen Portfolios.

Warum ist das wichtig?

Eine sich im *VUCA*-Umfeld (vgl. Abschn. 2.1.1) bewegende Organisation braucht eine möglichst genaue Abbildung ihres aktuellen Zustandes und Auslastung. Sonst kann in einem dynamischen Umfeld nicht kontinuierlich geplant werden. Wenn die Organisation adaptiv, änderungs- und anpassungsfähig sein soll, um in der *VUCA-Welt* auf Änderung tatsächlich reagieren zu können, dann braucht sie eine solche Landkarte, eine Gesamtübersicht der sich in Umsetzung befindenden Arbeit, um überhaupt entscheidungsfähig zu werden.

Entscheidungsfähig – reaktiv – und handlungsfähig – agil – ist eine Organisation nur dann, wenn sie alle sich in Umsetzung befindenden *WorkItems* kennt. Die Umsetzung von *WorkItems* bindet Ressourcen und die sind bekanntlich begrenzt. Um die Entscheidung zu treffen, ob für das neueste *WorkItem* tatsächlich Ressourcen freigemacht werden sollen (und damit begonnene Arbeit unterbrochen wird), bedarf es einer Gesamtübersicht der in Umsetzung befindlichen Arbeit. Nur eine Abwägung der um die begrenzten Ressourcen konkurrierenden Arbeiten macht eine Priorisierung erst sinnvoll. Und wie wir oben (Abschn. 6.1.1) bereits gesehen haben, bedeutet priorisieren nicht darüber zu entscheiden, woran gearbeitet wird, sondern darüber zu entscheiden, woran nicht gearbeitet wird. Und diese Entscheidung kann man nur mit einer vollständigen Gesamtübersicht treffen.

Der Flaschenhals

Ohne die vollständige Transparenz einer Portfoliosicht trifft man Entscheidungen im Blindflug. Es lassen sich nie alle Implikationen abwägen. Wir wissen, dass wir nicht über unendliche Ressourcen und unendliche Kapazitäten verfügen. Also ergibt es auch keinen Sinn, in der Planung so zu tun, als ob das so wäre. Die vorhandene Arbeitskraft ist ein physisch limitierter und limitierender Faktor. Sie ist immer ein Flaschenhals. Nur wenn wir über unendliche Ressourcen, über unendliche Kapazitäten verfügten, könnten wir auch alles bearbeiten. In den meisten Organisationen ist diese Voraussetzung aber leider nicht gegeben. Ergo – die Organisation muss mit dem Flaschenhals sinnvoll umgehen.

Wenn durch den Flaschenhals kein Rückstau entstehen soll, muss die den Flaschenhals durchlaufende Arbeitsmenge limitiert werden – es muss entschieden werden, woran nicht gearbeitet wird. Für die Entscheidung, woran gearbeitet werden soll, wird das strategische Portfolio benötigt. Hier lassen sich die Schwerpunkte der Organisation ablesen und die zu verrichtende Arbeit zuordnen. Schwerpunktthemen sollten eher umgesetzt werden als andere Themen. Konkurrieren mehrere Schwerpunktthemen um limitierte Ressourcen, muss auch hier eine Limitierung und Reihung vorgenommen werden. Das zu können, ist ein Zeichen für gutes Management. Das nicht zu können, also darauf zu beharren, dass alles gleichrangig benötigt wird, und zwar gestern, deutet auf massives Managementversagen hin.

6.2.3   Entscheidungen

Auch wenn eine Organisation ein neues Marktsegment erobern oder gar einen blauen Ozean (Kim & Mauborgne, 2015) entdecken will, können nicht alle dafür notwendigen Schritte gleichzeitig genommen werden. Eine Organisation kann nicht alles sinnvoll gleichzeitig umsetzen. Da helfen keine Prio-1, Prio-1 mit Sternchen oder Leuchtturmprojekte. Es hilft nur Priorisierung, Reihung, Sequenzierung, also eine Limitierung und damit gutes Management.

Alle Handlungen konkurrieren um die gleichen Ressourcen. Daher reicht eine Abwägung über Kosten, Machbarkeit, Impact oder Umsatzrendite allein nicht aus – es bedarf auch eines Vergleiches mit den bereits laufenden Initiativen und den bisher nicht begonnenen Arbeiten oder bislang hochpriorisierten Projekten, die vielleicht bis gestern noch die Wichtigsten waren.

Man kann Projekte in der Mitte stoppen oder gar abbrechen und diese Entscheidung kann auch richtig sein. Dies kann man aber nur bewerten, wenn man auch weiß, welchen Schaden man anrichtet. Diese Entscheidung sollte nur getroffen werden, wenn man sich absolut sicher ist, dass der wirtschaftliche Nutzen den angerichteten Schaden kompensiert. Und dieses Abwägen, diese Reiserouten, dieses Verstehen, wie sich die Arbeit dann durch die Organisation bewegt und wie denn die Kapazitäten mit der Arbeit ausgelastet sind, lassen sich nur anhand einer Landkarte ausführen. Keine Navigation ohne Landkarte. Keine Entscheidung ohne Portfolio!

▶ Ohne Portfoliosicht werden alle wirtschaftlich relevanten Entscheidungen aus dem Bauch heraus getroffen.

Die Organisation befindet sich im *Try-and-Error-Modus*. Das kann in einer komplexen Umgebung nicht gut funktionieren und wird vornehmlich auf dem Zufallsprinzip fußen. So lässt sich ein Unternehmen in der VUCA-Welt nicht lange auf Kurs halten. Die Transparenz dient nicht dazu, Mitarbeitende oder Leistungsfähigkeit innerhalb der Organisation zu überwachen und zu kontrollieren. Management, das aus der Argumentation des abgeschlossenen Silos heraus Transparenz verhindert, versteht nicht, dass die Transparenz nicht dazu dient, Mitarbeitende oder allgemeine Leistungsfähigkeit innerhalb der Organisation zu messen und zu kontrollieren, sondern den sinnvollen Einsatz von Ressourcen überhaupt erst möglich zu machen.

6.3 Die Steuerung des Wertstroms

Das Portfolio zeigt uns die Arbeit im System. Wir haben gesehen, dass wir zwischen einem strategischen Portfolio, das uns qualitativ zeigt, was gemacht werden soll, und einem operativen Portfolio, das uns quantitativ zeigt, in welchen Mengen wir es machen oder wie wir es machen sollen, unterscheiden können. Um vollumfänglich planen zu können, also auch den Blick nach vorn richten können, brauchen wir eine zweite Betrachtung neben dem Portfolio, nämlich die Betrachtung des Wertstroms. Wenn uns die Portfoliosicht zeigt, womit unser Arbeitssystem ausgelastet ist, dann zeigt uns die Wertstromsicht, welche Arbeitsschritte notwendig sind, um tatsächlich Arbeit fertigzustellen und wie lange wir dafür brauchen. Das ist bei Weitem nicht so akademisch, wie es klingt.

6.3.1   Wertstrom

Der Wertstrom betrachtet die Aneinanderreihung der unterschiedlichen Tätigkeiten, die zur Fertigstellung eines Produktes oder eines Services durchgeführt werden müssen. Dabei ist es unerheblich, ob die Tätigkeiten tatsächlich Wert stiften oder nicht, sprich, ob sie sinnvoll sind oder nicht. Der Wertstrom bildet die *Realität* ab und zeigt die praktische Ausgestaltung eines Prozesses (Bertagnolli, 2018).

Es ist wichtig, dass nicht einfach nur der designte Prozess auf seine Effizienz und Effektivität hin überprüft wird, sondern dessen konkrete Ausgestaltung. Arbeitsschritte, die keinen unmittelbaren Mehrwert liefern oder zur Fertigstellung eines Produktes gar nicht beitragen, sind nach japanischer LEAN-Philosophie *muda* – Verschwendung. Es gibt zwei Typen von *muda:* Scheinleistung und Blindleistung (Womack & Jones, 2013).

Scheinleistung
Mit Scheinleistung ist ein zusätzlicher Arbeitsschritt gemeint, der fest im Prozess oder im angewandten Vorgehen verankert ist, aber zur Fertigstellung keinen Beitrag leistet. Dahinter können sich Kontrollen und Abnahmen verbergen, also einfach nur das erhöhte Sicherheitsbedürfnis einer hierarchischen Organisation.

PRAXISBEISPIEL

In der Legal-Abteilung eines Finanzdienstleisters war es gängige Praxis, dass die Hausjuristen ihre Ausarbeitungen zur Abnahme dem Geschäftsführer vorlegten – obwohl der selbst gar kein Jurist war.

Die Ausarbeitung des Vertragswerkes zu einem komplexen Finanzprodukt und die Anpassung der allgemeinen Geschäftsbedingungen konnte in dieser Organisation durchaus zwei bis drei Monate dauern. Diese Ausarbeitung war dann dem CEO zur Absegnung vorzulegen. Seine Begründung für diesen Prozessschritt lautete lapidar: „Ich bin der Geschäftsführer eines Finanzdienstleisters. Ich stehe immer mit einem Bein im Knast. Hier geht nichts raus, was nicht über meinen Schreibtisch gelaufen ist." Seine Abnahme erfolgt in der Regel nach vier bis sechs Wochen. Allerdings fügte er häufig kleine Anmerkungen hinzu.

Eine kurze Notiz, wie: „Könnt ihr auch das hier noch einbauen" war keine Seltenheit. Für Juristen und ihre Verträge gibt es aber keine kleine Ergänzung. Bei komplexen Verträgen ist bei einer Veränderung das Gesamtwerk auf seine Konsistenz zu überprüfen. Und unter Umständen sind umfassende Anpassungen durchzuführen. Jede dieser kleinen Ergänzungen musste also mindestens den Prüfprozess erneut durchlaufen, um dann nach zwei Monaten wieder zur Abnahme vorgelegt zu werden. Und auf diese Abnahme erfolgte häufig dann eine neue Ergänzung.

Einige der sich in Arbeit befind endenWerke waren bereits seit einem dreiviertel Jahr im Umlauf, während sich die produktive Nutzung immer weiter verzögerte. ◄

Tätigkeiten, die keinen Mehrwert erzeugen, sind Verschwendung. Jede Arbeit, die wir in das System investieren, muss auch tatsächlich den Nutzen und damit den Wert für das Endergebnis erhöhen. Nur dann arbeitet man wertschöpfend. Wenn wir das nicht tun, dann ist unsere Zeit und unsere Ressource verschwendet und wir sind nicht effizient.

Blindleistung
Mit Blindleistung sind Arbeitsschritte gemeint, die einfach entfernt werden können. Wenn ein *WorkItem* am Ende eines Arbeitsschritts eine Endkontrolle erfährt und am Anfang des Folgeschritts eine Eingangskontrolle, dann kann man mit großer Sicherheit einen der beiden Schritte schadenfrei aus dem Prozess entfernen.

6.3.2 Management des Wertstroms

In einer *metanoia*-Organisation (vgl. Abschn. 4.2) sind Portfolio und Wertstrom auf allen Organisationsebenen vorhanden. Ein einzelnes Team folgt einem Wertstrom. Es erfüllt eine Reihe von Aktivitäten, die idealerweise die Arbeit mit Wert so lange anreichern, bis diese fertig ist. Dann kann die Lieferleistung von einem anderen Team bearbeitet oder dem Kunden ausgeliefert werden.

Genauso folgt eine Abteilung, eine Geschäfteinheit, eine Landesgesellschaft einem Wertstrom. Auch in der Abteilung gibt es Aktivitäten, deren Ausführung zur Fertigstellung einer Leistung führen. In diese Aktivitäten sind sehr wahrscheinliche diverse Teams eingebunden. Jedes dieser Teams folgt aber auch wieder seiner eigenen Sequenz von Aktivitäten. Betrachtet man den Wertstrom von Landesgesellschaften, werden sich wahrscheinlich Aktivitäten wiederfinden, die sich auf die großen strategischen Ziele beziehen – aber auch hier folgt die Arbeit einem Wertstrom.

Befindet man sich in „Bodennähe", betrachtet man die Arbeit eines Teams mit hohem Detailreichtum. Befindet man sich „im Orbit", betrachtet man die Arbeit der Organisation mit strategischer Weitsicht (aber ohne viele Details). Und vergleicht man die Wertströme, stellt man fest, dass der Unterschied der Betrachtungshöhen nicht im Schnitt des Wertstroms, sondern vielmehr im Schnitt der Arbeit liegt.

▶   Verändert sich die Betrachtungshöhe, verändern sich die *WorkItems,* nicht die betrachteten Wertströme.

Analog der Terminologie der Flight Levels Academy spreche ich hier auch von Flughöhen – von Flight Levels (Kaltenecker & Leopold, 2022). Auf der niedrigsten Flughöhe, der operativen Sicht, sieht man die Wertströme der einzelnen Teams. Der Wertstrom eines Teams bildet die tatsächlich zu verrichtenden Arbeitsschritte bis zur Fertigstellung der Arbeit ab. Ein übergeordneter Wertstrom bildet die Aktivitäten zur Umsetzung eines Projektes ab. Dieses Projekt wird von mehr als einem Team umgesetzt, sodass die einzelnen Aktivitäten auf der Projektebene ganze Team-Wertströme

Abb. 6.3 Pizza Prozess

repräsentieren. Die Summe vieler Projekte mag ein Produkt ergeben, dessen Fertigstellung ebenfalls wieder einem Wertstrom folgt, wobei die Aktivitäten vielleicht einem Projekt entsprechen.

Schließlich ist eine Ende-zu-Ende-Sicht über die gesamte Organisation vorstellbar, die uns die notwendigen Arbeitsschritte von Auftragseingang bis Lieferung an den Kunden aufzeigt. Die Betrachtungsweise in Wertströmen ist aber immer die gleiche.

In einem Team besteht der Wertstrom meistens aus der Aneinanderreihung von Individualtätigkeiten. In einer Abteilung mag der Wertstrom aus der Aneinanderreihung von Teamtätigkeiten bestehen, in einem Bereich aus der Aneinanderreihung von Abteilungstätigkeiten und so weiter. Wichtig ist, dass das Denken in Wertströmen hervorragend geeignet ist, um die Effektivität und die Effizienz einer Netzwerkorganisation zu modellieren, zu formen und zu verbessern.

PRAXISBEISPIEL: Pizza Flow

Betrachten wir der Einfachheit halber den Wertstrom in einer Pizzeria in Abb. 6.3.

In dieser Pizzeria kann sich das Team auf eine stabile Auftragslage verlassen. Auch die Abarbeitung der Aufträge ist nicht sonderlich komplex – *first in* – *first out*. Die Reihenfolge ergibt sich also aus der Reihenfolge des Bestellungseingangs.

Jede Bestellung durchläuft logisch jeden Arbeitsschritt, wobei der zweite sicher nicht individuell für jeden Auftrag die exakt richtige Menge Pizzateig herstellt, sondern kontinuierlich versucht, die erforderliche Menge bereitzuhalten. Arbeitsschritt 3 – Teig ausrollen – ist also davon abhängig, dass eine Bestellung vorliegt *und* Teig vorbereitet wurde.

Arbeitsschritt 1 soll so viele Bestellungen wie möglich generieren, während Arbeitsschritt 2 andauernd abschätzen muss, wie viele Bestellungen das denn sein könnten, damit die richtige Menge Teig vorgehalten werden kann. Ab Arbeitsschritt 3 wird komplett sequenziell gearbeitet.

Man kann den Pizzateig nicht belegen, bevor er zubereitet und nicht backen, bevor der Teig ausgerollt wurde. Es gibt nur eine logische Reihenfolge. Von links nach rechts nimmt der Kundenwert des Produktes zu, bis er ganz rechts so weit erfüllt ist, dass der Kunde sogar dafür bereit ist zu bezahlen.

Die Auslastung des Systems und den Fortschritt der Arbeiten kann man also einfach an der Menge der Pizzen und ihrer Position im Prozess oder abstrakt, an der Menge und Position der Bestellzettel im Arbeitssystem ablesen. Man kann sogar schauen, ob es zu Engpässen kommt. Nehmen wir an, der Ofen kann nur fünf Pizzen gleichzeitig backen, dann stauen sich die belegten Pizzen vor dem Ofen (und die Zettel am Ofen auch), vgl. Abb. 6.4.

In dieser Situation ergibt es keinen Sinn, weitere Pizzen zu belegen – sie können nicht fertiggestellt werden. Wenn eine Pizza für 10 Min. in den Ofen muss, dauert es ab dem Moment, wo der Ofen wieder frei wird, noch 20 Min., bis neue Pizzen fertiggestellt werden können. Teig ausrollen ist wahrscheinlich erst in 15 Min. wieder sinnvoll.

Und wenn es sich verhindern lässt, dann sollte auch die Teigmenge nicht erhöht werden – die Produkte können nämlich systemisch nicht fertiggestellt werden. Und da bei steigender Anzahl unfertiger Pizzen vor dem Ofen und der Priorisierung nach Bestellungseingang, die Wartezeit für die Kunden immer größer wird, lässt sich das System ohne eine Reduktion der Bestellannahme nicht mehr regulieren. Das Portfolio und der Wertstrom helfen uns, unsere Produktion zu steuern.

Der Fluss der Arbeit

Da die Bestellzettel von links nach rechts zu den einzelnen Arbeitsstationen wandern, machen sie den Anschein, als ob sie wie ein Strom durch das Arbeitssystem fließen. Jede Arbeitsstation stiftet Mehrwert, also betrachten wir einen Wertstrom. Die Analogie des Stroms ist tatsächlich gut, denn der Wertstrom hat eine steuerbare, variable Fließgeschwindigkeit. Je mehr Arbeit gleichzeitig begonnen wird, umso langsamer fließt der Strom. Je weniger Arbeit gleichzeitig begonnen wird, umso schneller.

Die gleiche Wertstrom betrachtung ist aber auch auf übergeordneter Ebene hilfreich. Nehmen wir an, es gibt nicht nur Pizza, sondern eine weitere Spezialküche für Pasta, für Fleisch und für Fisch. Übergeordnet – auf der operativen Portfolio sicht – geht es dann vornehmlich um die Koordination zwischen den Küchen. In einer Küche ist der gesamte Auftrag auf einem Bestellzettel hinterlegt und durchläuft gesamtheitlich den Prozess. Bestellen Kunden aber Produkte aus unterschiedlichen Produktgruppen, dann müssen die Teams in den unterschiedlichen Küchen so koordiniert werden, dass die Gäste ihre Bestellungen in der richtigen Reihenfolge erhalten – individuelles first in-first out hilft dann nicht. Wir brauchen also ein Portfolio, das die drei Teams zeigt und es ermöglicht, den Fertigstellungstermin einer Bestellung abzulesen oder übergreifend zu planen.

Das ist auch ein Portfolio, aber aus einer übergeordneten, koordinierenden Perspektive. Es ist weniger kompliziert als vielmehr ungewohnt, diese Zusammenhänge zu durchdenken und dann zu visualisieren. ◀

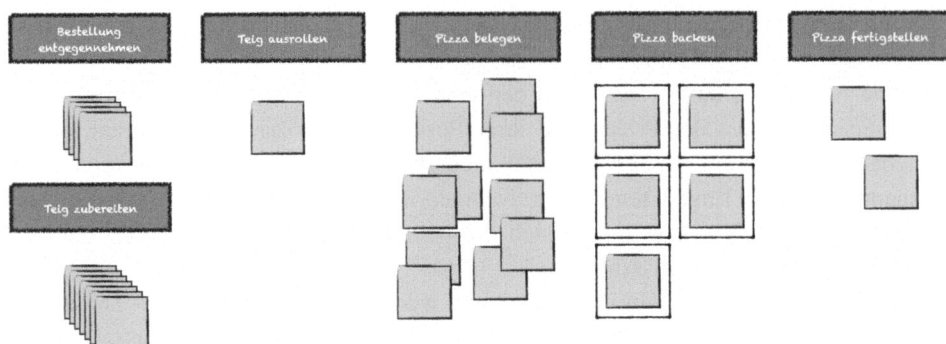

Abb. 6.4 Pizza Wertstrom

Wir agieren in einer komplexen Welt mit häufigen Anpassungen und Veränderungen – und komplexe Begebenheiten lassen sich nicht beliebig vereinfachen. Wenn wir schon in Portfolio und Wertströmen denken, haben wir einen ersten großen Schritt getan. Denn hieraus erkennen wir, womit unsere Organisation gerade beschäftigt ist. Wir können sicher sein, dass der Wert immer Richtung Kunde zeigt, der Wert also in der Umsetzung tatsächlich zunimmt. Da wir nicht an allem gleichzeitig arbeiten können, können wir ferner sicher sein, dass wir an den für den Kunden wichtigen Sachen arbeiten und deshalb auch darauf vertrauen, dass wir nichts total Falsches umsetzen und immer noch das *Bull's Eye* treffen.

Literatur

Bertagnolli, F. (2018). *Lean Management – Einführung und Vertiefung in die japanische Management-Philosophie.* Springer Gabler.

Blohm, H., Beer, T., Seidenberg, U., & Silber, H. (1997). *Produktionswirtschaft.* Verlag Neue-Wirtschafts-Briefe.

Crenshaw, D. (2021). *The Myth of Multitasking – How 'doing it all' gets nothing done.* Mango.

Hagelauer, R. (2002). Schaltkreise und digitale Logikschaltungen. In P. Rechenberg & G. Pomberger (Hrsg.), *Informatik Handbuch* (S. 255–291). Hanser.

Hanschke, I., Giesinger, G., & Goetze, D. (2016). *Business Analyse – Einfach und Effektiv.* Hanser.

Kim, W. C., & Mauborgne, R. (2015). *Blue Ocean Strategy – How to create uncontested market space and make the competition irrelevant.* Harvard Business Review Press.

Kaltenecker, S., & Leopold, K. (2022). *Flight Levels – Eine kurze Einführung.* D-Punkt.

Kleinsorge, T., Heuer, H., & Schmidtke, V. (2015). Hierarchical switching in a multi-dimensional task space is not induced by specific task cues. *Zeitschrift für Psychologie, 209*(1), 105–117.

Wöhe, G., Döring, U., & Brösel, G. (2020). *Einführung in die allgemeine Betriebswirtschaftslehre.* Vahlen

Womack, J. P., & Jones, D. (2013). *Lean Thinking – Ballast abwerfen, Unternehmensgewinne steigern.* Campus.

Alles ist im (Arbeits-) Fluss

7

Zusammenfassung

In einer organischen Struktur, die adaptiert, die Veränderungen wahrnimmt und sich darauf einstellt, ist die Art der Arbeitsorganisation als unlimitiertes Push-System vollkommen undenkbar. Wert entsteht durch den Fluss der Arbeit durch das Netzwerk von Arbeitsstellen, die alle, nacheinander, den Wert der Arbeit anreichern. Je besser die Ablauforganisation funktioniert, umso effizienter wird der Wert geschaffen. Eine Antwort bietet das limitierte Pull-System, das eine kapazitätsgetriebene Arbeitsweise propagiert. Eine große Organisation ist komplex – und diese Komplexität lässt viele davor zurückschrecken, die Arbeitssysteme mit ihren Wertströmen zu modellieren. Zur Entwicklung einer komplexen Organisation ist die Identifikation von Wertströmen jedoch unablässig. Die Wertströme gilt es zu visualisieren und in einer operativen Portfoliosicht zusammenzuführen. Diese Sichtbarkeit macht den Fluss der Arbeit durch die Organisation steuerbar.

In einer pyramidalen Organisation wird die Arbeit von einem zum nächsten Silo gestoßen. Hat das Silo seine Arbeit abgeschlossen, stößt es die Arbeit über die Zaungrenze zum nächsten Silo. Wer hinter dem Zaun steht und ob das Silo hinter dem Zaun mit der Arbeit gerade etwas anfangen kann, spielt dabei keine Rolle. Silos sind gerade deshalb Silos, weil sie vollkommen entkoppelt sind (vgl. Abschn. 1.2.2). Der (Arbeits-) Zustand angrenzender Silos oder Ab-Teilungen ist vollkommen intransparent und spielt für die Arbeitsplanung keine Rolle. In einer pyramidalen Organisation herrscht ein unlimitiertes Push-System vor.

7.1   Arbeitssysteme

Von einem unlimitierten Push-System sprechen wir immer dann, wenn die Organisation keinerlei Mechanismen zur Begrenzung der Arbeit etabliert hat. Das mag daran liegen, dass die Organisation so intransparent aufgebaut ist, dass sie ihre unfertige Arbeit im System gar nicht kennt. Ohne ein operatives Portfolio fehlt das Verständnis für die Einlastung von Arbeit und die Auslastung von Ressourcen (siehe Abschn. 6.2).

7.1.1   Unlimitierte Push-Systeme

In einer pyramidal hierarchischen Organisation bemisst sich häufig der Erfolg der Abteilung nach ihrer eigenen individuellen Leistung. Die Abstimmung und Begrenzung der eigenen Lieferleistung wäre in einem solchen Leistungssystem kontraproduktiv und nicht wünschenswert (Abschn. 1.2.1). Eine Limitierung der Arbeit würde in einem solchen System bestraft werden. Es zählt nur die Performance innerhalb des Silos und innerhalb der Ab-Teilung. Das Silo ist erfolgreich, wenn es so viel, so schnell wie möglich innerhalb seiner Systemgrenzen fertigstellt. Es muss also jede anliegende Arbeit unmittelbar begonnen und so schnell wie möglich zu Ende gebracht werden. Das senkt die Stückkosten und erhöht die Effizienz – des Silos (Anderson & Bozheva, 2021).

Unlimitierten Push-Systemen fehlt der Blick für das große Ganze. Man kann nur so stumpf innerhalb seiner Systemgrenzen agieren, wenn man den Blick niemals über den Tellerrand schweifen lässt. In einer pyramidalen Organisation schaut niemand auf das Zusammenspiel der Teile. Es stehen nur die isolierten Teile im Fokus.

Wir haben in Kap. 1 bereits festgestellt, dass *Steampunk Ökonomen* exzessiv die Ceteris Paribus Annahme anwenden. Sie blenden alle Faktoren aus, die mit dem relevanten Faktor interferieren könnten. Oder anders gesagt: sie ignorieren das Universum. Auf Portfolio-Level bedeutet das, nur den Arbeitsschritt des eigenen Silos zu betrachten. Der Rest des Wertstroms, der Wertschöpfungs-Kette, wird einfach ignoriert. Es gibt auch keinen Grund dafür.

7.1.2   Limitierte Pull-Systeme

In einer organischen Struktur, die adaptiert, die Veränderungen wahrnimmt und sich darauf einstellt, ist die Art der Arbeitsorganisation als unlimitiertes Push-System vollkommen undenkbar. Sie kann nicht funktionieren. Arbeit fertigzustellen und sie einfach in die nächste Abteilung zu schieben, ungeachtet des Arbeitsaufkommen und der dort vorhandenen Leistungsfähigkeit, würde die gesamte Organisation auf Dauer lahmlegen. Dummerweise passiert genau dies häufig. Die Organisation verstopft und nichts scheint mehr fertig zu werden. Das ist einer der häufigsten Gründe, warum klassische Organisationen über Veränderung und Agilität nachdenken – sie wollen die

Time-to-Market verkürzen. *Time-To-Market* ist nichts anderes als die Durchlaufzeit der Arbeit durch die Gesamtorganisation, *End-to-End,* von der Idee bis zur Auslieferung. Klassische Organisationen wollen einfach schneller werden.

Die koordinierte Sicht der aneinander anschließenden geteilten Dienstleistungen stellen den Wertstrom der Organisation dar (siehe Abschn. 6.3.1). Die Organisation liefert Wert – also eine Leistung, die für den Kunden wertstiftend ist und für die sie oder er deswegen auch bereit ist, zu bezahlen. Das bleibt jedenfalls zu hoffen.

Wert entsteht durch den Fluss der Arbeit durch das Netzwerk von Arbeitsstellen, die alle, nacheinander, den Wert der Arbeit anreichern. Je besser die *Ablauforganisation* funktioniert, umso effizienter wird der Wert geschaffen – freier von *Bias* und *Noise.* Je besser die Schaltstellen in der Ablauforganisation koordiniert sind und je gleichförmiger der Takt ist, umso gleichförmiger liefert die Gesamtorganisation auch Wert, ohne die Ressourcen zu überlasten und bei minimalem Materialeinsatz (Kaltenecker, 2016).

Bei gleichförmigem Takt weiß die Organisation, wie lange ein normaler Durchlauf dauert. Die Organisation kann ihren Kunden also Lieferzeiten sehr genau vorhersagen.

▶   Wenn die Entitäten einer Organisation effektiv und effizient zusammenarbeiten, also die richtigen Dinge mit den richtigen Mitteln umsetzen, dann summieren sich die Kompetenzen und die Leistungsfähigkeit der Organisation wächst über die Leistungsfähigkeit der Summe ihrer Einzelteile hinaus.

7.2   Mehrere Arbeitssysteme

Große Organisationen bestehen aus mehreren Arbeitssystemen, die wiederum aus mehreren Wertströmen bestehen können. Es gibt in größeren Organisationen in der Regel auch mehr als ein Produkt. Eine große Organisation ist komplex – und diese Komplexität lässt viele davor zurückschrecken, die Arbeitssysteme mit ihren Wertströmen zu modellieren. *Ceteris Paribus,* ignorieren wir einfach was uns stören könnte. Komplexe Systeme lassen sich nun mal nicht einfach darstellen. Sonst wären sie nicht komplex (Turner et al., 2020).

7.2.1   Wertströme auf unterschiedlichen Flughöhen

Wertströme zeigen sich auf allen Ebenen der Organisation, bei allen Entitäten, egal aus welcher Flughöhe man auf die Organisation schaut (Leopold, 2017). Dass ein Individuum einem Wertstrom folgt, haben wir oben (Abschn. 6.3) anhand des Pizza-Wertstroms bereits betrachtet. Zunächst wird die Bestellung entgegengenommen. Diesen Arbeitsschritt nimmt wahrscheinlich eine Servicekraft vor, sodass der erste Arbeitsschritt der Pizzabäckerin das Ausrollen des Teigs ist. Dann wird sie den Teig belegen, die Pizza

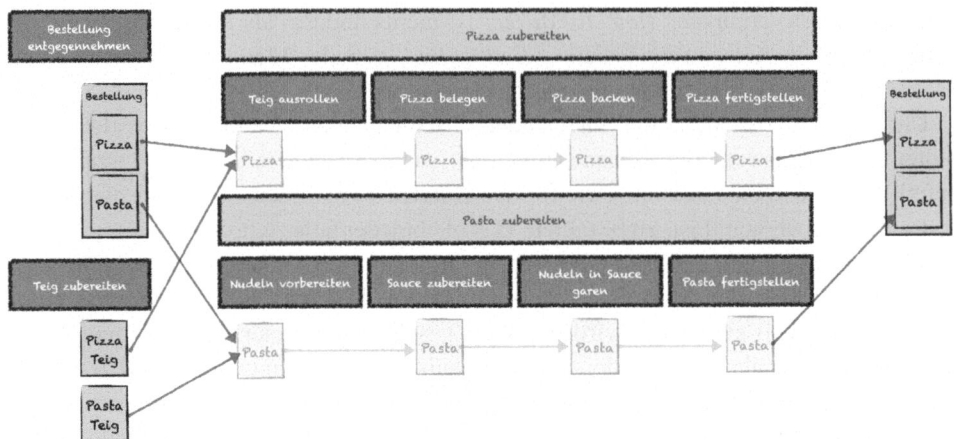

Abb. 7.1 Mehrere Wertströme

backen, und die fertige Pizza der Servicekraft übergeben, die das fertige Produkt an den Kunden ausliefert.

Betrachten wir nun mehrere Wertströme. Das zu verfolgende *WorkItem* ist indessen nicht mehr die Pizza, sondern die *Bestellung*. Die *Bestellung* besteht aus zwei Gerichten – einmal Pizza und einmal Pasta. Die Individuen bringen ihre jeweiligen Expertisen und Spezialkenntnisse für die Zubereitung von Pizza und Pasta ein, deswegen folgt die Zubereitung in unterschiedlichen Schritten. Vielleicht wird die Pizza auch gar nicht von einer Bäckerin, sondern von einem Team von Pizzabäckern fertiggestellt. Einer rollt nur Teig aus, eine belegt die Pizzen, einer backt, ein anderer verpackt die fertige Pizza, bzw. legt diese auf den Teller. Ebenso könnte es im Pasta-Wertstrom aussehen. Eine formt die Nudeln, zwei bereiten die Soßen zu, einer gart die Nudeln in der Soßen und einer bereitet sie servierfertig zu (vgl. Abb. 7.1).

Sind beide Wertströme durchlaufen, dann ist die *Bestellung* erfüllt und kann von der Servicekraft an den Tisch gebracht werden. Aus der Perspektive einer Servicekraft, einer höheren Flughöhe als der des Küchenteams, ist wahrscheinlich nur der Status der Bestellungen interessant. Die Servicekraft wählt also die *Bestellung* als das fertigzustellende *WorkItem* aus und betrachtet deren Wertstrom (siehe Abb. 7.2).

Den ersten und letzten Arbeitsschritt in Abb. 7.2 führt die Servicekraft aus. Den zweiten und vierten Arbeitsschritt führt sie zusammen mit dem Küchenteam aus. In Arbeitsschritt zwei findet eine Übergabe statt – das Küchenteam übernimmt die volle Verantwortung dafür, die Inhalte der Bestellung so schnell und so qualitativ hochwertig wie möglich bereitzustellen. Das Team der Küche geht eine Verpflichtung, ein *Commitment* (Pichler, 2014, S. 69) ein. Der nun folgende dritte Arbeitsschritt, der schwarz eingerahmte, liegt vollkommen außerhalb der Kontrolle der Servicekraft – auf diesen hat sie keinerlei Einfluss – deshalb sieht sie hier auch nicht die Details. Hinter diesem Arbeitsschritt verbergen

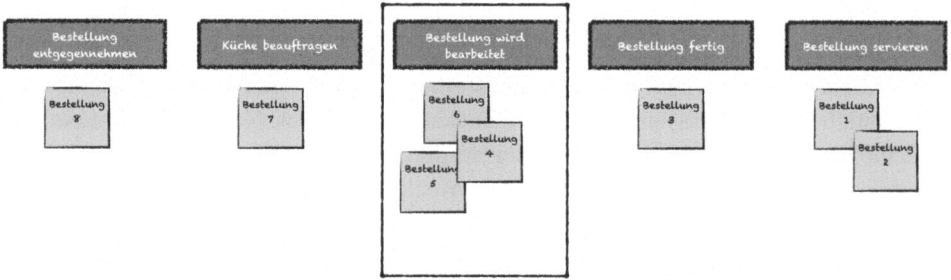

Abb. 7.2 Höhere Flughöhen

sich die Team-Wertströme aus Abb. 7.1. Im vierten Arbeitsschritt findet wieder die Übergabe der Verantwortung statt. Die Servicekraft überprüft, ob die fertiggestellte Bestellung den Anforderungen ihrer Kunden entspricht und entlässt das Küchenteam aus der Verantwortung, um diese ihrem Kunden gegenüber wieder selbst zu tragen. In dieser Welt wird das verdiente Trinkgeld dann mit dem Küchenteam geteilt.

7.2.2 Die Portfoliosicht über die Arbeitssysteme

In dem Beispiel oben betrachten wir ein Arbeitssystem – die Küche – mit zwei Teams – Team-Pizza und Team-Pasta. Auf der übergeordneten Perspektive betrachten wir nur die Bestellungen, ohne auf die Küchendetails zu achten. So weit, so gut.

Wenn sich Arbeit am Ofen staut, so wie in Abb. 6.4, dann ist das Team aufgerufen, die vorherigen Arbeitsschritte entweder zu verlangsamen oder gar liegenzulassen, um das System nicht zu überfordern. Das Team steuert den Arbeitsfluss innerhalb seines Arbeitssystems. Dies hat jedoch keinen Einfluss auf die Anzahl der von außen auf das Team einströmenden neuen Anforderungen. Solange die Servicekraft neue Bestellungen aufnimmt, steigt die Anzahl der unfertigen Arbeiten im Wartebereich des Arbeitssystems. Das System bleibt also trotz rigoroser Steuerung und Priorisierung der Arbeit durch das Team überlastet.

Die Überlastung entsteht nicht im Team, sondern in der übergeordneten Ebene. Ob die Pizza nun also nicht fertig wird, weil sich die Arbeit vor dem Ofen staut oder weil der Teig gar nicht erst ausgerollt wird, spielt zwar für das Küchen-Team eine große Rolle (und auch für das Controlling des Restaurants, den in letzterem Falle wird wenigstens kein Rohstoff in halb fertigen Produkten gebunden), für die Servicekraft und ihren Kunden aber nicht. Sie müssen lange auf die Lieferung warten. Wenn die Servicekraft bereits bei Aufnahme der Bestellung von dem Engpass wüsste, dann könnte sie schon entsprechendes Erwartungsmanagement betreiben oder zu einem anderen Produkt raten.

Solche Engpässe entstehen wie im Falle des Pizzaofens durch begrenzte Kapazität oder durch die mehrfache Allokation von Ressourcen. Was ist also zu tun, wenn die gleichen Teams an mehr als einem Produkt arbeiten? Wie kann man Überlastungen erkennen und die Arbeit so steuern, dass es zu keinen Engpässen[1] kommt? Man könnte nach dem oben gehörten auf die Idee kommen, ein operatives Portfolio aufzubauen (vgl. Abschn. 6.2).

Wir können Werteströme durch die gesamte Organisation betrachten – den Fluss der Arbeit durch die Arbeitssysteme der neuronalen Struktur des Netzwerks. Am Anfang steht eine Idee oder ein Impuls. Dieser wandert durch die verschiedenen Areale der Wertschöpfung. Wenn wir hinein zoomen in diese Areale, dann verteilt sich die Arbeit immer weiter in Unterstrukturen, bis wir bei der Arbeit des Individuums angekommen sind. Aber wir betrachten immer das gleiche Bild – die Frage ist nur, mit welcher Auflösung.

Interessiert mich das große Ganze, also die Areale selbst, dann sollte ich eine größere Betrachtungshöhe, eine höhere Flughöhe, wählen. Interessieren mich die unterschiedlichen Projekte, brauche ich eine mittlere Flughöhe und wenn ich die individuellen Arbeitspakete betrachten will, dann muss ich bis aufs kleinste Detail in die Verarbeitung eintauchen. Aber das Bild ist immer das Gleiche.

▶ Wenn man die Organisation als Netzwerk aufbaut, sie also organisch betrachtet, die Arbeit als Fluss interpretiert und die Strategie als kontinuierliches Eingangssignal basierend auf der Rückkopplung mit der Außenwelt des Organismus versteht, dann richtet sich die Organisation andauernd an den Anforderungen der Realität aus.

Jede Organisation ist ein Geflecht von Werteströmen, die man steuern, messen, lenken und verbessern kann und die sich durch ihre empirische Ausrichtung auch dauernd selbst an Veränderungen der Umwelt ausrichtet und anpasst. Das einzig Stete ist der Wandel.

7.3   Der Wertstrom der Strategie

Wir haben oben gesehen, dass die Strategie die Leitplanke ist, an der sich das gezeigte Marktverhalten ausrichtet (vgl. Abschn. 5.2). Wir haben ferner gesehen, dass Strategiearbeit in der *metanoia*-Organisation von jedem Menschen *in* der Organisation durchgeführt wird, weil Strategie in allen Unternehmensbereichen stattfindet (vgl. Abschn. 5.3). Wir haben gelernt, dass sich Strategie in der *metanoia*-Organisation sowohl an qualitativen als auch quantitativen Faktoren ausrichtet. Die qualitativen

---

[1] Das Konzept der Engpässe hat Eliyahu M. Goldratt mit seiner Theory of Constraints eingeführt. Allerdings hat er auch darauf hingewiesen, dass man Engpässe niemals gänzlich vermeiden kann. Es wird also immer zu Engpässen kommen – versucht man den einen Engpass nämlich durch Hinzufügen von Ressourcen zu beheben, wird sich im Arbeitsschritt davor ein neuer auftun. Der Engpass ‚springt‘ also durch das System. Das ist zugegebenermaßen lästig, aber wenigstens gut zu wissen. Eine großartige Einführung in die Theory of Contraints gibt es in Goldratt Business Roman „Das Ziel", der von Zimmerman & Motter (2017) großartig als *Graphic Novel* umgesetzt wurde.

Teile beschreiben die Werte, für die die Organisation steht bzw. stehen will. Sie sind der Grund, warum Kunden und Mitarbeitende der Organisation gegenüber loyal sind. Sie beschreiben den Weg, den die Organisation gehen will, eine permanente Transition, die kontinuierliche Veränderung zur Folge haben wird. Die strategischen Ziele sollen der Impulsgeber für das operative Portfolio sein. Aus ihnen soll die Arbeit abgeleitet werden.

7.3.1   Visionen, Ziele und Handlungen

Die dynamische Organisation, der Organismus, betrachtet nicht mehr in der Rückschau, ob die geleistete Arbeit zufällig auf die irgendwann mal verkündeten strategischen Ziele einzahlt. Die *metanoia*-Organisation *leitet* die zu leistende Arbeit aus der Strategie *ab* und stellt damit die Relevanz der Arbeit sicher. Dazu bedarf es eines neuen Strategiedenkens und eines operativen Portfolios sowie ein paar einfacher Übersetzungsschritte.

Leitbild
Die Organisation braucht ein Leitbild, eine Vision. Damit ist die Vorstellung gemeint, wofür die Organisation steht und als was die Organisation wahrgenommen wird, bzw. werden will. Dem Alt-Bundeskanzler Helmut Schmidt wurde das Zitat: „Wer Visionen hat, sollte zum Arzt gehen" zugesprochen, auch wenn es als sicher gelten kann, dass er nicht der Urheber ist (Patalong, 2023).

▶   Ich glaube, wer keine Visionen hat, sollte zum Arzt gehen.

Eine inspirierende Vision macht die Organisation nämlich attraktiv, sowohl für Kunden wie für Handelspartner, als auch für potenzielle Mitarbeitende. Eine inspirierende Vision und das Streben nach deren Erreichung prägt die Kultur einer Organisation maßgeblich und lädt zum Mitmachen ein. Aus dieser Vision lassen sich die qualitativen (Entwicklungs-)Ziele der Organisation ableiten.

Ziele
Die qualitativen Ziele der Organisation beschreiben einen wünschenswerten Zielzustand, der innerhalb eines überschaubaren Zeitrahmens erreicht werden kenn. Jedes Ziel ist so formuliert, dass es auf das übergeordnete Leitbild einzahlt oder besser noch, daraus abgeleitet wurde. Alle Ziele haben für die Annäherung an die Vision Relevanz, aber nicht immer zur gleichen Zeit. Die Organisation muss also kontinuierliche Strategiearbeit leisten und priorisieren, welches Ziel aktuell das sinnvollste ist und den größten *Business Impact* hat. Keines der Ziele kann dauerhaft, einzeln oder isoliert verfolgt werden. Es können auch nicht alle Ziele gleichzeitig verfolgt werden. Die Gewichtung und Auswahl, der im aktuellen Zeitabschnitt zu verfolgenden Ziele, muss immer wieder abgewogen und hinterfragt werden. Und wie hinterfragt man permanent? In dem man schnelle Rückkopplungsschleifen (siehe Abschn. 4.3.2) einbaut!

Messpunkte und Handlungen

Nach der qualitativen Beschreibung der zu erreichenden Ziele, gilt es Rückkopplungs-schleifen (Feedback-Loops) einzubauen. Diese Feedback-Loops dienen dazu offen-zulegen, ob sich die Organisation auf das Ziel zu bewegt oder von der Zielerreichung abweicht. Die qualitativen Ziele müssen quantifiziert werden. Dazu dient die Definition von Messpunkten (Doerr, 2018).

Messpunkte dienen sowohl zur Beurteilung der Richtigkeit der gewählten Maßnahmen als auch als Abbruchkriterien für ausgeführte Handlungen. Manchmal ist das weitere Verfolgen eines Zieles nämlich weniger ökonomisch als die Arbeit an einem anderen Ziel. Es kann klug sein, bei 80 % Zielerreichung zu stoppen, wenn die ersten 20 % eines anderen Zieles einen höheren Gewinn bei geringerem Ressourceneinsatz versprechen. Man kann die Arbeit an dem Ziel wieder aufnehmen, wenn es sich wieder lohnt. Sind den qualitativen Zielen quantitative Messpunkte zugeordnet worden, lassen sich leicht Handlungen ableiten, deren Durchführung sich in den Messpunkten bemerk-bar macht und damit auf die Ziele einzahlen.

Handlungen (oder Tätigkeiten oder Actions oder einfach Arbeit) werden hypothesen-getrieben identifiziert. Wenn die Vision formuliert ist, die Ziele daraus abgeleitet wurden und die Messpunkte bestimmt sind, dann gilt es die Tätigkeiten zu identifizieren, von denen man glaubt, dass sie einen direkten Einfluss auf die Ziele haben und sich in den Messpunkten bemerkbar machen. So abgeleitet, können wir in der Organisation davon überzeugt sein, dass die Ausführung einer bestimmten Handlung zu einem bestimmten, in einem oder mehreren Messpunkten, nachweisbaren Erfolg führt. Wir glauben daran, sind aber nicht sicher.

Deshalb sprechen wir von hypothesengetriebener Arbeit. Um unsere Hypothesen zu bestätigen (oder zu widerlegen) müssen wir Arbeit identifizieren und unter regelmäßiger Überprüfung der Messpunkte ausführen. Dabei suchen wir nach Indikatoren, die unsere Annahme entweder bestätigen oder eben nicht. Werden wir bestätigt, machen wir weiter. Haben wir uns geirrt, war unsere Annahme falsch, dann sollten wir abbrechen. Die Möglichkeit, dass wir uns irren, ist bei einem hypothesengetriebenen Vorgehen hoch. Deshalb sollten wir so schnell wie möglich scheitern und lernen. Das Credo lautet: *Fail forward* (Uebernickel et al., 2015, S. 18). Das englische *Fail* ist dabei keineswegs so negative belegt wie das deutsche *Scheitern*. *Fail* ist kein Makel, sondern ein notwendiger Bestandteil von Innovation und Lernen.

Wir müssen uns ermöglichen, ein Versagen *(Fail)* so früh wie möglich zu erkennen, um uns dann einer anderen Handlung zuwenden zu können. Wir wollen schließlich nicht die Kunst des toten Pferde Reitens perfektionieren.

Handlungen und operatives Portfolio

Zu den Zielen lassen sich wahrscheinlich viele Handlungen finden, die an den Mess-punkten Auswirkungen zeigen. Manche dieser Handlungen überzeugen uns sehr, bei anderen sind wir eher skeptisch. Das ist gut – denn das hilft uns, die Handlungen in eine

Reihung zu bringen. Schließlich wissen wir, dass wir nicht an allem gleichzeitig arbeiten können. Priorisieren heißt zu entscheiden, woran nicht gearbeitet wird. Es wird nicht an weniger Erfolg versprechenden Themen gearbeitet. Fangen wir also mit dem erfolgsversprechenden Thema an.

Durch häufige und kurze Feedback Loops, der Auswertung der Messpunkte, kann durchgehend eingeschätzt werden, ob sich die Handlung auf das zu erreichende Ziele auswirkt. Damit kann entschieden werden, ob die Handlung weiter ausgeführt werden und das gewählte Ziel weiterhin im Fokus stehen sollte. Oder ist es vielleicht sinnvoller, sich einem anderen strategischen Ziel zuzuwenden?

Das ist alles legitim, solange die Entscheidung aus der Sensorik der Messpunkte und der Transparenz des Portfolios getroffen wird. Handlungen werden aus Messpunkten abgeleitet, die qualitative Ziele quantifizieren. Handlungen sind die *WorkItems,* die im operativen Portfolio abgebildet werden. Damit sind Handlungen in der dynamischen, handlungsfähigen, organischen Organisation nichts anderes als operationalisierte Strategie.

Leider besteht das operative Portfolio nicht ausschließlich aus Handlungen, also aus unmittelbar aus der Strategie abgeleiteter Arbeit, sondern auch aus Arbeit, die nicht aus der Strategie abgeleitet wurde. Sosehr wir auch gerne nur strategisch arbeiten wollen, müssen wir uns der Realität stellen, dass es auch administrative Arbeit gibt, Instandhaltung, Fehlerbehebung oder regulative Anpassungen. Fehlerbehebung ist in aller Regel keine strategische Arbeit, die aber trotzdem durchgeführt werden muss. Warum ist das wichtig? Weil sie Ressourcen bindet, die in der Zeit der Fehlerbehebung nicht für strategische Handlungen zur Verfügung stehen.

Das operative Portfolio hilft uns, sämtliche Arbeiten aus allen Kanälen transparent zu machen. Wenn man alle *WorkItems* einer Organisation sieht, dann kann man sie gegeneinander abwägen und eine gesamtheitliche Priorisierung oder Reihung vornehmen. Das operative Portfolio hilft festzustellen, ob an den richtigen Themen gearbeitet wird und hilft auch gleichzeitig die Quellen der Arbeit zu erkennen. Es ist eine sehr wertvolle Erkenntnis, wenn man sieht, dass man 80 % seiner Lieferleistung auf Instandhaltungsmaßnahmen aufwendet und nur 20 % auf strategische Themen, die helfen würden, die Organisation zu verbessern. Die strategischen Themen, die die Vermeidung von Instandhaltungsmaßnahmen fördern würden, sind in den 20 % vielleicht nicht vorhanden. *Sorry, we are too busy to improve.*

Die meiste Kapazität sollte unmittelbar auf die Umsetzung der Strategie einzahlen. Strategische Handlungen sollten die wichtigsten Tätigkeiten innerhalb einer Organisation sein und schon deshalb nicht in der Unterzahl. Die strategischen *WorkItems* sollten den Großteil der Arbeit ausmachen und als Taktgeber der Arbeit im kontinuierlichen Fluss durch die Organisation dienen.

Das Verhältnis der sich im Konflikt befindenden strategischen und nicht-strategischen Arbeit, um limitierte Kapazitäten überhaupt benennen und aktiv darüber entscheiden zu können, ist der erste Schritt in die *metanoia*-Organisation.

PRAXISBEISPIEL: Pizza Flow Teil 2

Nehmen wir als Beispiel die Pizzeria von oben. Welche Vision könnte sie verfolgen? Sie könnte die Vision haben, überregional für ihre Qualität und ihre besonderen Rezepte bekannt und wertgeschätzt zu werden.

VISION: Wir bieten unseren Gästen den besonderen Genuss bei besonderer regionaler und nachhaltiger Qualität.

So, oder ähnlich könnte eine Vision lauten. Welche strategischen Ziele lassen sich daraus ableiten?

Ziel 1: Unsere Gäste sind Wiederholungstäter. Die meisten Gäste besuchen unser Haus regelmäßig.
Ziel 2: Unsere Gäste sind von unseren Produkten begeistert.
Ziel 3: Unsere Pasta-Produkte sind alle nachhaltig hausgemacht.

Woran lassen sich diese Ziele nun festmachen. Es gibt wahrscheinlich sehr viele Messpunkte, aber dieses Restaurant entscheidet sich für folgende.

MP 1.1 wir identifizieren unsere Gäste, um deren Besuchsverhalten zu analysieren
MP 1.2 mehr als 70 % unserer Gäste besuchen uns mehr als 3-mal.
MP 1.3 mehr als 50 % unserer Gäste besuchen uns 1-mal im Monat
MP 2.1 10 fünf Sterne Bewertungen in den nächsten 2 Monaten
MP 2.2 3 lobende Berichte in der Presse in den nächsten 2 Monaten
MP 3.1 5 Pasta Produkte werden vollständig hausgemacht
MP 3.2 Mehl wird zu 100 % aus einer lokalen Mühle bezogen

Aus jedem Messpunkt werden jetzt Handlungen abgeleitet, die unmittelbare Auswirkung auf den Messpunkt und damit auf das Ziel haben. Folgende Handlungen sind beispielhaft vorstellbar:

H 1.1.1 Elektronische Erfassung von telefonischen Reservierungen und Zusammenführung mit online Reservierungen
H 1.1.2 Einführung einer elektronischen Kundenkarte zur Erfassung der Kundendaten der Laufkundschaft
H1.2.1 Auswertung der bereits vorliegenden Kundendaten – wie viel Prozent der erfassten Gäste haben uns bereits 3-mal besucht? Einladung der Gäste, die uns erst 2-mal besucht haben, mittels Marketing-Aktion.
H 1.2.2 (…)

Die Liste ist beliebig lang und darf durchaus kreativ sein. Das erste Ziel oben ist so qualitativ formuliert, dass man es immer aktiv halten könnte. Dies nicht zu tun, wird durch die Messpunkte gewährleistet. Wenn man in Messpunkt 1.1 feststellt, dass man etwa die Daten von 70 % der Gäste erhebt, kann dies fürs Erste durchaus ausreichend sein. Die Verbesserung dieser Quote kann so immens aufwendig werden, dass eine Verbesserung der Quote nicht wirtschaftlich wäre. Dann sollte man die Kapazitäten lieber auf ein anderes Ziel richten.

So bleibt die Organisation im steten Fluss und wägt immer wieder ab, was als Nächstes getan werden soll. ◀

7.3.2   Geplante Arbeit

In der idealtypischen Organisation wird alle Arbeit von der Strategie bestimmt. Alle Tätigkeiten zielen darauf ab, strategische Ziele zu erreichen und zu erfüllen. Schade, dass wir nicht in einer solchen Welt leben.

Geplante Arbeit
Häufig ist es nicht einmal die Mehrzahl an Tätigkeiten, die sich unmittelbar aus strategischen Zielen ableiten. Die Mehrzahl der Tätigkeiten ist in vielen Organisationen nicht-strategische Arbeit. Nicht-strategische Arbeit wird in der Regel über die Arbeitsebene in die Organisation eingebracht. Sie steht in unmittelbarer Konkurrenz zur strategischen Arbeit, weil sie um die gleichen Ressourcen wie strategische Arbeit konkurriert. In einer organischen Netzwerkorganisation reicht es deswegen nicht aus, nur die unmittelbar aus der Strategie abgeleitete Arbeit (und deren Wertströme) zu betrachten, sondern in gleichem Maße die nicht-strategische Arbeit (und auch deren Wertströme) sichtbar und der Strategie-Ebene transparent zu machen.

Nicht-strategische Arbeit
Nicht-strategische Arbeit behindert, blockiert und verzögert strategische Arbeit. Nicht-strategische Arbeit ist durchaus planbar, weil sie auf die Umsetzung von Regularien, administrativer Erfordernisse oder einfach das, was wir *Daily Business* oder *Business-as-usual* nennen, abzielt. Ihre Anforderungen treten also keinesfalls überraschend auf.

Aus der strategischen Perspektive sollte nicht-strategische Arbeit idealerweise aber nicht stattfinden (müssen), weil sie keinen Wert für die Gesamtorganisation stiftet. Es handelt sich um *Non-Value-Add-Work* (Gamweger et al., 2009). Nicht-strategische Arbeit konkurriert um die gleichen Ressourcen, wie strategische Arbeit und muss deshalb in einer Reihung mit der strategischen Arbeit eingegliedert werden. Somit verhindert nicht-wertschöpfende Arbeit die Umsetzung der eigentlichen Unternehmensziele.

Aber es kann noch schlimmer kommen: nicht jede nicht-strategische Arbeit ist planbar.

Ungeplante Arbeit

Ungeplante Arbeit gibt es auf allen Organisationsebenen und allen Services eines Netzwerkes. Ungeplante Arbeit konkurriert um die gleichen Ressourcen, wie geplante Arbeit, nur, dass sie der geplanten Arbeit durchaus Kapazitäten entreißt und damit deren Umsetzung verzögert. Lieferversprechen können dann nicht mehr eingehalten werden.

Geplante Arbeit zeichnet sich dadurch aus, dass der Zeitpunkt ihres Auftretens bekannt und nicht überraschend ist und damit der Zeitpunkt des Arbeitsbeginns festgelegt werden kann. Ist der Arbeitsbeginn bekannt, kann ein Fertigstellungszeitraum recht präzise vorhergesagt werden,

Ungeplante Arbeit taucht hingegen plötzlich aus der Seitenstraße auf. Der Zeitpunkt ihres Auftretens ist ebenso wenig bekannt, wie ihre Dringlichkeit. Ihre Quelle oder Ursache muss erforscht werden und die zur Umsetzung erforderlichen Kapazitäten sind nicht sofort ersichtlich und überschaubar. Ungeplante Arbeit hindert Arbeitssysteme daran, geplante Arbeit fertigzustellen oder zu beginnen – beide Typen gleichermaßen: strategische wie nicht-strategische Arbeit.

GEDANKENEXPERIMENT

Das soll keinesfalls bedeuten, dass ungeplante Arbeit nicht auch wichtig und dringlich sein kann. Manchmal wird nämlich auch wichtige und dringliche Arbeit schlicht und ergreifend nicht geplant und kommt dann aus der Seitengasse daher. Wenn die CEO eines Unternehmens, der Entwicklungsleiter oder die Personalchefin eine aus ihrer Sicht brillante Idee hat, welche aus ihrer Perspektive sofort umgesetzt werden muss, dann streut sie ungeplante Arbeit in die Organisation ein. Wenn sie von ihrer Idee so überzeugt ist, dass sie sofort in die Entwicklungsabteilung läuft, um dort die Anweisung zu geben, dass diese Arbeit sofort umgesetzt werden muss, dann behindert und verzögert sie damit die Umsetzung von strategischer Arbeit, die es hoffentlich auch gibt.

Diese Art der Störung ist typisch für hierarchische, pyramidale Organisationen, in denen die Hierarchie von der Operativen dissoziiert. Es fehlt an einem operativen Portfolio, über welches die neue Arbeit in die Organisation eingelastet werden kann und damit einem Verständnis für die viel beschworene Konkurrenz der Kapazitäten. ◄

So wenig wie man Flaschenhälse vermeiden kann (Techt, 2015), so wenig kann man ungeplante Arbeit vermeiden. Wenn ein Fehler auftritt, dann handelt es sich um ungeplante Arbeit. Und je nachdem, wie schwer der Fehler ist, kann diese ungeplante Arbeit sogar eine sehr hohe Priorität haben, also wichtig sein und sofort umgesetzt werden müssen. Wenn das Haus brennt, ist umgehendes löschen dringlich geboten. Der potenzielle Schaden durch nicht löschen, ist deutlich höher, als der Verzögerungsschaden der liegen gebliebenen Arbeit (Anderson, 2011).

7.3.3   Koordinierte Arbeit

In der hierarchischen Organisation kann dies zu dem absurden Effekt führen, dass es ausgerechnet das hierarchische Management ist, dass durch seine Dissoziation Lieferungen verlangsamt und verzögert (Rein, 2019). Denn die aus der Hierarchie eingeleitete ungeplante Arbeit konkurriert nicht nur mit geplanter Arbeit, sondern wird gegenüber dieser sogar bevorzugt behandelt, *weil* sie aus der Hierarchie kommt. Damit wird jede Idee aus der Hierarchie so behandelt, als würde das Wohl und Wehe der Organisation von ihr abhängen – und dabei wird strategisch geplante Arbeit verdrängt.

Hierarchisch induzierte Arbeit
Wenn Anforderungen wie Ideen einfach in die Organisation eingestreut werden und wenn der Grund für bevorzugte Behandlung in der hierarchischen Position des oder der Anfordernden liegt, dann hat die Organisation ein echtes Problem. Dann fügt die Hierarchie selbst der Organisation Flaschenhälse hinzu, weil ungeachtet der geplanten Arbeit, ungeachtet der zur Verfügung stehenden Ressourcen und ungeachtet der freien Kapazitäten Arbeit jederzeit in das System eingelastet wird, die wiederum den Durchfluss der geplanten Arbeit unterbricht. Wir haben oben bereits festgestellt (vgl. Abschn. 2.1.3), dass in der VUCA-Welt zeitlich und fachlich nicht mehr alle Entscheidungen in der Hierarchie getroffen werden können. Damit wird die Hierarchie gleichermaßen selbst zum Flaschenhals, während sie Konflikte schürt, die auf der Teamebene nicht lösbar sind.

In dieser Situation verliert die Organisation jegliche Grundlage für Vorhersagen und Liefervereinbarungen können nicht mehr eingehalten werden. Die Organisation steuert in einen kontinuierlichen Lieferverzug, der in der Regel mit Mehrarbeit der Mitarbeitenden kompensiert werden soll. Arbeit wird nicht fertig, also wird mehr Arbeit begonnen. Dieser Teufelskreis ist später nur sehr schwer zu durchbrechen – mit fatalen Konsequenzen für die Organisation.

Eine hohe Überlastung der Mitarbeitenden führt häufig zu einem Rückgang der Qualität. Das wiederum macht Nacharbeiten notwendig. Wenn die Fertigung fehleranfällig ist, dann ist das Auftreten einer hohen Anzahl ungeplanter Arbeiten ein guter Indikator dafür, dass der Arbeitsprozess selbst Fehler produziert und an sich überarbeitet und verbessert werden muss.

▶   Überlast führt zu Qualitätsverlust, führt zur Verringerung der Lieferleistung.

Als Folge verzögert sich die Fertigstellung geplanter Arbeit und zugesagte Liefertermine können nicht gehalten werden. Demnach ist es wichtig, dass ungeplante Arbeit registriert, wahrgenommen und dann als Auslöser für Verbesserungsmaßnahmen genutzt wird.

Kapazitätsgrenzen

In einem unlimitierten Push-System (vgl. Abschn. 7.1.1) wird Arbeit ungeachtet der verfügbaren Kapazitäten begonnen und auf diese Weise das Arbeitssystem bis zum vollständigen Stillstand verstopft. Bei einer hohen Anzahl ungeplanter Arbeiten verlängert sich die Fertigstellung geplanter Arbeiten und die Liefertreue ist unstet.

Als Folge wird geplante Arbeit gar nicht mehr geplant, sondern direkt aus der Hierarchie in die Organisation *gepresst*. Damit wird die Organisation insgesamt noch langsamer und immer schwerfälliger, bis sie in der totalen Handlungsunfähigkeit erstarrt. Es dauert lange, bis etwas fertig wird und Lieferleistungen lassen sich weder zu- noch vorhersagen. Das Arbeitssystem befindet sich im Stau.

Koordinierte Arbeit in einer Netzwerkorganisation ist Arbeit, die so weit wie möglich strategisch geplant ist und kapazitätsgetrieben bearbeitet wird. Das heißt, dass jede in der Organisation beschäftigte Person im Rahmen ihrer oder seiner Kapazitätsgrenzen arbeitet. Die Kapazitätsgrenze ist bei Menschen in der Wissensarbeit immer eine einstellige Zahl. Es lässt sich nicht sinnvoll an zehn oder mehr Aufgaben arbeiten (vgl. Abschn. 6.1.1). Menschen können nur an wenigen *WorkItems* gleichzeitig arbeiten, weil menschliche Gehirne seriell arbeiten.

Menschen können kein *Multitasking* oder *Task Switching* oder *Aufgabenwechsel,* weil sie nicht multiplexen können. Arbeiten wir an zwei Dingen im schnellen Wechsel (gleichzeitig geht ja nicht), ist die Summe der Bearbeitungszeiten höher, als wenn wir beides nacheinander gemacht hätten. Unser Gehirn hat eine Rüstzeit – es muss sich bei jedem Wechsel auf die neue Aufgabe einstellen und dafür braucht es Zeit. Es ist also immer effizienter eine Aufgabe zu Ende zu führen und dann erst die nächste zu beginnen.

In der *metanoia*-Organisation befindet sich nur die Menge Arbeit im Arbeitssystem, für die auch tatsächlich Kapazität frei ist. Alles, was darüber hinaus geht, ist optionale Arbeit. Dabei ist optionale Arbeit keine freiwillige Arbeit, die nach Lust und Laune oder gar nicht umgesetzt wird. Optional meint hier Arbeit, die aus guten Gründen heute bis jetzt nicht begonnen wurde. Für optionale Arbeit gibt es aber Priorisierungsregeln und jede neue Arbeit muss in den Pool der optionalen Arbeiten eingelastet werden. Wird im Wertschöpfungsprozess Kapazität frei, dann wird optionale Arbeit in den Wertstrom gezogen (*pull*-Prinzip) und es entsteht ein Arbeitsfluss durch die Organisation. Da sich der Takt des Flusses aus den freien Kapazitäten der Mitarbeitenden ergibt, kann er die Arbeitenden in der Organisation nicht überfordern oder überlasten. Gleichzeitig gewährleistet die kapazitätsgetriebene Einlastung der Arbeit in den Wertstrom, dass hauptsächlich geplante und strategische Arbeit in der Organisation fertiggestellt wird, bzw. die Abweichung von dieser Regel mit guten Gründen hinterlegt wurde.

Diese Organisation arbeitet konsequent auf ihr Ziel hin, ohne Mitarbeitende zu *verbrennen*. Als Folge zeichnet sie sich durch eine konstante Lieferleistung und gleichbleibende Qualität aus.

Literatur

Anderson, D. (2011). *Kanban: Evolutionäres Change Management für IT-Organisationen*. Dpunkt.

Anderson, D., & Bozheva, T. (2021). *Kanban Maturity Model*. Dpunkt.

Doerr, J. (2018). *Measure what matters: How Google, Bono, and the Gates Foundation rock the world with OKRs*. Penguine.

Gamweger, J., Jöbstl, O., Strohrmann, M., & Suchowerskyj, W. (2009). *Design for Six Sigma: Kundenorientierte Produkte und Prozesse fehlerfrei entwickeln*. Hanser.

Kaltenecker, S. (2016). *Selbstorganisierte Teams führen*. Dpunkt.

Leopold, K. (2017). *Kanban in der Praxis*. Hanser.

Patalong, F. (2023). Stammt dieser berühmte Satz wirklich von Helmut Schmidt? Spiegel Online, 19.02.2023. https://www.spiegel.de/geschichte/helmut-schmidt-stammt-das-zitat-wer-visionen-hat-sollte-zum-arzt-gehen-wirklich-von-ihm-a-4b6c0556-6a28-4440-aa92-e512c0dbb44b. Zugegriffen: 24. Febr. 2023.

Pichler, R. (2014). *Agiles Produktmanagement mit Scrum – Erfolgreich als Product Owner arbeiten*. Dpunkt.

Rein, A. (2019). *Kontraproduktives Verhalten der Auftraggeberinnen und Auftraggeber von Agile Coaching Mandaten – Eine explorative Studie des kontraproduktiven Verhaltens von Auftraggeberinnen und Auftraggebern in agilen Transformationsprojekten aus der Perspektive von Agile Coaches*. Master Thesis. FHWien der WKW.

Techt, U. (2015). *Goldratt und die Theory of Constraints: Der Quantensprung im Management*. Ibidem.

Turner, J. R., Thurlow, N., & Rivera, B. (2020). *The Flow System – The evolution of agile and lean thinking in an age of complexity*. Aquiline Books.

Uebernickel, F., Brenner, W., Pukall, B., Naef, T., & Schindholzer, B. (2015). *Design Thinking – Das Handbuch*. Frankfurter Allgemeine Buch.

Zimmerman, D. J., & Motter, D. (2017). *Eliyahu M. Goldratts Das Ziel*. Campus.

Fraktale Organisationen

In den bisherigen Überlegungen haben wir den Vorteil (und die Notwendigkeit) der Netzwerkstruktur gegenüber einer hierarchisch pyramidalen Struktur in einer VUCA-Welt beleuchtet. Wir haben gesehen, dass die Netzwerkorganisation vielmehr einem Organismus gleicht und wie ein Nervengeflecht aufgebaut ist. Weiter haben wir gesehen, dass der Antrieb in einem solchen Organismus nicht aufgezwungen wird, sondern eigenmotiviert erfolgt. Dazu braucht auch diese Maschine ein geeignetes *Betriebssystem* und das nennen wir Kultur. Die kulturstiftende Instanz entwickelt Leitbilder und strategische Ziele, auf deren Erreichung sich der gesamte Organismus ausrichtet. Die innere Organisation – die Ausrichtung – erfolgt selbstorganisiert und wird nicht zentral gesteuert. Selbstorganisation funktioniert immer dann, wenn es ein Meta-Regelwerk gibt, also einen aus Spieltheorie bekannten allgemeingültigen Handlungsleitfaden für jede denkbare Situation. Das haben wir oben als qualitative Ziele bezeichnet.

8.1 Handlungsleitfäden

Dieser allgemeingültige Handlungsleitfaden gleicht einer inneren Ordnung. Gleichgültig in welchen Bereich der Organisation man schaut, es findet sich immer das gleiche Regelwerk, auch wenn die zu erreichenden Ziele vollkommen unterschiedlich sein können. Diese gleiche innere Ordnung ist die Kernvoraussetzung für Selbstorganisation.

8.1.1 Lernende Organisation

Würde sich das geltende Regelwerk innerhalb unterschiedlicher Organisationsteile unterscheiden und würde jeder Unternehmensbereich seine eigene Struktur entwickeln,

A. Rein, *Agiler Organisationsaufbau,* https://doi.org/10.1007/978-3-662-68146-6_8

dann könnte die Organisation nicht selbstorganisiert agieren und keine netzwerkartigen Strukturen ausbilden (Brinkmann, 2018).

Die Ideen von neuronalen Netzwerken, also Neuronen und Gliazellen, auf Organisationen zu übertragen, scheint naheliegend. Die kleinste Entität in einer Organisation ist der Mensch, also der oder die einzelne Mitarbeitende. Sie bilden ein Netzwerk zum Informationsaustausch und zur Lösung verschiedenster Aufgaben. Mehrere Netzwerkstränge können sich zusammenschließen, um größere und komplexere Aufgaben zu bewältigen – dies gleicht der Beschreibung eines zentralen Nervensystems (Myers, 2014).

Alle Funktionen der Organisation werden von unterschiedlich ausgeprägten Arealen abgebildet. Erfolg im Netzwerk bedeutet nicht möglichst viele Menschen zu kontrollieren, sondern eine erfolgreiche Strategie zu entwickeln, deren Umsetzung den Outcome, also das wertstiftende Ergebnis der Organisation erhöht und die Kompetenzen der Organisation erweitert. Sonderbefugnisse, Geheimwissen oder Macht haben in diesem Konstrukt keinen Platz und auch keinen Sinn. In dieser neuronalen Netzwerkstruktur bildet auch das Topmanagement nur eine (notwendige) Funktion ab. Diese Funktion ist wichtig für den Organismus – aber eben nicht überlegen. Topmanagement im Netzwerk ist ein auf Strategieentwicklung spezialisiertes Areal.

Wir haben oben den Begriff der Neuroplastizität (siehe Abschn. 3.4.2) kennengelernt. Neuroplastizität beschreibt die Eigenart von Synapsen, Nervenzellen und ganzen Hirnareale, sich in ihrer Anatomie und Funktion abhängig von ihrer Tätigkeit durch Veränderung optimieren zu können. „Das Gehirn lernt, indem es bestimmte Verbindungen aufgrund von Feedback modifiziert (und so spezifische Fertigkeiten entwickelt)" (Myers, 2014, S. 61).

▶ Die *Benutzung* des Gehirns steigert die Effizienz des Gehirns.

Genauso ist es auch in dynamischen, nicht-pyramidalen, in *metanoia*-Organisationen. In einer solchen neuronalen Organisation führt die *Nutzung* der Organisation zur Verbesserung der Organisation. Die neuronale Organisation verbessert sich kontinuierlich durch ihren Betrieb selbst. Eine neuronale Organisation in Nutzung ist eine lernende Organisation.

Ohne Neuroplastizität wären Lernen, Denken und Erinnern, so wie wir es kennen, weder individuell noch organisatorisch möglich. Ohne Neuroplastizität könnten fachfremde Systeme in einem organisatorischen Netzwerk keine fachfremden Aufgaben erlernen, übernehmen und ausführen.

8.1.2 Selbstorganisation

Peter Drucker (Drucker, 1999, S. 123) stellt fest, dass gerade Wissensarbeiterinnen und Arbeiter sich selbst managen müssten. Er sieht als Grundvoraussetzung für ihre

Handlungsfähigkeit Autonomie. Foegen und Kaczmarek (2015, S. 26) bezeichnen dieses agile Grundprinzip als Selbstorganisation und Ermächtigung und meinen damit Teams, die

> ermächtigt und verantwortlich (sind), alle notwendigen Entscheidungen zur Lieferung des Ergebnisses zu treffen. Sie sind interdisziplinär. Teams planen ihre Arbeit selbst und entscheiden, wie sie diese am besten durchführen können. Sie können sich untereinander eigenständig und ohne Hindernisse verständigen.

Aber Selbstorganisation bedarf eines Meta-Regelwerks, um die Leitplanken zu stecken, innerhalb derer Teams Entscheidungen eigenverantwortlich treffen dürfen. Und weil jedes Team in der Organisation jene Leitplanken braucht, bedarf es eines abgestimmten Netzwerks, das die Regeln gesamtheitlich vereinbart und entsprechend in der Lage ist, Veränderungen dynamisch vorzunehmen. Netzwerkorganisationen werden mehr und häufigere kreative Impulse, höhere Innovationskraft, vereinfachte Prozesse und besserer Umgang mit Komplexität zugesprochen, weil sie eine kollektive Intelligenz mit Handlungsbefähigung aus der Selbstorganisation ermöglichen (Schomburg et al., 2016, S. 93).

Die Handlungsfähigkeit der Netzwerkorganisation beruht gerade auf dem Gedanken, dass die Knotenpunkte selbstorganisiert tätig sind. Wären sie das nicht, bedürften sie einer zentralen Steuerung, die dem unabhängigen Handeln zuwider spräche.

Die selbstorganisierten Teams sind die Knoten des neuronalen Netzwerks und das neuronale Netzwerk *fordert* selbstorganisierte Teams. Die Selbstorganisation der Menschen im Netzwerk *betreibt* die Organisation und verbessert dank Neuroplastizität das Netzwerk auf diese Weise kontinuierlich. Diese Verbesserung des Netzwerks treibt wiederum die Selbstorganisation voran und stärkt damit dessen Anpassung und Anpassungs*fähigkeit*.

Ein ergänzender Gedanke
Und um dieses Bild maximal zu stressen, sei noch darauf verwiesen, dass das Gehirn sich nicht nur restrukturieren und damit Funktionen kompensieren, sondern sich sogar selbst heilen kann. So wie in der Organisation neue Menschen in das Netzwerk eingebracht werden können, ist auch das Gehirn in der Lage neue Gehirnzellen zu produzieren. Die in diesem Prozess der *Neurogenese* neu entstanden Neuronen wandern dann an andere Stellen im Gehirn, um Verbindungen mit benachbarten Neuronen einzugehen (Myers, 2014, S. 82). Damit können beschädigte oder dysfunktionale Segmente des Netzwerks durch neue Neuronen ausgebessert werden.

Fraktale Strukturen
Wenn eine Funktion sich selbst aufruft und selbst nutzt, dann spricht man in der Informatik von Rekursion (Pomberger, 2002, S. 518). Rekursive Strukturen führen zu selbstähnlichen Gebilden und legen damit die Grundlage für selbstorganisierte Dynamiken. Ein Gebilde, das sich durch Selbstähnlichkeit, Komplexität, das Fehlen von glatten Flächen und Kurven, Ausfransung und Porosität auszeichnet, bezeichnet man in der Mathematik als ein Fraktal (Musiol et al., 1999, S. 816). Netzwerkorganisation im

bislang beschriebenen Sinne sind fraktale Organisationen. Die *metanoia*-Organisation ist eine fraktale Struktur.

Den Begriff Fraktal hat der französische Mathematiker Benôit Mandelbrot 1975 geprägt (Mandelbrot, 1987, S. 14). Er trägt in sich das lateinische *fractus* – gebrochen. Mandelbrot beschreibt mit seinem Begriff bestimmte natürliche oder künstliche Gebilde, aber auch geometrische Muster, deren kleinste Teile dem gesamten Großen ähneln (oder umgekehrt).

Rekursive Methoden werden immer wieder aufgerufen, „wobei jeder Durchlauf neue Details hinzufügt." (Mandelbrot, 1987, S. 215). Die Mathematik, die fraktale Muster auszeichnet, ist hochinteressant, führt an dieser Stelle aber zu weit. Wer sich dafür im Detail interessiert, die sei auf Mandelbrots Buch *Die fraktale Geometrie der Natur* verwiesen – hier wird jeder Antwort gleich eine neue Frage angehängt. Ein großartiges Buch.

Wichtig im Kontext dieses Buches ist nur, dass die rekursive Natur fraktaler Strukturen einen hohen Grad an Selbstähnlichkeit aufweist. Das ist inbesondere der Fall, wenn ein Objekt scheinbar aus mehreren verkleinerten Kopien seiner selbst besteht. Geometrische Objekte, die auf Selbstähnlichkeit beruhen, unterscheiden sich in wesentlichen Aspekten von gewöhnlichen, glatten Figuren. Mandelbrots Beispiel dafür ist immer wieder eine Küstenlinie (Mandelbrot, 1987, S. 37). Die Küstenlinie ist keine gerade Linie und vor allem ist *Land* von *See* nicht klar abgegrenzt. Je mehr man sich der Küstenlinie nähert, umso mehr Details gilt es zu berücksichtigen. Und je mehr Details man berücksichtigt, umso länger wird die Küstenlinie, bis sie schließlich unendlich lang ist. Praktisch alle Formen der Natur folgen diesen rekursiven Mustern. Hält man ein Blatt gegen das Licht, sieht man die Struktur eines Baumes. Gebirge, Küstenlinien, Wolken – all dies sind selbstähnliche Gebilde, die auf rekursiven Strukturen beruhen. Die Formen wiederholen sich, weil immer das gleiche Regelwerk die Formen erstehen lässt.

Neuronale Strukturen

Ein geflochtenes Netz ist rekursiv und daher selbstähnlich. Ein nicht-designtes, sondern organisch gewachsenes Netzwerk, eine neuronale Organisation gewachsen aus selbstorganisierten Einheiten ist demnach ebenfalls rekursiv und daher selbstähnlich. Vom Kleinsten bis zum Größten wiederholen sich immer wieder ihre Strukturen, deren *Betrieb* und *Nutzung* Selbstorganisation notwendig machen. Sie verbessern sich kontinuierlich wegen ihrer Anatomie und Funktion in Abhängigkeit ihrer Tätigkeit.

Ein Blitz gilt in der Euklid'schen Geometrie als formlos. Die fraktale Geometrie führt ein Geometrieverständnis ein, das auch dem *formlosen,* dem Amorphen eine beschreibbare Form gibt, und damit zu einer Morphologie führt (Mandelbrot, 1987, S. 13).

Wenn die Organisation arbeitet, wird sie besser. Gleichgültig, ob Menschen in einem Team Arbeit gemeinsam erledigen und Werte stiften, oder mehrere Teams gemeinsam an komplexeren Themen oder gar verschiedene Organisationseinheiten arbeiten – die beobachtbaren Strukturen in einer Netzwerkorganisation sind immer die gleichen. Der Maßstab mag sich ändern, aber die Strukturen bleiben gleich.

Neuronale Organisationen sind rekursiv. Rekursive Strukturen entwickeln ihre Wirksamkeit durch die Wiederholung. Und wenn sich Strukturen wiederholen, sind sie notwendigerweise selbstähnlich. Sind selbstähnliche Gebilde – vereinfacht gesagt – auch noch komplex, dann sind sie sehr wahrscheinlich fraktale Gebilde und folgen der fraktalen Geometrie.

Die Regeln der Organisation gelten damit an jeder Stelle der Organisation, *unabhängig davon, welchen Ausschnitt der Organisation man betrachtet.* In der *metanoia*-Organisation spiegelt sich die Gesamtorganisationsstruktur auch in den kleinsten Ausschnitten der Organisation wider.

8.2 Entitäten und Information

Wir haben weiter oben gesehen (siehe Abschn. 3.4.2), dass das Axon in Nervenzellen über der Synapse steht, die als Rezeptor die Signale anderer Nervenzellen aufnimmt. Das Axon und die Synapse sind dabei nicht fest verbunden, um dem Netzwerk nicht unnötig Flexibilität zu nehmen. Wir sprachen von Neuroplastizität, also der Formbarkeit der Netzwerkverbindung, ausgelöst durch die Nutzung des Netzwerks.

Die lose Verknüpfung der Neuronen über die Synapsen bilden die Knoten in dem Netzwerk. In einer neuronalen Netzwerkorganisation bildet das Individuum, also der Mensch, das Neuron. Der Mensch vereint in sich die Fähigkeiten, Signale aufzunehmen, diese weiterzuverarbeiten und über eine Schnittstelle weiterzugeben. Der Mensch als Knotenpunkt in einem organisatorischen Netzwerk hat ähnlich seinem mikrobiologischen Namensgeber mehrere Informationseingänge, aber nur einen Informationsausgang. Überschreitet die Summe der Eingangssignale einen gewissen Schwellenwert, beginnt das Neuron zu feuern (Myers, 2014, S. 55), der Mensch beginnt zu arbeiten.

Dabei formt die Anforderungen an den Menschen dessen Fähigkeit, Arbeit zu leisten, solange man ihn nicht überlastet. Wenn man immer wieder ähnliche Arbeiten verrichtet, sammelt man Erfahrungen und kann schneller und effizienter arbeiten. Das Individuum ist als SpezialistIn in der Lage, Fehler im System zu überwinden und die kontinuierliche Lieferung zu gewährleisten.

Allerdings führt diese Art der repetitiven Arbeit zu einer Form der Betriebsblindheit. Statt einen Fehler *systemisch* zu *vermeiden* – durch Anpassung des Arbeitssystems – werden Fehler *operativ überwunden* – durch Anpassen der Arbeitsprozesse. Erfahrene MitarbeiterInnen können in Standardsituationen schneller reagieren als weniger unerfahrene MitarbeiterInnen, weil sie intuitiv Lösungen kennen. Dass die intuitive Lösung jedoch keinesfalls immer die bessere Lösung ist, erklärt Kahneman (2014) in seinem Buch *Schnelles Denken, Langsames Denken* anhand vieler Beispiele. Ich verwende an anderer Stelle gerne den Begriff der *Brain Boxes*.

8.2.1 Brain Boxes

Warum *Brain Boxes* – also Schachteln oder Schubladen? Wenn man sich die eigene Begrenzung verstehbar macht, das eigene Schubladen-Denken, dann kann man sich auch ermahnen, *out-of-the-box* zu denken, über den eigenen Tellerrand zu blicken und die eigenen Grenzen infrage zu stellen.

Schachteln – also Brain-Boxes – klassifizieren – sie helfen uns, Dinge bestimmten Ordnungen zuzuordnen und ein Verhaltensprogramm abzurufen, das dem Inhalt der Schachtel angemessen erscheint. Das ist sehr hilfreich, wenn man sich auf unbekanntem, unsicherem Terrain bewegt. Statt dauernd nach jedem Schritt die Lage bewerten zu müssen, reicht der Blick in die Schachtel, aus der sich das passende Verhaltensmuster abrufen lässt. Wenn man über ein ausgeklügeltes Schachtel-System verfügt, fühlt man sich praktisch immer und überall sicher – selbst bei totaler Ahnungslosigkeit.

Vorklassifizierte Schubladen versetzen uns in die Lage, praktisch jede Situation einschätzen und gute Entscheidungen treffen zu können. Zumindest helfen sie uns, das zu glauben. Der niemals versiegende Strom von Erfahrungen und Erkenntnissen wird andauernd mit dem Schubladensystem abgeglichen und darin verstaut.

Heuristiken

Die Gehirn-Schachteln sind natürlich keine physischen Lagerplätze, sondern vielmehr Regeln, kleine Daumenregeln, die uns helfen schnell Entscheidungen zu treffen. In der Psychologie spricht man von Heuristiken (Kahneman, 2014). Heuristiken sind einfache Formeln, die es ermöglichen, den schwergewichtigen, energiehungrigen langsamen Teil des Gehirns beim Entscheiden außen vorzulassen.

BEISPIEL

Als im Januar 2009 Kapitän Chesley B. Sullenberger vom Flughafen LaGuardia (New York City) Richtung Seattle startete (Kleisny, 2016) war ihm nicht klar, dass die Anwendung einer solchen Daumenregel ihm und allen Passagieren das Leben retten würde.

3 Min. nach dem Start flog er durch einen Schwarm Kanada-Wildgänse und die Triebwerke fielen aus. Flugzeugtriebwerke werden auf Vogelschlag getestet, indem tiefgefrorene Hähnchen in die laufenden Triebwerke geschossen werden – diese wiegen zwischen 500 g und 1000 g. Kanada Wildgänse wiegen 6 kg und es waren viele.

Das Standardprotokoll eines Flugkapitäns sieht nun vor, dass er zusammen mit dem ersten Offizier die entsprechende Checkliste durchgeht, die für den Fall des totalen Triebwerkausfalls vorgesehen ist. Dummerweise geht diese Checkliste von der Reiseflughöhe, also etwa 12 km aus. Sullenberger war jedoch erst auf 975 m Höhe – da fängt man nicht mit einer Checkliste an – man handelt. Sullenberger wandte die sogenannte Blickheuristik an.

- Fixiere einen Kratzer in der Windschutzscheibe
- Suche den Tower (des Flughafens, wohin er zurückkehren wollte)
- Wenn der Tower im Verhältnis zum Kratzer nach unten sinkt, führt dich dein Gleitflug weit genug, steigt er nach oben, schaffst du es nicht.

Der Tower sank nach unten. Chesley B. Sullenberger entschied sich für eine Notwasserung und landete mitten auf dem Hudson-River. Zwischen dem Start in LaGuardia und der Notwasserung waren insgesamt nur drei Minuten vergangen und kein Mensch kam zu Schaden.

Danach ging er dann mit dem Co-Piloten die Checkliste durch. Die angewandte Blickheuristik (Gigerenzer, 2011) bewahrte ihn davor, sein langsames Denken zu aktivieren, das ihm wahrscheinlich die Zeit geraubt hätte, die lebensrettenden Entscheidungen zu treffen und Maßnahmen einzuleiten. ◄

Leider haben Heuristiken aber auch einen Haken. Unsere Gehirne nutzen sie so gerne, dass wir nicht mehr überprüfen, ja, gar nicht mehr auf die Idee kommen, dass die schnellen Ergebnisse falsch sein könnten. Wenn unser schnelles System eine Entscheidung getroffen hat, dann stellt es diese auch nicht mehr in Zweifel.

Wann immer unser Gehirn eine Heuristik oder ein Muster erkennt, wendet es diese an und widmet sich anderen Aufgaben. Wenn unser Gehirn nun also Dinge wahrnimmt, die den Heuristiken und bekannten Mustern zuwiderlaufen, dann bemüht es sich mit aller Gewalt, die Wahrnehmung mit der Erwartung in Einklang zu bringen – wir pressen es in eine Schachtel, auch wenn die Schachtel eigentlich gar nicht passt.

BEISPIEL

Das Auto und der Pferdehänger meiner Frau kosten zusammen 15.000 EUR. Das Auto kostet 10.000 EUR mehr als der Hänger. Also, was kostet der Hänger? 5000 EUR?

Das sagt zumindest das Bauchgefühl. Und es sagt das so übermächtig, dass wir praktisch nicht mehr *nach*-denken können – unser eigenes Gehirn blockiert uns.

Aber Ausrechnen lohnt sich, denn der Hänger kostet in Wirklichkeit nur 2500 EUR.

$$\text{Hänger} + \text{Auto} = 15.000$$

$$\text{Auto} = \text{Hänger} + 10.000 \geqslant \text{das setzen wir in die erste Gleichung ein}$$

$$\text{Hänger} + \text{Hänger} + 10.000 = 15.000$$

$$2 \text{ Hänger} = 5000$$

$$1 \text{ Hänger} = 2500$$

Und so wie uns die Heuristik vorschnelle Ergebnisse aufzwingt, drängen uns die Brain-Boxes zu vorschnellen Bewertungen. In Wirklichkeit schauen wir uns gerade nicht jedes Detail unserer Umgebung an und überlegen dann, welche Box passen könnte. Vielmehr schauen wir uns nur spezifische Merkmale an und ordnen anhand derer die vermeintlich richtige Schachtel zu. Und wenn es eigentlich keine passende Schachtel gibt, dann wird die eigene Wahrnehmung verbogen. ◄

Schubladendenken
Erfahrene MitarbeiterInnen wissen intuitiv eine Lösung und können diese schneller liefern. Sie greifen dabei auf ihre Brain Boxes zu und rufen vorgedachtes Wissen ab, das in der aktuellen Situation anwendbar erscheint. Erfahrene MitarbeiterInnen können auf Standardsituationen deshalb schneller reagieren als neue Mitarbeitende.

Neue MitarbeiterInnen wiederum können leichter auch in Standardsituationen kreative Lösungen entwickeln, weil ihnen der Schliff der Synapsen fehlt und sie noch keine vorgedachte Lösung abgespeichert haben. Menschen lernen, verbessern und passen sich an, wenn sich die Anforderungen verändern.

Entscheiden mit Brain-Boxes macht Menschen schnell – aber eben auch unflexibel. Und dies ist ebenfalls eine Kontraintuition, die es aufzulösen gilt. Denn meist wird *flexibel* mit *schnell* gleichgesetzt oder zumindest in einen engen Zusammenhang gebracht. In Wahrheit macht Schubladendenken Menschen aber schnell und unflexibel, weil eben kein näherer Abgleich mit der Realität stattfindet.

Schubladendenken überflutet das Gehirn mit einer schnellen Meinung, die nicht mehr hinterfragt wird. Dadurch werden Veränderungen der Umgebung nicht wahrgenommen und gleichzeitig nicht bemerkt, dass unsere Boxen nicht mehr ein-eindeutig sind.

▶   Erfahrungswissen macht unflexibel.

Die Heuristik überprüft nur das Subjekt der Wahrnehmung, aber niemals die Wahrnehmung selbst. Die Daumenregel fragt, was in welche Schachtel passt, aber nicht, ob die Schachtel selbst noch passt. Wenn exponentielle Entwicklung zu schneller

Veränderung der Umstände führt, sind wir nicht in der Lage schnell genug unsere Heuristiken und Schachteln anzupassen. Das führt zu fatalen Trugschlüssen und Fehleinschätzungen – von wirtschaftlichen Fehlentscheidungen über das Verbreiten von Verschwörungstheorien, bis hin zu Fremdenfeindlichkeit und Hass auf alles, was nicht leicht in die eigenen Brain-Boxes passt.

Menschen sollten sich ihres schnellen, intuitiven Denkens, ihrer Schubladen und *Brain Boxes* bewusst sein und diese auch anlegen, gleichzeitig aber sicherstellen, dass sie gehegt und gepflegt und deren Form und Ausmaß regelmäßig überprüft werden. Die *Brain Box* braucht auch einen *Brain-Drain,* einen Abfluss, der das gelegentliche Abspülen des Mülls ermöglicht.

8.2.2   Information

Menschen, die miteinander umgehen und die gemeinsam ein organisatorisches Netzwerk bilden, können ihre Bedarfe und Anforderungen den Erfordernissen der Arbeiten entsprechend anpassen. Jeder einzelne Knotenpunkt wird durch seine Auslastung im Netzwerk stetig besser, sofern man ihn nicht völlig überreizt und er ausgebrannt nur noch versucht Arbeit zu vermeiden. Wir haben oben bereits festgestellt, dass Information der Trigger der Arbeit im Netzwerk ist (Abschn. 4.3.2).

Eingangskanäle
Der erste Eingangskanal ist auch das Offensichtlichste. Das ist der Kanal aus der *unmittelbaren Außenwelt* des Arbeitssystems. Wenn ein Teilabschnitt aus der Organisation eine Zuarbeit oder eine Weiterverarbeitung braucht, also eine Anreicherung mit einer in einem bestimmten Netzwerkabschnitt vorhandenen Expertise, dann wird die Arbeit von außen, von einem anderen Netzknoten angefordert. Sobald der eigene Netzknoten über freie Kapazitäten verfügt, be- und verarbeitet er die Anforderungen und informiert das Netzwerk, dass die Arbeit erledigt ist.

Werden in einem Zeitabschnitt mehr Anfragen gestellt, als der Netzknoten zu verarbeiten fähig ist, muss eine Verarbeitungsreihenfolge erwogen werden, um die Arbeit zu limitieren. Überlast führt, wie wir wissen, zu Stau und damit zur Verlangsamung des Gesamtsystems. Gute Auswahlkriterien für die nächste Arbeit sind *Dringlichkeit* und *Wichtigkeit.*

Der zweite Eingangskanal ist der aus der *unmittelbaren Innenwelt.* Wenn Menschen arbeiten, entstehen Fehler. Sind Nacharbeiten notwendig, fallen mögliche Verbesserungen auf, oder fallen regelmäßige Routinearbeiten an: *Daily Business, business as usual,* Tagesgeschäft, etc.? Dann wird im Netzwerkknoten Arbeit aus der Arbeit abgeleitet. Diese intern abgeleitete Arbeit ist ebenfalls notwendig, also dringlich und wichtig, und hat deshalb ebenfalls eine große Daseinsberechtigung. Diese sich aus der

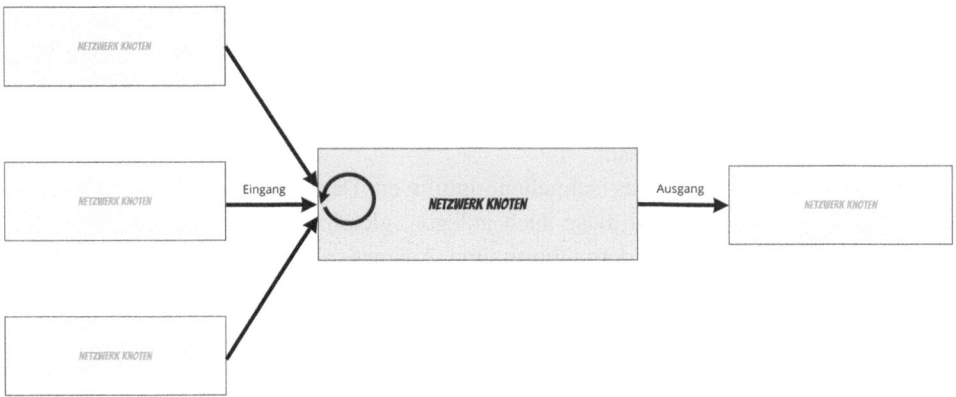

Abb. 8.1 Eingangskanäle des Netzwerkabschnitts

Arbeit ergebenden Tätigkeiten stehen ebenfalls in Konkurrenz um die Ressource Mensch und deren freien Kapazitäten. Auch sie wollen vom Netzknoten verarbeitet werden. Abb. 8.1 verdeutlicht diese beiden Eingangskanäle.

Es gibt schließlich aber auch noch einen dritten Eingangskanal. Dieser speist sich nicht aus der Operativen, sondern aus der Strategie. Menschen möchten sich weiterentwickeln, haben individuelle und persönliche Ziele, möchten Dinge lernen. Diese Anforderungen sind strategischer Natur. Sie beschreiben Ziele und Wünsche und lassen sich in Handlungen und Tätigkeiten übersetzen, die ebenfalls um die Ressource Mensch konkurrieren.

Gleichzeitig hat aber auch die Organisation strategische Ziele, die übersetzt in Arbeit strategische Ziele für das Individuum definieren. Unter Organisation verstehen wir hier einen Netzwerkabschnitt – einen großen Netzwerkabschnitt, der einen übergeordneten Funktionsbereich repräsentiert.

Ein Team ist eine Organisation mit strategischen Zielen. Eine Abteilung ist eine Organisation mit strategischen Zielen. Eine funktionale Einheit ist eine Organisation mit strategischen Zielen und der gesamte Konzern ist eine Organisation mit strategischen Zielen. Aus all diesen logischen Einheiten können Anforderungen und damit Aufgaben für das gesamte Netzwerk entstehen, die in das gesamte Netzwerk eingelastet werden müssen. Und all diese Anforderungen und Aufgaben konkurrieren um die begrenzte Ressource Mensch, beziehungsweise um die von den Mitarbeiterinnen und Mitarbeitern zur Verfügung gestellte Arbeitskapazität.

Individuum, Gruppe, Population

In einer idealen Welt würde eine Organisation nur und ausschließlich an strategischen Zielen arbeiten. Jede zu verrichtende Arbeit würde dem höheren Zweck dienen, die Organisation erfolgreicher und besser zu machen. Leider leben wir aber nicht in einer idealen Welt und deswegen muss unser Netzwerk doppelt flexibel sein.

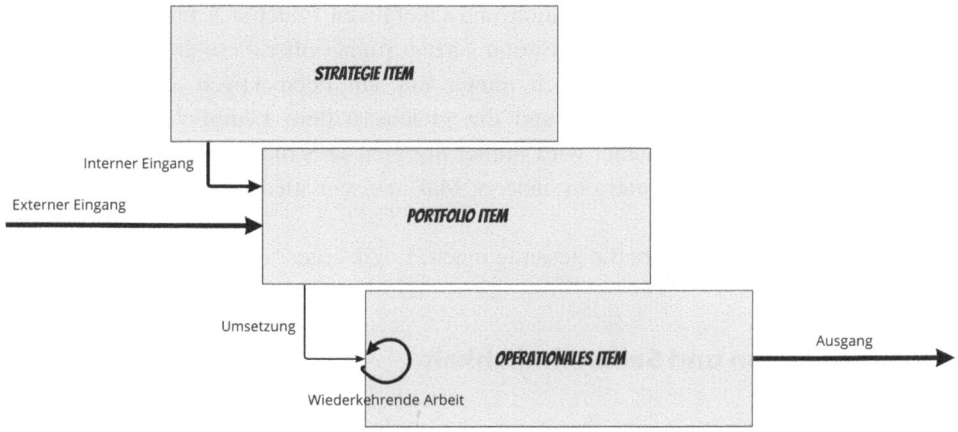

Abb. 8.2 Drei Ebenen des Arbeitsflusses

Die Entität *Individuum* im Netzwerk leitet aus ihren strategischen Zielen Handlungen und Tätigkeiten ab, die die eigene Weiterentwicklung fördern. Gleichzeitig muss die Entität *Individuum* aus übergeordneten strategischen Zielen Handlungen und Tätigkeiten ableiten, die der Weiterentwicklung ihrer Gruppe dienen. Diese beiden strategischen Anforderungsstränge konkurrieren mit den nicht strategischen Eingangskanälen, die wir oben betrachtet habe. Die Entität *Individuum* braucht eine Portfoliosicht (vgl. Abschn. 6.1), um die von ihr angeforderten Tätigkeiten nach Wichtigkeit und Dringlichkeit ordnen und damit eine Systemüberlastung durch Limitierung der Arbeit vermeiden zu können. Die Portfoliosicht dient der Entität der Koordination.

Die koordinative Perspektive zeigt die geplante und durchgeführte Arbeit des gesamten betrachteten Netzwerkausschnitts. Die operative Perspektive zeigt die Arbeit, die tatsächlich gerade geleistet wird oder werden muss. Also diejenige Arbeit, in die tatsächliche Zeit und Ressource investiert werden, um sie konkret fertigstellen zu können. Das Model der drei Ebenen des Arbeitsflusses findet sich in Abb. 8.2.

Die drei Ebenen des Arbeitsflusses sehen auf der Gruppenebene exakt identisch aus. Auch die Entität *Arbeitsgruppe* hat strategische (Entwicklungs-)Ziele, eine koordinative Übersicht und die operative Detailsicht, wenn auch Details auf Gruppenebene weniger granular sind. Gleiches gilt für die Entität *Geschäftseinheit, Ländergesellschaft* oder *Konzern*. Auch der Konzern hat strategische Ziele, operative Portfolio und eine operative Detailsicht, auch wenn die operativen Items auf Konzernebene viel größer sind als auf Individualebene.

Die *metanoia*-Organisation ist rekursiv – weil der Durchlauf der Arbeit entlang des Wertstroms durch die immer gleichen Funktionen gewährleistet wird, die sich immer wieder selbst aufrufen. Und wir haben oben festgestellt, dass neuronale Organisationen selbstähnlich und fraktal sind.

Der Dreiklang Strategie, Koordination und Operativen findet sich überall im neuro-
nalen Netzwerk. Die *metanoia*-Organisation verfügt immer über diese drei Perspektiven.
Und es handelt sich dabei tatsächlich immer nur um Perspektiven, denn betrachtet
wird immer das gleiche Netzwerk und die gleiche Arbeit. Lediglich der Grad der
Vergrößerung variiert. Beobachtet wird immer die gleiche Struktur – einmal aus großer
Höhe und großer Übersicht und ein anderes Mal aus sehr niedriger Höhe mit großem
Detailgrad.

Dieser Dreiklang beschreibt die gesamte innere Logik einer Netzwerkorganisation.

8.3   Rekursion und Selbstähnlichkeit

Rekursive Strukturen sind am gängigsten in der Informatik. Sich selbst aufrufende
Prozeduren nennt man rekursiv (Pomberger, 2002, S. 518). Dabei unterscheidet man
zwischen direkter und indirekter Rekursion. Von direkter Rekursion spricht man, wenn
Prozedur A sich direkt selbst aufruft. Von indirekter Rekursion spricht man, wenn
Prozedur A Prozedur B aufruft, die dann wieder Prozedur A aufruft (Pomberger, 2002,
S. 496). Rekursive Strukturen führen zu selbstähnlichen Gebilden und legen damit die
Grundlage für skalierbare Strukturen.

8.3.1   Die Mandelbrot-Menge

Das berühmte ‚Apfelmännchen‘, die Visualisierung der Mandelbrot-Menge (Mandelbrot,
1987) ist ein unendlicher rekursiver Vorgang (vgl. Abb. 8.3).

Immer tiefer kann man in die Details der Menge abtauchen und findet immer wieder
bekannte Strukturen, die sich zu neuen Mustern zusammensetzen (siehe Abb. 8.4). Eine
rekursive Struktur ist ein unendlicher Vorgang, der sich selbst als Teil enthält oder mithilfe von sich selbst definierbar ist[1].

Die Geometrie der Natur ist fraktal (Mandelbrot, 1987) und voll von rekursiven
Strukturen. Die Struktur eines Baumes findet sich auch in der Struktur des Blattes.
Rekursion führt zu selbstähnlichen Mustern. Das Große ähnelt dem Kleinen und das
Kleine ähnelt dem Großen. Gleichgültig, ob man von Weitem auf die Struktur schaut
oder sich die Details näher betrachtet, der Aufbau ist selbstähnlich und folgt immer dem
gleichen Regelwerk. Betrachtet man einen ganzen Baum, sieht man die gleiche Struktur,
wie bei einem Ast, einem Zweig und einem Blatt.

---

[1] Es gibt viele Webseiten und Programme, die eine Erforschung der Mandelbrotmenge ermöglichen. Als Beispiel sei hier der *Mandelbrod Viewer* genannt: https://math.hws.edu/eck/js/mandel-
brot/MB.html.

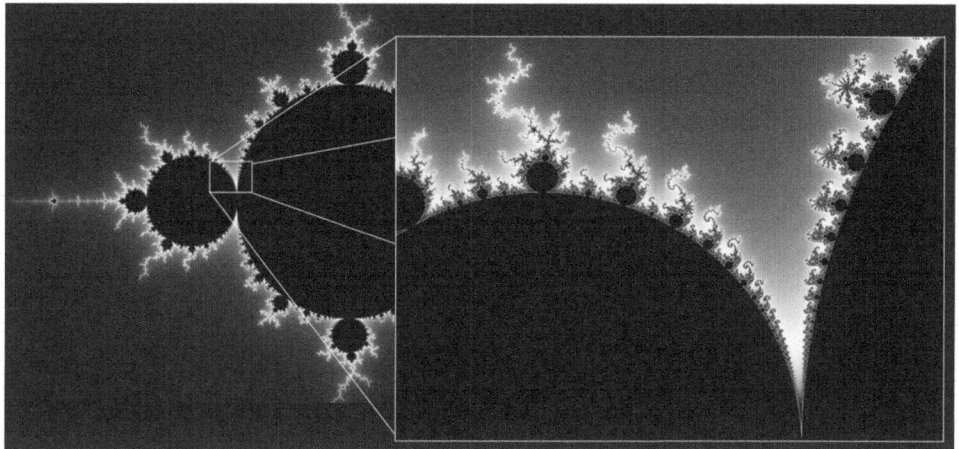

Abb. 8.3 Das Apfelmännchen im Apfelmännchen

Abb. 8.4 Rekursive Strukturen in der Mandelbrot-Menge

Aber warum bilden Kohlsorten, Blumen und Bäume rekursive, fraktale Strukturen? Die Antwort ist so banal, wie einfach – weil sie organisch wachsen. Ein Baum besteht nicht aus den Fachbereichen STAMM, BLATT und AST und dem Querschnittservice WASSERVERSORGUNG. Ein solcher Baum könnte nicht wachsen, er müsste *designed* und *konstruiert* werden. Seine Teile wären so vollkommen auf ihre Tätigkeit spezialisiert, dass sie nicht flexibel in der Zusammenarbeit sein könnten.

Nach seinem Aufbau könnte er sich nicht anpassen oder verändern. Er hätte das gleiche Problem, wie viele klassische Steampunk Organisationen. Diese sind *designed,* nach den Regeln der Organisationslehre des 19. Jahrhunderts und eben nicht organisch gewachsen. Jeder Funktionsbereich hat seine eigene Struktur, seine eigene Sprache und sogar seine eigene Kultur.

Eine rekursive Struktur ist im Prinzip ein unendlicher Vorgang ... – er wiederholt sich andauernd und bildet damit alle notwendigen Strukturen. Eine rekursive Struktur ist skalierbar und damit geeignet alle organischen Strukturen zu schaffen. Man muss sich keine Gedanken machen, wie Abteilung A aussieht, um Sonderfunktion A auszuüben und wie sie sich von Abteilung B unterscheidet. Die Struktur ist immer die gleiche. Die innere Logik ist immer die gleiche – der Unterschied liegt in der Nutzung. Der Unterschied liegt in der Nutzung der Strukturen. **... der sich selbst als Teil enthält.**

▶ Die rekursive Struktur folgt einem einfachen Regelwerk, das die gesamte Organisation im Ablauf bildet. Und dieses Regelwerk findet man in jeder Entität des Netzwerks, in jedem Knoten, in jedem Neuron der Organisation, also in jedem Menschen.

Schauen wir nochmals auf Abb. 8.2. Die strategischen Ziele, hier ausgedrückt in Strategie-Items, werden operationalisiert, indem sie ausgewählt und dann als Portfolio-Item in das Portfolio eingefügt werden. Damit hat die Umsetzung bislang nicht begonnen, aber die Arbeit ist priorisiert und bereit zur Umsetzung. Der Beginn der Arbeit, der Umsetzung, wird signalisiert durch das Ableiten von *OperationalItems* aus dem *PortfolioItem* und der Bereitstellung der wirklichen Arbeitspakete in der Operativen. Die Strukturelemente unterscheiden sich nur durch den Abstraktionsgrad der repräsentierten Items. Die innere Logik ist immer gleich.

8.3.2   Der rekursive Dreiklang

Der oben genannte Dreiklang Strategie, Koordination, Operative repliziert sich in allen Elementen der Organisation. Betrachten wir ein Team, dann hat das Team strategische Ziele, verfügt über ein Portfolio mit Aufgaben, die es zu priorisieren gilt, sowie operative Tätigkeiten, die gerade bearbeitet und geliefert werden.

Verknüpft werden die unterschiedlichen Ebenen durch eine Kaskade von Eingängen, die einer kontinuierlichen Überwachung bedürfen, um die Organisation nicht zu überlasten. Die Eingangssignale stehen nämlich im Konflikt um die gleichen Kapazitäten. Die Portfolio-Ebene muss kontinuierlich abwägen, ob die nächste zu priorisierende Arbeit ein *StrategieItem* oder ein externer Auftrag aus der Organisation sein soll. Die Operative-Ebene muss kontinuierlich abwägen, ob geplante Arbeit aus dem Portfolio umgesetzt werden soll, oder der Fokus auf Arbeit, die aus der operativen entstanden ist, gelegt wird.

Aus dieser rekursiven, selbstähnlichen Struktur lässt sich nun auch eine komplexe Organisation mit vielen Funktionen modellieren. Und – eine solche Organisation lässt sich im Gegenteil zu einer pyramidalen, hierarchischen Struktur auch im laufenden Betrieb verändern, anpassen und skalieren. Dafür bedarf es nur eines einfachen, fraktalen Regelwerks.

8.4 Skalierung und Struktur

Wenn wir von Skalierung sprechen, dann sprechen wir von der Veränderung einer Größe. Wenn es um die Skalierung von Organisationen geht, geht es meistens um das Wachstum, also die Vergrößerung, von Organisationen (obwohl dies keineswegs selbstverständlich ist). Erhält eine Organisation mehr Aufträge, als sie bearbeiten kann, dann muss sie skalieren (muss sie nicht – solange es keinen Kontrahierungszwang gibt).

Skalierung bedeutet Reagieren auf Wachstum und Veränderung – also generell Anpassung. Wenn eine Organisation größer wird oder werden muss, weil sie einer größeren Auftragslage entsprechen muss, dann muss sie wachsen. Wenn sie einer sich ändernden Marktlage anpassen muss, dann muss sie sich verändern. Das bedeutet, entweder dass mehr Menschen in der Organisation arbeiten oder die vorhandenen anders eingesetzt werden (oder beides). Und die Arbeit dieser Menschen muss strukturiert werden. Mehr Menschen in der Organisation und mehr Strukturen bedeutet natürlich auch mehr Querverbindungen, also mehr Abstimmung zwischen den Strukturen. Es gibt grundsätzlich zwei Sichtweisen für Veränderung und Skalierung:

Fokus auf die *Aufbauorganisation* oder Fokus auf die *Ablauforganisation*.

8.4.1 Fokus auf die Aufbauorganisation

Fokus auf die Aufbauorganisationbedeutet Anpassung des Organigramms und Übersetzung in die Strukturen. Die Organisation wird funktional und hierarchisch gedacht. Jede einzelne Funktion wird demnach so entworfen, dass die von ihr zu lösende Teilaufgabe höchst effizient gelöst werden kann. Der Entwurf selbst orientiert sich nur an der Lösung der Teilaufgabe und nicht an den Anforderungen der anderen Funktionen, erfolgt also vollkommen losgelöst von den anderen Funktionsbereichen.

Das hat den großen Vorteil, dass jedes einzelne Element sehr spezialisiert sein kann. Die gesamte Struktur in einem so designten Element ist genau auf die Erledigung einer bestimmten Aufgabe in einem bestimmten Kontext ausgerichtet. Die Effizienz in diesem Element ist sehr hoch.

Der Nachteil ist, dass jedes einzelne Element unter Umständen komplett eigene Strukturen und seine eigene Aufbauorganisation abbildet. Das wiederum bedeutet, dass zwischen den Elementen Schnittstellen entwickelt werden müssen, weil sie nach Design gar nicht unbedingt zusammenpassen. Es bedarf also nicht nur des Designs der Elemente, sondern auch des Designs, der *Schnittstellen zwischen den Elementen*.

Die Schnittstelle in der Organisation entspricht im Allgemeinen den Kommunikationsflüssen. Diese müssen für jedes Element und zwischen den bereits vorhandenen Elementen individuell ausgehandelt werden. Wenn ein Kommunikationsfluss nicht vorgesehen war und sich im Design nicht wiederfindet, dann findet er auch erst mal nicht statt. Und das kann natürlich zu großen Problemen führen. Wenn man jetzt noch bedenkt, dass Skalierung nicht zwingend eine einmalige, abgeschlossene Aktivität ist, sondern andauernd stattfinden muss (oder zumindest regelmäßig), dann befindet sich das Unternehmen in einem andauernden Zustand der Re-Organisation.

Man muss sich also wiederholt neue Strukturen ausdenken und muss andauernd Effizienzen in den einzelnen Elementen heben. Strukturen sind kurzlebig und Prozesse volatil. Das schafft Unsicherheit und Unzufriedenheit und kann zu einem erhöhten Maß an Bürokratie führen – Bürokratie erfüllt hier eine Schutzfunktion vor Willkür.

Man baut tatsächlich Silos, viele Silos. Jedes für sich gesehen ist hocheffizient, daran besteht kein Zweifel. Aber wir haben oben schon gesehen (vgl. Abschn. 1.2.1), dass die Effizienz der Einzelteile in einer Organisation überhaupt nicht zum Gesamterfolg der Organisation beiträgt. Es interessiert uns eigentlich gar nicht, ob jetzt die Controlling-Abteilung besonders effizient oder ob die Entwicklungsabteilung besonders schnell arbeitet.

▶ Uns interessiert in der Organisationsentwicklung, wie lange es dauert, bis der Kunde oder die Kundin das von ihr gewünschte Produkt oder das Ergebnis oder die Dienstleistung, die die Organisation erbringen will, auch tatsächlich erhält.

Und da, auch das haben wir oben schon gesehen, kann lokale Optimierung zu einer globalen Sub-Optimierung führen. Die Organisation kann langsamer werden und damit würde die Skalierung das Gegenteil von dem bewirken, was sie eigentlich soll. Wir beabsichtigen eine Organisation aufzubauen, die auch in einem wachsenden, sich verändernden Marktumfeld handlungsfähig bleibt. Durch *designte* Skalierung erreichen wir unter Umständen aber das exakte Gegenteil.

8.4.2   Fokus auf die Ablauforganisation

Die zweite Möglichkeit, Skalierung zu betreiben, ist Fokus auf die Ablauforganisation zu legen. Nicht *wer berichtet wem,* sondern *wie fließt die Arbeit* eigentlich End-to-End bis zur Fertigstellung? Und da kommt die Idee der Rekursion und Selbstähnlichkeit und der fraktalen Organisation ins Spiel. Die fraktale Organisation lässt sich wie eine Matrjoschka Puppe denken. Es ist immer wieder das Gleiche drin. Öffnet man die erste Puppe, findet man die zweite. Diese wiederum sieht genauso aus, wie die erste Puppe, ist nur ein wenig kleiner. Und wenn man die öffnet, landet man bei der dritten Puppe, die wieder genauso aussieht wie die vorherige, nur etwas kleiner.

Als Matrjoschka Puppenbauer muss man sich nicht immer wieder Gedanken über das Design der Puppen machen. Das reicht einmalig. Das System der Matrjoschka Puppen lässt sich auch leicht skalieren, weil man entweder etwas kleiner oder etwas größer dimensionieren muss. Dabei handelt es sich zugegebenermaßen um ein sehr einfaches Beispiel, weil es nur eine Dimension der Skalierung gibt, aber es ist ja auch nur ein Startpunkt.

Eine fraktale Organisation funktioniert immer nach dem gleichen, oben schon beschriebenen Dreiklang. Es gibt einen Strategy-Layer, es gibt ein Portfolio-Layer und ein Operations-Layer und diese sind miteinander nach einem Regelwerk zu vernetzen. Sie verfügen über fest definierte Ein- und Ausgänge. Die Skalierung in einer fraktalen Organisation ist leicht, denn man kann das Netzwerk einfach durch die Anbindung dieses Dreiklangs sowohl horizontal als auch vertikal erweitern. Die Spezialisierung wird dann durch die Arbeitstypen im Netzwerkabschnitt bestimmt. Die Rechtsabteilung schreibt Verträge, die Entwicklung biegt Blech und HR sorgt für neue Netzwerkknoten. Unterschiede definieren sich auf dem Operational-Layer, wo die eigentliche Arbeit fertiggestellt wird.

Der Lauf der Arbeit durch den Netzwerkabschnitt ist immer gleich organisiert, unabhängig davon auf welchen Bereich des Netzwerks man schaut und unabhängig davon, aus welcher Betrachtungshöhe man das Netzwerk beobachtet. Letztlich funktioniert die Organisation immer gleich und kann auf diese Art und Weise leicht vergrößert, angepasst und verändert werden. Fokus auf die Aufbauorganisation entspricht dem oben auch schon aufgezeigten Uhrwerk (Abschn. 1.3) – hoch spezialisiert, aber nicht veränderungsfähig, zumindest nicht schnell und nicht ohne großen Aufwand. Fokus auf die Ablauforganisation macht die Strukturen hingegen leicht anpassbar.

8.4.3   Nachteile fraktaler Organisationen

Der Nachteil ist, dass ein einzelner Teil in einer fraktalen Organisation für sich betrachtet, wahrscheinlich nicht so effizient ist wie ein Teil in einer *designten* Organisation. Wenn diese etwas weniger effizienten, selbstähnlichen Elemente aber gut zusammenspielen, weil sie über definierte und einheitliche Schnittstellen verfügen, kann das eine erhebliche *Auswirkung auf die Gesamtleistung* des Organismus oder der Gesamtorganisation haben.

Lokale Sub-Optimierung wird auf diese Weise vermieden. Es wird Sorge dafür getragen, dass in jedem Bereich der Organisation so gut und so effizient gearbeitet werden kann, wie es die Strukturen und die vorhandenen Ressourcen und die Schnittstellen in der Organisation hergeben. Und das kann zu einer wesentlich performanteren Organisation führen als eine komplett durch *designte* Organisation, in der Schnittstellen individuell ausgehandelt und auf Veränderungen nur sehr schwerfällig reagiert werden kann.

Aus welcher Höhe man auf die Organisation schaut und welches Fachgebiet der betrachtete Teilabschnitt des Netzwerks hat, lässt sich nur erkennen, wenn man auf die *WorkItems* im Operations-Layer schaut – an der Struktur der Organisation, lässt sich die Funktion nicht erkennen.

Auf der Strategie-Ebene der gesamten Organisation sieht man sehr wahrscheinlich, sehr große Arbeitspakete. Das sind die großen Initiativen, die von der Organisation gestartet werden müssen, um strategische Ziele erreichen zu können. Auf der Portfolioebene sieht man diese großen Initiativen heruntergebrochen in Projekt oder ähnlichem. Bis hier sieht man, was die Organisation macht. Erst auf dem Operations-Layer sieht man, welchen Beitrag zum Erfolg einzelne Abteilungen, Teams oder Individuen leisten.

Alles ist miteinander vernetzt, alles folgt der gleichen inneren Logik und es ist sichergestellt, dass in dieser Organisation keine Arbeit verrichtet wird, die sich nicht aus der strategischen Ebene der Organisation ableiten lässt. Natürlich gibt es auch Arbeit in der Organisation, die nicht aus der Strategie kommt. Natürlich gibt es auch Aufgaben, die einfach gemacht werden müssen, die für die Strategie keine große Rolle spielen. Aber diese Arbeiten konkurrieren im gleichen System um Aufmerksamkeit (und Ressourcen) und können in der Gesamtbetrachtung abgewogen werden.

Der Lauf der Arbeit in einer fraktalen Organisation ist immer gleich. Das bedeutet, dass sich jedes Szenario leicht modellieren und störungsfrei in der Organisation zufügen lässt. Das ist das glatte Gegenteil einer designten Organisation, die hochspeziell, aber eben wenig flexibel ist.

Literatur

Brinkmann, R. (2018). Die Entwicklung der Wirtschaftspsychologie. In R. Brinkmann (Hrsg.), *Angewandte Wirtschaftspsychologie* (S. 21–37). Pearson.

Drucker, P. F. (1999). *Management Challenges for the 21st Century*. Collins Business.

Foegen, M., & Kaczmarek, C. (2015). *Organisation in einer digitalen Zeit*. Wibas.

Gigerenzer, G. (2011). Rationalität, Heuristiken und Evolution. In V. Gerhardt, K. Lucas, & G. Stock (Hrsg.), *Evolution: Theorie, Formen und Konsequenzen eines Paradigmas der Natur*. Akademie.

Kahneman, D. (2014). *Schnelles Denken, langsames Denken*. Pantheon.

Kleisny, H. (09. September 2016). Drei Minuten, 28 Sekunden. *Die Zeit*. https://www.zeit.de/wissen/2016-09/chesley-sullenberger-new-york-airbus-pilot-hudson-river-notlandung. Zugegriffen: 4. März 2023.

Mandelbrot, B. (1987). *Die fraktale Geometrie der Natur*. Birkhäuser.

Musiol, G., Mühlig, H., & Reitmann, V. (1999). Dynamische Systeme und Chaos. In I. N. Bronstein, K. A. Semendjajew, G. Musiol, & H. Mühlig (Hrsg.), *Taschenbuch der Matehmatik*. Harri Deutsch.

Myers, D. G. (2014). Neurowissenschaften und Verhalten. In D. G. Myers (Hrsg.), *Psychologie* (S. 49–88). Springer.

Pomberger, G. (2002). Prozedurorientierte Programmierung. In P. Rechenberg & G. Pomberger (Hrsg.), *Informatik Handbuch* (S. 517–528). Hanser.

Schomburg, F., Sobieraj, A., & Kruse, P. (2016). Paradigmenwechsel in der Führung – Zukunft ohne Management? In T. Petry (Hrsg.), *Digital Leadership – Erfolgreiches Führen in Zeiten der Digital Economy* (S. 85–97). Haufe.

Neuronale Ablauforganisation

9

Zusammenfassung

In der klassischen Organisation dient das Berichtswesen der Absicherung in der Hierarchie und bedarf einer formgebenden Bürokratie. Eine Netzwerkorganisation meint mit Bericht die Weitergabe der eigenen Wirksamkeit, denn diese hilft den Wertzuwachs der Arbeit zu verstehen. Der Aufbau einer neuronalen Organisation beginnt mit der Ablauforganisation. Während die Aufbauorganisation die hierarchischen Abhängigkeiten der verschiedenen Funktionen in der Pyramide abbildet, zeigt die Ablauforganisation den Weg der Arbeit durch die Organisation. Im neuronalen Netzwerk ergeben sich die Ablaufrouten durch die Knotenpunkte zwischen den unterschiedlichen Services des Netzwerks. Die Strategie skaliert durch die Organisation bezogen auf den jeweiligen Kompetenzbereich und Kontext. Die Ableitung vom größeren zum kleineren muss immer wieder verhandelt, ausgehandelt und überprüft werden. Daraus folgt, dass Strategie kein einmal-im-Jahr-Ereignis, sondern kontinuierliche Arbeit ist.

In der neuronalen Organisation ist alles miteinander vernetzt. Gleich aus welcher Perspektive man das Netzwerk betrachtet, man findet immer die gleiche Logik und die gleiche innere Struktur vor. Ungeplante Arbeit kann in einem neuronalen Netzwerk zwar nicht vermieden werden – wird aber wahrgenommen und kann eingeplant werden. Ungeplante Arbeit muss also keineswegs ungeplant bleiben. Sie darf vor allem nicht ungeplant bleiben, weil sie um die gleichen Ressourcen und verfügbaren Kapazitäten wie geplante Arbeit konkurriert.

Strategisch unwichtige Arbeit bindet ebenfalls Ressourcen und verdrängt damit strategisch relevante Arbeit aus dem Ablauf. Intransparenz schädigt demnach die

Leistungsfähigkeit der Gesamtorganisation. Die Organisation muss um den Anteil ungeplanter Arbeiten wissen und wissen, welche Ressourcen sich dieser widmen. Ist der Anteil ungeplanter Arbeiten zu hoch, wird die Organisation sich keinen strategisch relevanten Themen widmen können und durchgehend mit der Erledigung des Tagesgeschäfts befasst sein. Eine Änderung des Arbeitssystems, wie zum Beispiel durch eine agile Transformation hilft dann nicht – im Gegenteil, sie bremst das System weiter aus. Das Problem liegt in der Organisation der Arbeit selbst und nicht in den Methoden, denen die Organisation folgt.

9.1   Wertstiftende Beziehungen

Zur Beschreibung der Wertschöpfung und darüber hinaus des Erfolges einer Organisation spielt die Aufbauorganisation keinerlei Rolle. Sie ist vollkommen irrelevant. In einem neuronalen-Netzwerk ist es unerheblich, wer an wen berichtet.

In der klassischen Organisation dient das Berichtswesen dazu

> dem Adressaten ein Bild über den Stand und die Fortentwicklung des Unternehmens zu vermitteln und so interne Empfänger bei ihren Planungs-, Steuerungs- und Kontrolltätigkeiten zu unterstützen (Straub, 2020, S. 428).

In der klassischen Organisation dient das Berichtswesen der *Absicherung* in der Hierarchie und bedarf einer formgebenden Bürokratie. Auch die Bürokratie hat eine absichernde Funktion – sie dient dazu, Anträge, Beauftragungen und Bewertungsgrundlagen *vergleichbar* zu halten. Es geht im klassischen Berichtswesen und seiner Bürokratie nicht darum, die Organisation arbeitsfähig zu machen, sondern den verantwortlichen Entscheidern Rechenschaft abzulegen und sie in ihrer Haltung und Handlung zu bestärken. Diese Art des Berichtens stiftet keinerlei Mehrwert und keinerlei Erkenntnis – sie bindet nur Ressourcen und hält sie von der Fertigstellung geplanter Arbeit ab.

Das klassische Berichtswesen stiftet keinen Wert – kein Kunde würde dafür bezahlen, dass die Bereichsleiterin darüber informiert wird, wie der aktuelle Arbeitsstand ist. Kein Kunde bezahlt für den Rapport eines Mitarbeiters an seine Managerin.

Diese Beziehungen sind im neuronalen Netzwerk vollkommen wertlos. Das soll keinesfalls heißen, dass man im neuronalen Netzwerk auf aufbauende und steuernde Instanzen verzichten sollte – diese Instanzen sollten dann aber auch nur Strukturen schaffen, die zum Arbeitsfluss benötigt werden. Sie sollten keine Anweisungen geben, *wie* die Arbeit zu fließen hat.

9.1.1   Beurteilung der Wirksamkeit

Netzwerkorganisation meint mit Berichtswesen hingegen etwas komplett anderes. Gemeint ist nicht der Bericht an von der Arbeit entkoppelte Individuen, über den Verlauf der Arbeit. Gemeint ist vielmehr die Weitergabe des eigenen Status *in* das Netzwerk und die Beurteilung der eigenen *Wirksamkeit*. Diese Form des Berichtswesens ermöglicht Arbeitsfluss im Netzwerk erst. Der Bericht über den eigenen Status und Stand der Arbeit kündigt zukünftige Arbeit in bevorstehenden Netzwerkabschnitten an. Diese zukünftige Arbeit kann in kommenden Netzwerkabschnitten vorgemerkt und ebenfalls schon eingeplant werden. Wenn man weiß, wann welche Arbeit ansteht und ermächtigt ist, auch Anforderungen zurückzustellen, dann reguliert man aktiv die Menge der sich gleichzeitig im System befindenden Arbeit. So wird Stau vermieden.

Die Einschätzung der eigenen Wirksamkeit hilft, den Wertzuwachs der Arbeit zu verstehen. Dies hilft kommenden Netzwerkabschnitten auszuwählen, in welcher Reihenfolge Arbeit am gewinnbringendsten für die Gesamtorganisation umgesetzt wird. Das wäre so, als ob sich alle Autofahrer abstimmen würden, wohin sie wollen, wann sie da sein wollen und wie wichtig es ihnen ist dahin zu reisen, bevor sie auf die Autobahn fahren. Man stelle sich das mal vor.

Wertschöpfung und Erfolg einer Organisation beschreibt ausschließlich die Ablauforganisation. Der logische Lauf von Arbeit in einer fraktalen Organisation ist immer gleich. Auf dem Strategie-Layer werden Ziele formuliert, die als Handlungen im Portfolio-Layer eingelastet werden, um dann als Aufgaben im operativen Layer zur Umsetzung zu kommen. Diese drei Layer stellen dabei aber keine hierarchische Abbildung der Organisation dar (siehe Abb. 9.1).

Das Topmanagement-Team arbeitet auf diesen drei Ebenen, ebenso so wie ein operatives Entwicklungsteam. Das Gleiche gilt für Landesgesellschaften, Organisationseinheiten, Abteilungen und Gruppen. Es ist immer das Gleiche. Die Ablauforganisation

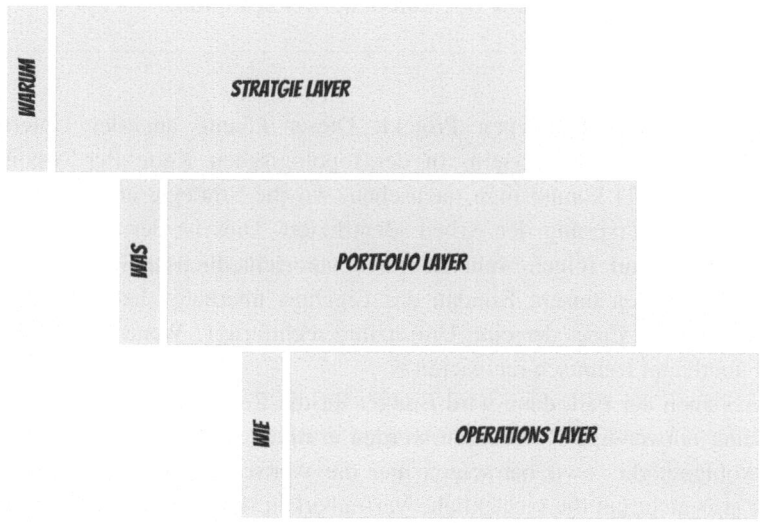

Abb. 9.1 3 logische Layer

beschreibt die Route eines *WorkItems* durch die unterschiedlichen Instanzen der Organisation, bis zum Kunden, der auf die Lieferung wartet und idealerweise sogar bereit ist, dafür zu bezahlen.

9.1.2   Aufbau einer neuronalen Organisation

Der Aufbau einer neuronalen Organisation beginnt mit der Ablauforganisation. Während die Aufbauorganisation die hierarchischen Abhängigkeiten der verschiedenen Funktionen in der Pyramide abbildet, zeigt die Ablauforganisation den Weg der Arbeit durch die Organisation (Denning, 2018).

Man kann sich das wie ein Papierschiffchen auf einem Bach vorstellen. Sobald das Schiff auf dem Wasser ist, folgt es seinem Lauf. Man muss nur daneben herlaufen und zuschauen. Es gibt Stellen, da bewegt sich das Schiff schneller, woanders langsamer und wieder an anderen Stellen bleibt es eine Zeit lang hängen, bis es wieder frei gespült wird.

Da eine Organisation aber komplexer als ein Schiffchen und ein Bachlauf ist, müssen wir davon ausgehen, dass wir unterschiedliche *WorkItems* betrachten (müssen), die auch unterschiedliche Routen nehmen. Denn auch der (Arbeits-)Fluss der Organisation hat Nebenläufe und Abzweigungen. Ein Schiffchen folgt der einen, ein anderes einer anderen Route. Um die Organisation zu verstehen, müssen wir alle Routen kennen, in deren Verlauf Arbeit fertiggestellt wird.

Es ist also eine gute Idee zunächst die Arbeitstypen in der Organisation zu bestimmen: Projekte, Fehler, Tests, Prototypen – all das sind Kategorien, die bestimmte Arbeiten als Überschrift benennen könnten. Wenn die Arbeit initial kategorisiert wurde, kann man den idealtypischen Verlauf je Arbeitstyp betrachten. Dazu folgt man jedem Arbeitstypen einzelnen auf seinem Weg durch die Wertschöpfung.

GEDANKENEXPERIMENT

Nehmen wir den Arbeitstypen Projekt. Dieser könnte aus der Unternehmensstrategie abgeleitet worden sein. In der topologischen Karte der Arbeitssysteme (vgl. Abschn. 3.3.1) könnte man nachsehen, wo die Strategie entwickelt wird, und hätte damit den Ursprung der Arbeit identifiziert. Dies ist der Ausgangspunkt der Betrachtung. Darauf folgen wahrscheinlich unterschiedlichste Schritte der Projektbewertung – wollen unsere Kunden das Ergebnis überhaupt haben? Wenn ja, gibt es einen Business Case, der eine Umsetzung rechtfertigt? Wenn ja, können wir das Projekt überhaupt technisch realisieren?

Ist dies auch der Fall, dann wird Budget für die Realisierung freigegeben. Für die Umsetzung notwendige Ressourcen werden ermittelt und deren Verfügbarkeit überprüft. Wohlgemerkt – wir betrachten hier die Wertschöpfungskette eines Projektes. Es geht also nicht um die tatsächliche Verfügbarkeit der Ressourcen, sondern um die *Überprüfung der Verfügbarkeit der Ressourcen* als notwendigen Arbeitsschritt für jedes Projekt. Diese Arbeitsschritte werden seriell abgearbeitet, manche auch parallel.

Deren strukturierte Darstellung bildet die Wertschöpfungskette des Arbeitstyps *Projekt* von Anfang bis Ende. Alle Wertschöpfungsketten aller Arbeitstypen bilden die Ablauforganisation einer Organisation. Fast jedenfalls. ◄

Anders als das Schiffchen im Bachlauf bewegt sich Arbeit in der Organisation aber nicht von allein. Im Bach folgt das Wasser der Schwerkraft – es fließt bergab. Das Schiff bewegt sich durch die dadurch entstehende kinetische Energie. Was ist die Entsprechung dazu in der Organisation?

Was die Arbeit zum Fließen bringt
Jede Organisation verfügt über eine Ablauforganisation. Im neuronalen Netzwerk ergeben sich die Ablaufrouten durch die Knotenpunkte zwischen den unterschiedlichen Services des Netzwerks. So ist etwa die Geschäftsführung ein Service, der große strategische Initiativen identifiziert und die (Entwicklungs-)Richtung der Organisation vorgibt. Diese Initiativen werden in einem strategischen Portfolio gesammelt und öffentlich gemacht. Da die Organisation nicht über uneingeschränkte Kapazitäten verfügt, kann nicht jedes *PortfolioItem* umgesetzt werden, was eine Reihung, Priorisierung, irgendwie geartete Auswahl erforderlich macht. Wir haben oben bereits gesehen: Priorisieren ist die Kunst zu entscheiden, woran nicht gearbeitet werden soll (siehe Abschn. 6.1.2).

Die zur Bearbeitung und Umsetzung ausgewählten *PortfolioItems* werden dem operativen Portfolio zugefügt. Von diesem Augenblick an ringen sie um Zeit und Aufmerksamkeit, mit allen anderen operativen *Items*. Für jedes *Item* muss der Workflow identifiziert sein. Nur dann lässt sich Arbeitsfluss steuern – Workflows gestalten sich durch die Zuarbeit unterschiedlichster Teams, Bereiche und Individuen. Der *Sog*, der die Arbeit durch die Organisation *zieht*, der die Durchführung der wertstiftenden Arbeit *auslöst*, bewegt sich in exakt entgegengesetzter Richtung durch die Organisation und muss auf die gleiche Weise analysiert werden (und kann auf die gleiche Weise gestaltet werden), wie der Workflow. Was die Schwerkraft für den Bachlauf ist der Informationsfluss in der Organisation für den Workflow. Fließt die Arbeit nach rechts, wurde sie von einem Informationsimpuls von rechts nach links getriggert. In einer Pull-Organisation (siehe Abschn. 7.3.3) wird die Arbeit durch Informationsimpulse ins Fließen gebracht. Und diese Interaktionen, diese Informationen gehören in einer neuronalen Organisation als fester Bestandteil zur Ablauforganisation.

▶ Informationsfluss ist die auslösende Gegenbewegung zum Arbeitsfluss.

Erst wenn die Ablauforganisation bekannt ist – Arbeitsfluss und Informationsfluss –, dann lässt sich daraus eine Aufbauorganisation ableiten – mit dem großen Vorteil, dass es keine unnötigen Hierarchien und Management-Ebenen gibt.

Ferner sollte jedem Menschen in der Aufbauorganisation durch die Ablauforganisation auch operative Arbeit zugeordnet sein. Menschen, die in einer Organisation keinen Anteil operative Arbeit verrichten, arbeiten nicht (Vollmer, 2016). Es fragt sich in mancher klassischen Organisation, was schlimmer ist: ein Manager, der nicht arbeitet oder ein Manager, der seine Position durch permanentes Eingreifen in die operative Ebene rechtfertigt.

9.2   Why, What, How

Auch auf die Gefahr der zu häufigen Wiederholung – es ist mir sehr wichtig, noch einmal auf die innere Logik und Struktur neuronaler Ablauforganisationen einzugehen.

Bei einem flüchtigen Blick auf die fraktale Organisation, einem Blick auf die Einheiten, die rekursiv und selbstähnlich die Organisation aufbauen, könnte man dem Trugschluss erliegen, dass sich diese Strukturen in klassischen Organisationen in gleicher Weise ebenso finden lassen. Insbesondere mit dem Blick aus der klassischen Welt, könnten die BetrachterInnen dem (falschen) Impuls unterliegen, dass es diese Strategie-Layer, Portfolio-Layer und Operative-Layer je bereits gibt.

In der klassischen Organisation gibt es eine Unternehmensführung, die sich in der Regel mit Strategie beschäftigt. Dann könnte man argumentieren, dass es ein mittleres Management gibt, eine Managementschicht, die zwischen der Strategie-Ebene und der operativen Ebene liegt und damit betraut ist, die Strategie zu operationalisieren (bzw. deren Umsetzung anzuordnen, zu überwachen und Rechenschaft über den Fortschritt abzulegen). Dass es eine operative Ebene gibt, wo Menschen, also die *Entitäten in der Organisation,* tatsächlich arbeiten und ihre Arbeit auch fertigstellen, scheint vollkommen unstrittig.

Diese Interpretation des Gesehenen (aus der Perspektive des klassisch sozialisierten Betrachters), wird seine oder ihre Wahrnehmung so überwältigen, dass es schwierig sein wird, hier mit einer anderen Betrachtungsweise durchzukommen. Kahnemans (2014) System 1 will Energie sparen und System 2 vom Arbeiten abhalten – was zu einer kontraintuitiven (vgl. Abschn. 4.3.1) Schockstarre führen kann. Die Kontraintuition führt zu einer Fehlinterpretation, die unbekannte Strukturen mit der Wirkweise bekannter Strukturen gleichsetzt.

PRAXISBEISPIEL

Die Wirkung agiler Methoden, überhaupt die Entfaltung von Veränderung, kann nur mit einer Änderung der Unternehmenskultur einhergehen. Kultur prägt Haltung und Verhalten – und von beidem sind Veränderungen abhängig.

Ich war für einen Finanzdienstleister tätig, der seine Kundenbedarfe nicht mehr decken konnte. Nicht weil die Produkte schlecht gewesen wären, sondern weil die Produktentwicklungszyklen zu lange dauerten. Neue Trends und Produkte kamen 6 Monate nach den Wettbewerbern auf den Markt. Obwohl die Produkte von großer

Qualität waren, wurde die Organisation nie als Pionier auf einem Gebiet wahr-genommen. Sie war immer der zweite oder dritte Anbieter.

Die Veränderungsbestreben zielten alle auf die Einführung neuer Methoden – New Work – ab. Für den Geschäftsführer war aber qua Branche gesetzt, dass nur eine Null-Fehler-Politik von den Kunden akzeptiert würde.

Eine prinzipielle Sanktionierung von Fehlern verhindert jede Art der Innovation. Kein Mitarbeiter oder Mitarbeiterin wird sich trauen, etwas anderes auszuprobieren, weil immer die Gefahr der Bestrafung droht. Ferner werden längere und umfassende Testzyklen eingeplant, um eventuelle Fehler auszumerzen.

Damit führt die Politik der Geschäftsleitung zu einer Verunsicherung der Mit-arbeitenden, zu einem Einbruch der Innovationsrate und einer steten Verlängerung der Time-to-Market. Da kann man Sprinten, Prototypen bauen und Retrospektiven durch-führen, wie man will, fehlt es an grundsätzlicher Haltung, sind alle Veränderungen beschwerlich und wirkungslos. ◀

9.2.1 Der agile Dreiklang

Die Strategie in der Spitze der Pyramide und die Umsetzung im Rumpf der Pyramide zu verorten und alles dazwischen als *Operationalisierung* zu bezeichnen, wäre eine komplett hierarchische Betrachtungsweise der Organisation. Das genau macht eine fraktale Organisation, eine neuronale Ablauforganisation nicht.

Die Strategie-Ebene, die Portfolio- und Koordinations-Ebene und die Umsetzungs-Ebene gibt es in allen Bereichen der Organisation und in allen Skalierungsgraden. Wir erinnern uns – deswegen ist die neuronale Organisation rekursiv. Wir haben festgestellt, dass eine neuronale Organisation sich immer wieder aus dem gleichen Kanon selbstähn-licher Strukturen zusammensetzt.

Natürlich gibt es einen Bereich im Netzwerk, der sich primär um die Formulierung der zu erreichenden Unternehmensziele kümmert, aber dieser Bereich im Netzwerk ist eine funktionale Einheit, wie alle anderen auch. Deswegen ist auch dieser Bereich logisch genauso aufgebaut wie alle anderen auch.

Alle Entitäten im Netzwerk verfügen über einen Strategie-, einen Portfolio- und einen Operations-Layer. Und dieser Dreiklang beantwortet auf jeder Flughöhe die drei Fragen nach dem Existenzgrund der Entität

1. Warum gibt es mich? Was ist mein Ziel? Wofür brauchen mich die anderen? *Why?*
2. Was tue ich, um meinen Zweck zu erfüllen? Welche Mittel wende ich an, um Mehr-wert für andere zu stiften? *What?*
3. Wie tue ich das? Welche Methoden, Techniken und Werkzeuge wende ich an, um meine Tätigkeiten zu erfüllen? *How?*

Das **Why,** also *Warum*, beschreibt den Zweck des Abschnitts im Netzwerk. Warum ist die Spezialisierung des Netzwerkabschnitts nötig? Welcher Wert wird hier gestiftet? Das **What,** bestimmt was in diesem Netzwerkabschnitt konkret getan werden muss. Und das **How,** beschreibt schließlich das Vorgehen, wie Arbeit mit Wert angereichert und letztlich fertiggestellt wird. Diese Betrachtung orientiert sich an Simon Sineks Golden Circle (Sinek, 2019), der das Konzept systematisiert.

Welchem Zweck dient die funktionale Einheit, also das Individuum, das Team, die Abteilung, der Bereich, die Ländergesellschaft oder eben die ganze Organisation? Welche Tätigkeiten in diesen funktionalen Einheiten erfüllen den Zweck und wie führt man die Tätigkeiten aus.

In der *metanoia*-Organisation, der neuronalen Netzwerkorganisation, kann jede funktionale Einheit diese drei Fragen für sich immer beantworten – sonst würde die gesamte Organisation nicht funktionieren. Der Zweck der Arbeit, der Inhalt der Arbeit und die Art der Umsetzung sind erklärt und erklärbar. Das funktioniert nicht zentral gesteuert aus einer übergeordneten Instanz.

Die übergeordnete Instanz einer klassischen pyramidalen Organisation kann diese Fragen vielleicht für die gesamte Organisation beantworten, nicht aber für ihre individuell *designten* Organisationsteile. In einer großen Organisation werden Strategieteile lokal umgesetzt. Wie soll ein, einer Zentralintelligenz untergebenes Team bemessen, ob die Tätigkeiten, die es verrichtet, gerade strategisch relevant sind?

Wenn eine funktionale Einheit, also ein Teil im Netzwerk diese Fragen für sich nicht beantworten kann, dann kann man davon ausgehen, dass der Informationsfluss in dem Netzwerk nicht vollständig ist – weder inhaltlich noch strukturell. Man kann davon ausgehen, dass dieser Netzwerkabschnitt vom Rest des Netzwerks – und der gesamten Organisation – entkoppelt arbeitet. Das läuft dem Gedanken einer handlungsfähigen Organisation diametral entgegen.

Es handelte sich um eine funktionale Einheit – hier also wirklich eine Ab-Teilung, die vollkommen losgelöst vom Rest der Organisation irgendetwas macht, ohne Rückmeldung darüber geben zu können, ob ihre Tätigkeit tatsächlich zielführend für die Gesamtorganisation ist. Wir erinnern uns: das Ergebnis einer Organisation wird nicht in einem Teil der Organisation erzielt.

▶   Das *Ergebnis* einer Organisation wird im *Zusammenspiel* der funktionalen Einheiten erzielt. Der *Fluss* der Informationen zwischen den Entitäten macht die Organisation erst *handlungsfähig*. Die Fähigkeit, die Entitäten nach Bedarf anders zu *verknüpfen,* macht die Organisation *anpassungsfähig*. Die *Expertise* in die Hand der Expertinnen und Experten zu legen, macht die Organisation *entscheidungsfähig*. Deswegen braucht jede Entität sein eigenes *Why*, sein eigenes *What* und sein eigenes *How*. Nennen wir es beim Namen. Eine solche Organisation ist agil.

9.2.2   Agilität

Die Begriffe *Agilität, Agility, Business Agility* oder *agiles Mindset* werden inflationär verwendet. Da es keine *Legaldefinition*[1] gibt, werden sie auf viele Weisen verwendet, interpretiert und missverstanden. Sie werden häufig als Synonyme für *schnell* und *wendig* verwendet und missverstanden als „keine Dokumentation", „Arbeiten auf Zuruf", „jede und jeder muss alles können" und wir sind „multitasking-fähig" (Hofert, 2018).

Hinzu kommt, dass der Begriff sich häufig auf die operative Ebene, auf die Team-Ebene bezieht. So wird zwar gelegentlich von agilen Unternehmen gesprochen, deren Merkmale aber immer an der Team-Ebene fest gemacht (vgl. Nowotny, 2016) werden. Das Hauptmerkmal der agilen Organisation ist nach dieser Lesart die Summe der mit agilen Methoden arbeitenden Teams. Der oben genannte *Agile Dreiklang* (siehe Abschn. 9.2.1) verdeutlicht, dass die Summe der agilen Teilchen, keine agile Organisation ausmacht, sondern auch deren Verbindung und Interaktion agil gestaltet sein muss.

All die oben genannten Merkmale mögen auf Team-Ebene funktionieren und dort vielleicht sogar Agilität repräsentieren – es gibt ja keine Definition, also kann sich auch jede Organisation aussuchen, was sie denn als *agil* verstehen möchte – auf der Unternehmensebene stellen sie das Gegenteil von Agilität im in diesem Buch beschriebenen Sinne dar.

9.2.3   Agile Organisationen

Als Organisation agil sein, kann nichts anderes bedeuten, als auch in Zeiten schneller Veränderungen handlungsfähig zu bleiben. Eine agile Organisation kann sich auf sich verändernde Umstände und Umgebungen schnell einstellen. Und das kann sie, weil jeder einzelne Teil der Organisation seinen Zweck und damit seine Entscheidungskompetenz kennt und von dieser nach eigenem Ermessen auch Gebrauch macht. Der *Agile Dreiklang* findet statt und jede Entität der Organisation, unabhängig von der gewählten Perspektive, kennt ihr und sein *Why, How* und *What*.

Die Strategie der Entität ist dabei nicht von der Gesamtstrategie entkoppelt, also individuell formuliert, sondern im Gegenteil, abgeleitet und auf die Bedarfe und *Betrachtungsgröße* der Entität ausgerichtet und zugeschnitten. In der neuronalen Netzwerkorganisation sind wegen ihres fraktalen Aufbaus alle Einheiten sowohl horizontal als auch vertikal miteinander verbunden.

---

[1] Unter einer *Legaldefinition* versteht man eine rechtlich bindende Erläuterung eines Rechtsbegriffs. Dabei hat sie die gleiche bindende Wirkung wie die durch sie ausgefüllte Bestimmung (Musielak, 2021).

Horizontale Strategien werden so abgestimmt, dass sie sich nicht widersprechen. Ihre *WorkItems,* oder besser, *StrategyItems,* sind gleicher Natur und ähnlicher Dimension. Inhaltlich unterscheiden sie sich natürlich – eine Marketing-Initiative sieht anders auch als eine Produkt-Initiative, aber sie adressieren funktional ähnlich dimensionierte Netzwerk-Bereiche. Diese horizontalen Schnitte müssen logisch ineinandergreifen, um die Gesamtstrategie zu operationalisieren.

Vertikale Strategien sind unterschiedlich dimensioniert und zahlen aufeinander ein. Die Strategie der kleineren logischen Entität leitet sich aus der Strategie der größeren Entität ab und zahlt auf deren Erfüllung ein. Der Unternehmenszweck der kleineren Einheit, der spezialisierteren Einheit, leitet sich unmittelbar aus dem Zwecke der größeren Einheit ab.

Die Strategie skaliert durch die Organisation, bezogen auf den jeweiligen Kompetenzbereich und Kontext. Diese Ableitung vom größeren zum kleineren muss immer wieder verhandelt, ausgehandelt und überprüft werden. Daraus folgt, was wir oben bereits festgestellt haben: Strategie ist kein einmal-im-Jahr-Ereignis, sondern kontinuierliche Arbeit (vgl. Abschn. 2.2). Unternehmensstrategie ist die Aufgabe der funktionalen Einheit *Topmanagement.* Überwachen der Entitäten hingegen ist nicht die Aufgabe dieser Einheit. Das macht die Organisation adaptiv und handlungsfähig in einem von Veränderung und Wandel geprägten Umfeld.

Ob man dies nun als *Agile, Agility* oder *Business Agility* bezeichnet ist dabei absolut zweitrangig und vor allem nebensächlich. Entscheidend ist, ob die Organisation vor Herausforderungen steht, wie zum Beispiel raschem und häufigem Wandel in der VUCA-Welt (siehe Abschn. 2.1.1), die sich durch interne Anpassungen nicht mehr bewältigen lassen. Wenn die Anpassung von Fähigkeiten der Mitarbeitenden, die Überarbeitung der Prozesse und die Zielgenauigkeit der Produktentwicklung nicht mehr zum Erfolg führen, ist es sinnvoll zu überprüfen, ob die organisatorischen Rahmenbedingungen noch zeitgemäß sind, oder ob die eigene Organisation eine Vertreterin der *Steampunk Ökonomie* (Rein, 2021) ist.

Ob der Agilitätsbegriff auf die fundamentale Veränderung der *metanoia*-Organisation (siehe Abschn. 4.2) sinnvoll angewendet werden sollte, scheint fraglich, da sich Agilität in aller Regel auf eine Fülle von konkreten Methoden bezieht, die ihre Wirksamkeit mehrheitlich in der Umsetzungsebene entfalten.

Das zu erreichende Ziel bei jeder organisatorischen Veränderung sollte ein wirtschaftliches oder ein Business Ziel sein.

▶   Es erweckt häufig den Anschein, als ob Agilität zum Selbstzweck geworden und über die eigentlich zu erreichenden Ziele hinausgehoben würde.

Es geht im Kern darum, in angemessener Tiefe und angemessener Geschwindigkeit Entscheidungen treffen zu können. Nicht mehr, nicht weniger.

Man kann zwischen verschiedenen Optionen nur vernünftig entscheiden, wenn man weiß, warum man Dinge tut und worauf die eigenen Handlungen abzielen und einzahlen. Wenn man nicht weiß, welchem Zwecke Aufgaben dienen, kann man deren Umsetzungsreihenfolge auch auswürfeln. Auch die Entscheidung, wie Dinge umgesetzt werden, hängt stark davon, dass die Prioritäten, was zu tun ist, klar sind.

Nur dann lässt sich ein Delta feststellen und bemerken, dass im Netzwerk vielleicht Verbindungen fehlen, also ein Informationsfluss nicht hinreichend gestaltet ist, um tatsächlich Ergebnisse liefern zu können. Ohne dieses Wissen, kann das Netzwerk nicht zielgerichtet erweitert oder umgestaltet werden. Nur dann kann man die Sensorik für disruptive Ereignisse entwickeln und entscheiden, ob sich die Zielscheibe verändert hat oder Fähigkeit im Umgang mit Pfeil und Bogen fehlen (siehe Abschn. 2.1.2).

▶ Ohne das *Why* ist kein sinnvolles *What* benennbar. Und ohne ein sinnvolles *What* ist kein sinnvolles *How* benennbar. Ohne ein sinnvolles *How* sind die Informationsflüsse, also die Vernetzung und der Aufbau der Ablauforganisation nicht sinnvoll gestaltbar.

9.3 Kundenzentriertheit

In Kap. 2 haben wir festgestellt, dass Organisationen häufig *KPI* entwickeln, also *Key Performance Indicators,* anhand derer sie ihre eigene Leistungsfähigkeit bemessen (können, oder es zumindest versuchen). *KPI* – also die Bemessung und Kenngrößen der Organisation – werden von den Organisationen aus sich selbst heraus entwickelt. Es gibt „aufgrund der Individualität keine objektiven Vergleichsmaßstäbe für Kennzahlen" (Straub, 2020, S. 433).

Kennzahlen werden aus der Selbstbeobachtung entwickelt und definiert. Sie schauen nur nach innen, ohne das Umfeld, mit dem sie interagieren oder in dem sie agieren, aktiv einzubeziehen. Die in der VUCA-Welt erforderliche Außen-Sensorik wird durch klassische Kennzahlsysteme nicht abgebildet. Deswegen sind KPI als Sensorik für die Außenwelt leider gänzlich ungeeignet.

In der VUCA-Welt, als einem sich exponentiell ändernden Raum, ist es die Zielscheibe, die sich verändert, und nicht das Gerät, mit dem geschossen wird oder gar die Schützen selbst. Die Wand, an der die Zielscheibe hängt, bewegt sich, wirft Wellen und verzerrt sich. Nicht die Fähigkeiten der Teams lassen nach. Der Wirtschaftsraum, in dem die klassische Organisation tätig ist, verändert sich.

Kennzahlen, die einen reinen Innenbezug haben, helfen in diesem Kontext nicht weiter, weil sie für den Raum selbst blind sind. Schlimmer noch, sie blenden auch angrenzende Systeme aus, weil sie übermächtig und alternativlos (zur Erinnerung – es gibt keine Alternativlosigkeit beim Blick in die Zukunft, Abschn. 5.3.1) scheinen und kommuniziert werden.

Was ist aber eine solche Sensorik für die Außenwelt? Woran kann die Organisation festmachen, was von ihr erwartet wird und was sie zu liefern hat? Woher kennt die Organisation ihr Why, also ihren Zweck in der VUCA-Welt?
Der Zweck der Organisation ergibt sich unmittelbar aus den Ansprüchen und Bedarfen des Marktes. Und diese kontinuierlich zu beobachten und sich daran auszurichten, macht die wirtschaftliche Organisation handlungsfähig. Das Stichwort heißt hier *Customer Centricity*, oder Kundenzentriertheit.

9.3.1 Kundenfokus & Kundenorientierung

In der klassischen pyramidalen Organisationdient der Kunde dazu, die Dienstleistung oder das Produkt der Organisation zu kaufen und damit den wirtschaftlichen Zweck der Organisation zu erfüllen. An den Verkaufszahlen oder dem Umsatz wird dann typischerweise auch der Erfolg des Unternehmens gemessen.

Kundenfokus
Viele Organisationen beschreiben sich als kundenzentriert und reagieren mit einem empörten: „das waren wir doch schon immer", wenn man ihnen das Konzept vorstellt. Aber wie viele *Steampunk Organisationen* verwenden sie eine eigene Interpretation der Begrifflichkeit und die Kontraintuition des System 1 erlaubt ihnen nicht, sich selbst infrage zu stellen. So waren sie schon immer kundenzentriert, weil sie schon immer Produkte für die Kunden hergestellt haben. Sie waren längst agil, weil man zusammensitzt und auf Zuruf arbeitet, und sie hatten schon immer flache Hierarchien, weil die Führungseben vollkommen in die operative Arbeit eingebunden ist. Befördere eine Expertin in eine Führungsposition, idealerweise gegen ihren Willen, und Du erntetest eine perfekte Micro-Managerin.

Kundenfokus berücksichtigt die Kunden und deren Bedarfslagen in der Ermittlung der zu produzierenden Produkte oder Dienstleistungen.

BEISPIEL: Kundenorientierung

Die totale „Kundenorientierung" eines mittelständischen Elektrogeräte herstellers bestand darin, einen altgedienten Mitarbeiter, der die Produktreihe seit 40 Jahren begleitet, zu befragen, was die Kunden als Nächstes haben wollten. Und diese Fragen beantwortet er nicht nur für den deutschen, sondern gleich für den weltweiten Markt. Hier fühlt sich jemand als Repräsentant der Kunden. Und er mag mit seinen Annahmen ja auch richtig liegen. Es handelt sich aber um kein reproduzierbares Vorgehen. Es erinnert vielmehr an das holistische Vorgehen von Dirk Gently (Adams, 1987) – wenn man den Weg nicht kennt, fährt man einfach einem Auto nach, das sympathisch erscheint. ◀

Kundenfokus ist ein erster Schritt in Richtung *Kunden*. Aber er basiert doch auf einer sehr individuellen Interpretation dessen, was die Kunden tatsächlich erwarten.

Kundenorientierung

Auch wenn die zweite Worthälfte Kunden*fokus* sehr stark klingt, rückt die Kunden*orientierung* die Organisation deutlich näher an die Kunden*bedarfe* heran. Auch eine kundenorientierte Organisation fokussiert auf den Kunden, geht dabei aber deutlich weiter. Hier ist der Kunde wahrlich richtungsweisend und entscheidend. Kundenorientiert bedeutet, dass die zu erzeugenden Produkte oder bereitzustellenden Dienstleistungen an den *erforschten* Bedarfen der Kunden ausgerichtet werden. Es werden also Marktforschungen angestellt und Kundenbefragungen durchgeführt, damit das Produktmanagement Anforderungen an die Produkte durch die Kundenbrille, aber aus Unternehmensperspektive formulieren kann.

Tatsächlich ist die Kundenorientierung erstaunlich passiv, weil hier nur Anforderungen und Wünsche erhoben werden. Die in der Organisation gezogenen Rückschlusse aus den Erkenntnissen werden aber dann nicht um *unmittelbares* Kundenwissen angereichert. Den nächsten Kundenkontakt hat das abgefragte Wissen mit der Bereitstellung des Produktes oder der Dienstleistung.

Produkte richten sich an den Bedarfen einer sehr kleinen Gruppe aus – nämlich der der Kunden. Eine Kundenbefragung kann leicht bei den Personen durchgeführt werden, die das Produkt bereits nutzen. Und diese Gruppe ist vielleicht sogar von dem Produkt begeistert. Aber diese Sicht auf das Produkt kann sehr verzerrt sein, weil die befragte und untersuchte Gruppe eben nicht repräsentativ ist. Es kann sich dabei um eine kleine, hermetisch abgeschlossen Blase handeln, der nur treue Anhänger des Produktes angehören. Eine solche Befragung kann also selbst verzerrt sein, weil sie Personen außerhalb der Blase systematisch auslässt. Wenn man immer nur die eigenen Kunden befragt, was sie dann am Produkt verbessern möchten, dann befindet man sich in einer Wahrnehmungsblase, die von der Realität des Marktes entkoppelt ist.

Neben den Fragen, wie der Umgang der Kunden mit dem Produkt verbessert werden kann, ist auch die Frage wichtig, warum manche Kunden mit dem Produkt gar nicht umgehen wollen. Auch als Marktführer ist die Frage: „Warum kaufen die meisten Menschen unser Produkt nicht?", in den allermeisten Fällen richtig. Was stört die große Gruppe der Nicht-Käufer an unserem Produkt? Das ist der Teil der Sensorik, die vielen Organisationen vollständig fehlt.

Disruptive Lösungen adressieren die Gruppe der treuen Anhänger – die Blase – nicht. Der Fokus liegt nur auf dem eigenen kleinen Mikrokosmos und die Orientierung auf den bereits *gewonnen* Kunden. Wenn die Organisation nun Produktkonfiguration und Neuerungen aus diesem Wissensstand ableitet, nähert sich das Produkt immer mehr den Wünschen dieser bekannten Kunden an. Das Produkt wird verbessert – Innovation findet so nicht statt. Und gänzlich neue Möglichkeiten, die sich vielleicht am Markt etablieren, werden außen vor gelassen. Die Organisation entwickelt einen blinden Fleck und merkt trotz Kunden*orientierung* nicht, dass sich ihr Umfeld verändert.

▶   Kundenorientierte Organisationen entwickeln einen blinden Fleck für Ver-
      änderungen des Wirtschaftsumfelds.

Dieses Dilemma hat Henry Ford (1863–1947) gemeint, als er sagte: „Wenn ich die
Menschen gefragt hätte, was sie wollen, hätten sie gesagt: schnellere Pferde". Eine
kundenorientierte Organisation verbessert kontinuierlich ihre Bestandsprodukte, verfügt
aber über keinerlei Sensorik, neue Bedarfe zu entdecken (Christensen, 2000).

Bindet eine Organisation Kunden jedoch tatsächlich in die Entwicklung eines
Produktes ein und stellt diese – auch die potenziellen Kunden – radikal in den Mittelpunkt
der Betrachtung, dann spricht man von Kunden*zentrierung,* oder *Customer Centricity.*

9.3.2   Kundenzentrierung – Customer Centricity

Die *metanoia*-Organisation verabschiedet sich von der Kundenorientierung. Als Netzwerkorganisation braucht sie eine Sensorik in den Markt, die es ihr ermöglicht, Bedarfe
auch außerhalb ihrer Kundenblase zu erkunden.

Die neuronale oder die fraktale Organisation folgen einem komplett anderen Para-
digma. Um als Organisation die Bedarfe der Kunden, auch die der Noch-Nicht-Kunden,
erfüllen zu können, muss das Kundenwissen direkt abgeschöpft werden. Das führt zu
einer regelrechten Kollaboration mit den Kunden in der Entwicklung.

Kollaboration
Bei Software-Produkten ist dieses Vorgehen längst etabliert. Andauernd ändern sich
E-Commerce Webseiten und werden angepasst, Produktvarianten werden verprobt und
erst nach einer beta-Phase für alle Kunden zugänglich gemacht. Die Kunden werden in
den Entwicklungsprozess eingebunden – häufig mit Anreizen, wie Vergünstigungen oder
Belohnungen. Das ist bei Software-Produkten natürlich leichter, weil man die Kunden
permanent online abfragen und auch genau genommen permanent online beobachten
kann.

Bei Hardware-Produkten geht das aber ebenfalls. Man kann in einer klassischen,
herstellenden und produzierenden Industrie ebenfalls Wissen darüber generieren, was
die Kunden eigentlich haben wollen. Man kann in Laborsituationen die Interaktion der
Kunden (und Nicht-Kunden) mit dem Produkt beobachten und analysieren, kann sich
Feedback von den Kunden einholen und lernen, welche Funktionen, welche Funktionali-
täten der Kunde vermisst oder auch welche Schritte sie als vollkommen unlogisch wahrnimmt.

In einer klassischen Organisation ist es nicht unüblich, Umsatzziele zu formulieren.
Erfolg und Misserfolg einer pyramidalen Organisation wird häufig nur in monetären
Werten gedacht. Liegt der Fokus auf Umsatz, dann liegt der Fokus von Investitionen
ebenfalls auf direkter Umsatzsteigerung. Diese Zielsetzung verhindert Innovation, die
auf (noch) unbekannte Marktgrößen abzielt. Die klassische Organisation entwickelt ihre

Produkte weiter und bietet ihren Bestandskunden Anreize, die verbesserten Produkte zu kaufen. Sie entwickelt aber keine gänzlich neuen Produkte, deren exakter Marktwert bisher nicht bezifferbar ist.

▶   Der Fokus auf den Geldfluss behindert die Wahrnehmung des verzerrten Raums.

Money Follows
Wenn die Organisation sowohl vorhandene Kundenwünsche erfüllt als auch Neuerungen in ihre Produkte (und Dienstleistungen) einbringt, dann sind Bestandskunden bereit für Produkte und Dienstleistungen zu bezahlen und Neukunden lassen sich begeistern und gewinnen.

Dabei steht nicht der Geldfluss, als das Einnehmen von Geld im Zentrum, sondern das Decken der Kundenbedarfe. Die Organisation definiert sich über ihr *Why* – die qualitativen Ziele, die den Mehrwert der Organisation beschreiben und einen echten Gewinn für die Kunden darstellen. Die qualitativen Ziele sind der Handlungsleitfaden der Organisation (vgl. Abschn. 5.2.1). Die *metanoia*-Organisation deckt Kundenbedarfe in dem Wissen, dass Kunden bereit sind für sinnstiftende Produkte und Dienstleistungen zu bezahlen.

Der Umsatz (oder besser: der Gewinn) ist ein KPI, den es im Auge zu behalten gilt, schließlich ist ein Sinn des wirtschaftlichen Handelns die Erzielung von Gewinn, aber nicht eben kein richtungsweisendes Ziel. Kein Kunde wird Kunde einer Organisation, weil diese ihren Gewinn erhöhen will. Das interessiert Kundinnen und Kunden nicht. Ein Kunde wird Kunde, weil sie oder er einen Vorteil dadurch erlangt.

Ermöglicht die Organisation den Kunden die Erlangung eines Vorteils, dann kann sie sich gegen Bezahlung gar nicht wehren. Die Angst, dass Dienstleistungen und Produkte nur kostenlos in Anspruch genommen werden, scheint ebenfalls unbegründet. Für eine Leistung zu bezahlen, erhöht das Wertgefühl der Kunden. *Kostenlos* wird in der Wertvorstellung der meisten Menschen auch als weniger wertvoll wahrgenommen – deshalb haben die meisten Menschen auch einen Bedarf für ein gutes Produkt einen angemessenen Preis zu zahlen. Ob der Preis angemessen ist oder nicht, bestimmen wieder die Kunden. Sie vergleichen den erlangten Vorteil mit dem gezahlten Preis – *Designed in California, Manufactured in China* ist dann kein Problem.

Interne Kunden
Customer Centricity legt als Messpunkt immer den Kunden an. Kundenzentriertheit bedeutet, dass man als Organisation permanent hinterfragt, ob das gelieferte Produkt tatsächlich Wert für den Kunden stiftet. Und in einer großen Organisation kann es sich dabei durchaus auch um interne Kunden handeln.

Es muss nicht immer der Endkunde sein. Wenn eine andere Funktion im Netzwerk (eine andere Abteilung), ein Zwischenprodukt weiterverarbeitet, dann ist diese Funktion im Netzwerk der Kunde des vorherigen Netzwerkabschnitts. Und diese Funktion ist wie ein Kunde zu behandeln.

Ein häufiges Argument gegen die Einführung von echter *Customer Centricity* ist die Offenlegung von Betriebsgeheimnissen. Das mag ein schlüssiges Argument, auch wenn ich glaube, dass sich viele Organisationen weit wichtiger nehmen, als sie es tatsächlich sind.

Das Gegenargument greift aber nur, wenn man von externen Kunden oder Endkunden ausgeht. Tatsächlich sind sachlogisch die meisten Kunden jedoch interne Kunden, gegenüber denen hoffentlich keine Betriebsgeheimnisse gewahrt werden müssen.

Wenn man also die externen und Endkunden (erst mal) aus der Gleichung streicht, sprechen viele Argumente für die Einführung einer umfassenden systemischen *Customer Centricity*. ◄

Der interne Kunde ist ein Kunde und hat damit Anforderungen, die die Lieferanten kennen und erfüllen sollten. Es geht in einem Wertstrom nicht darum, dass Teams, Abteilungen oder Bereiche die Ergebnisse liefern, die sie für richtig halten oder die ihnen am besten gefallen oder alles implementieren, was sie toll finden – kurz, alles, was sie begeistert –, sondern das Ergebnis, das für ihre Kunden den größten Wert stiftet. Und was für die Kunden den größten Wert stiftet, können nur die Kunden selbst benennen.

▶   Wenn alle Funktionen des Wertstroms sich auf die Bedarfe des nächsten Kettengliedes ausrichten, dann liefert die Gesamtorganisation das beste, am Endkundenbedarf ausgerichtete Ergebnis.

In der Netzwerkorganisation ist immer der nächste Netzwerkknoten der Kunde und damit der Empfänger der Lieferleistung. Und die Lieferleistung muss auf die Bedarfe dieses nächst angeschlossenen Netzwerkknotens perfekt abgestimmt sein, um ein möglichst perfektes Gesamtergebnis für die Organisation liefern zu können (Beleg erforderlich).

Auch die Kundenzentrierung wirkt rekursiv
Auch für die Prinzipien der *Customer Centricity* gelten die Regeln der Rekursion. Es spielt keine Rolle, ob man die gesamte Organisation aus großer Höhe anschaut, also den gesamten End-to-End Workflow, oder ein einzelnes Team der operativen Ebene betrachtet – konsequente Kundenzentrierung führt zu erfolgreichen Endprodukten. Ist die Lieferleistung auf die Bedarfe der Empfänger ausgerichtet, erfüllt man Kundenbedarfe. Die Erhebung der Kundenbedarfe ist damit ebenfalls auf jedem Layer eine kontinuierliche Notwendigkeit.

In der neuronalen Organisation besteht Arbeit aus Informationsanreicherung. Ein Knotenpunkt im Netzwerk fügt aus seiner Expertise Informationen hinzu und verdichtet diese. Von Knotenpunkt zu Knotenpunkt wird das gelieferte Werkstück oder *WorkItem* mit Information angereichert und damit wertvoller. Jeder Arbeitsschritt stiftet Mehrwert und macht das *WorkItem* damit reichhaltiger und damit fertiger. Sind alle Knotenpunkte im Netzwerk durch*flossen,* liegt ein werthaltiges Ergebnis vor, das den Kundennutzen erfüllt und die Lieferleistung für den Kunden wertvoll macht. Man stelle sich das mal vor: Ein glücklicher Kunde.

9.4   Agile Interaktion und Feedback Loops

Wir haben uns oben im Kapitel *Arbeit und der Blick nach vorn* (Kap. 6) mit dem Begriff des Wertstroms beschäftigt. Der Wertstrom symbolisiert den Fluss der Arbeit durch die Organisation, bei dem jeder einzelne Arbeitsschritt die Arbeit mit Wert anreichert, also fertiger (im Kundensinne) macht. Fertig ist eine Arbeit, wenn sie den Bedarf des Leistungsempfängers deckt. Am Ende mündet der Wertstrom in ein fertiges Produkt (oder Dienstleistung), welches alle Wünsche, die die Kunden haben, auch tatsächlich erfüllt. Das ist der anzustrebende Idealzustand.

In der neuronalen Organisation betrachten wir den Fluss der Arbeit durch die Organisation. Mit der Gestaltung und Beeinflussung des Wertstroms lässt sich die Arbeit in der Organisation steuern – ohne ein übergeordnetes Management oder eine Zentralintelligenz. In einem transparenten Workflow lässt sich die Zahl der *WorkItems* so begrenzen (limitieren), dass Überlastungen vermieden werden. Das bedeutet im Umkehrschluss, dass nicht mehr jede Arbeit begonnen und jeder Auftrag zum Zeitpunkt seines Eintreffens angenommen wird, sondern eine kapazitätsgetriebene Auswahl stattfindet. Das gleichzeitige Starten von zu viel Arbeit erfordert Multitasking – Aufgabenwechsel oder Multiplexing (siehe Abschn. 6.1.1), wozu menschliche Gehirne nicht in der Lage sind.

Durch die kapazitätsgetriebene Steuerung erhöht sich die Fließgeschwindigkeit und die Fertigstellungsdauer des einzelnen *WorkItems* wird kürzer. Macht man das Flussbett schmaler, fließt der Fluss schneller, macht man es breiter, fließt er langsamer. Allerdings kann man das nicht beliebig machen, weil sonst Teile der Organisation durch die hohe Flussgeschwindigkeit überfordert werden könnten. Genauso kann man das Limit erhöhen – es wird an mehr *WorkItems* gleichzeitig gearbeitet, die Flussgeschwindigkeit sinkt und die Bearbeitungsdauer des einzelnen *Items* steigt. Auch das kann man nicht beliebig machen, weil ein zu breites Flussbett zu einer Pfütze führt und jeglicher Fluss versiegt. Dann wird gar nichts mehr fertig.

Durch die Betrachtung des Workflows und des Flusses der Arbeit durch das gesamte Netzwerk der Organisation lässt sich dieser steuern, bestimmen und regulieren. Auf einem Board, in der Visualisierung, wird der Fluss der Arbeit durch die Organisation von links nach rechts dargestellt.

9.4.1 Informationsfluss

Es gibt in diesem System notwendigerweise aber auch noch einen zweiten Fluss. Dieser fließt genau entgegengesetzt, also von rechts nach links. Die Wahrheit ist nämlich leider, dass sich im Gegensatz zum Fluss in der Natur, der von einem Sog angetrieben wird – dem Bestreben des Wassers abwärtszufließen – Arbeit in einem *Workflow* leider nicht von allein fließt. Jedenfalls nicht wie Wasser. Die Arbeit in einem Wertstrom einer Organisation muss durchgehend angetrieben werden. Wenn keiner etwas tut, dann fließt die Arbeit auch nicht.

Aber welche Energie treibt die Arbeit in der Organisation an? Das ist die Information. Information triggert Arbeit und sorgt dafür, dass in Knotenpunkten des Netzwerks gearbeitet wird, dass Menschen *WorkItems* übernehmen und diese tatsächlich fertigstellen. Dies funktioniert durch Absprache und gemeinsame Planung – durch Information. Und die Information fließt von rechts nach links. Aber warum von rechts nach links?

Oben haben wir gesehen, dass die *metanoia*-Organisation kundenzentriert arbeiten *muss,* weil sie dadurch sicherstellt, dass sie ihre begrenzten Ressourcen auf die relevanten Themen *fokussiert.* Kundenzentriertheit ist die notwendige Sensorik, die es der *metanoia*-Organisation ermöglicht, sich schnell auf verändernde Gegebenheiten zu reagieren und ihre Zielsetzung zu adaptieren – oder kurz: handlungsfähig zu bleiben.

Wir haben ferner gesagt, dass die Arbeit eines Netzwerkabschnittes perfekt auf die Bedarfe, Bedürfnisse und Anforderungen des folgenden Netzwerkabschnittes, des Kunden, abgestimmt sein *muss.* Und dazu gehört der Trigger, wann der Kunde tatsächlich ein neues *WorkItem braucht.* Es ist nicht im Sinne des Kunden, wenn permanent Arbeiten fertiggestellt werden, die dann aber mangels Kapazität nicht weiterverarbeitet werden kann. Und im Sinne der Gesamtorganisation ist dies auch nicht. Überlastungen in einem Netzwerk führt zu Chaos und Stau (siehe Abschn. 7.3.3) – wie auf einer Autobahn – und damit zu Ineffizienz.

Die Netzwerkorganisation vermeidet diese Überlastung, in dem sie in dem Takt liefert, der vom Kunden, also dem Empfänger der Leistung, vorgegeben wird. Dafür braucht sie die Information, wann der Kunde Kapazität für die Weiterarbeit freihat und die Rückmeldung, wann neue *WorkItems* geliefert werden dürfen. Diese Information liefert eine kontinuierliche Feedback-Schleife, die mitteilt, ob Kapazitäten frei sind und neue Arbeit eingelastet werden darf.

Der Empfänger der Arbeit, also der Kunde, triggert den Lieferanten, wann er liefern und damit auch indirekt, wann die Produktion beginnen soll. Ist auf dem Board oben (vgl. Abb. 9.2) rechts Platz, also Kapazität vorhanden, dann darf fertige Arbeit von links *gezogen* werden. Das *WorkItem* rückt also nach rechts. Daher scheint die Arbeit von links nach rechts zu fließen, getriggert durch den Informationsfluss von rechts nach links.

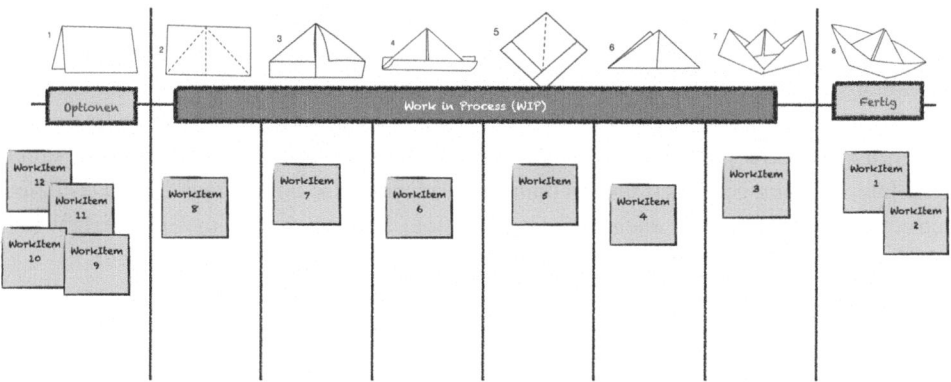

Abb. 9.2 Visualisierung des Arbeitsflusses

9.4.2 Information und Feedback

Die Gestaltung von Arbeits- und Informationsfluss bedarf einer hohen Kontinuität. Wird der Informationsfluss nicht kontinuierlich gestärkt und aufrechterhalten, bricht er ab und damit zusammen. Demnach bedarf es ebenfalls einer Verantwortung für die soziale Interaktion, die den Informationsfluss aufrechterhält. Die soziale Interaktion, die die Arbeit durch die Organisation durch Antrieb des Arbeitsflusses aufrechterhält, kann auch als *agile Interaktion* bezeichnet werden.

GEDANKENEXPERIMENT

Stellen wir uns eine Organisation vor, die tatsächlich alle ihre Informationsflüsse als agile Interaktionen gestaltet. In dieser Organisation ist jede Arbeit auf die Bedarfe ihrer internen, aus der Sicht der Gesamtorganisation natürlich auch auf die Bedarfe der Endkunden, abgestimmt.

Stellen wir uns weiter vor, dass die Auslastung in der Organisation vom jeweils Auszulastenden durch einen gegenläufigen Informationsfluss getriggert wird. Das würde dazu führen, dass es keinen Netzwerkknoten und keine funktionale Einheit in der Organisation gäbe, die überlastet wäre. Es wäre nie mehr Arbeit im Fluss, als von der Organisation auch fertiggestellt werden kann.

In einer solchen Organisation ist es denkbar, dass es Funktionseinheiten gibt, die sich im Leerlauf befinden. Für sie würde weiteres Liefern keinen Sinn ergeben, weil dann ihr Nachfolger in der Wertschöpfung überlastet würde. Sie stellen die Arbeit ein, weil ihre Zulieferung nicht fertiggestellt werden kann. Die Liefergeschwindigkeit wird vom langsamsten Netzknoten bestimmt. Die *Theory of Constraints* lässt schön grüßen (Techt, 2015). ◄

Kontinuierliche Information und Feedback helfen, die Auslastung und Lieferleistung des Netzwerks zu nivellieren und Überlast zu vermeiden. Der Nordstern zur Entscheidungsfindung ist der Kunde, im Großen wie im Kleinen, wie man es in einer fraktalen Organisation erwarten kann. Das gesamte Netzwerk ist auf die zielgerichtete Lieferung an seine jeweiligen Kunden ausgerichtet. Seine Arbeitsleistung wird durch agile Interaktionen getriggert und ist damit voll adaptiv, also anpassungsfähig. Das liefert den letzten Baustein einer *metanoia*-Organisation, um diese auch in Unsicherheit voll handlungsfähig zu machen.

▶   Eine Organisation, deren Informationsfluss agil gestaltet ist, ist agil.

Es sind die agilen Interaktionen, die die Organisation agil und damit wirtschaftlich handlungsfähig machen. Es ist nicht die Einführung hunderter neuer Methoden. Eine agile Methode ist geeignet, eine agile Organisation zu unterstützen. Aber die Einführung von Methoden allein macht keine Organisation agil. Es sind die agilen Interaktionen in einer rekursiven Struktur, die die Organisation handlungsfähig und wandlungsfähig machen.

Literatur

Adams, D. (1987). *Dirk Gently's holistic detective agency*. Pocket Books.

Christensen, C. M. (2000). *The Innovator's Dilemma – When new technologies cause great firms to fail*. Harvard Business Review Press.

Denning, S. (2018). *The Age of Agile: How smart companies are transforming the way work gets done*. AMACOM.

Techt, U. (2015). *Goldratt und die Theory of Constraints: Der Quantensprung im Management*. Ibidem.

Hofert, S. (2018). *Agiler führen – Einfache Maßnahmen für bessere Teamarbeit, mehr Leistung und höhere Kreativität*. Springer Gabler.

Kahneman, D. (2014). *Schnelles Denken, langsames Denken*. Pantheon.

Musielak, H. J. (2021). *Grundkurs BGB*. Beck.

Nowotny, V. (2016). *Agile Unternehmen – Nur was sich bewegt, kann sich verbessern*. Business Village.

Rein, A. (2021). *Steampunk Ökonomie – Mit der Dampfmaschine zum Mond*. Tredition.

Sinek, S. (2019). *Frag immer erst: Warum*. Redline.

Straub, T. (2020). *Einführung in die allgemeine Betriebswirtschaftslehre*. Pearson.

Vollmer, L. (2016). *Zurück an die Arbeit! Wie aus Business-Theatern wieder echte Unternehmen werden*. Linde international.

Transition und Wandel

Zusammenfassung

Eine sich zunehmend digitalisierende, globalisierende, dynamisierende Umwelt bedarf – wirtschaftlich, politisch und gesellschaftlich – der Fähigkeit der kontinuierlichen Anpassung ihrer Ablauforganisation. Das ist genau das, was eine pyramidale Organisation nicht leisten kann, weil sie strukturell und psychosozial nicht darauf ausgerichtet ist. Es gilt nicht, die Verortung der Menschen in der Organisation zu gestalten, sondern die Wertströme, die die Arbeit anreichern und fertigstellen. Die Schaffung eines Netzwerkes, die Fraktalisierung und die Ausrichtung an Arbeitsflüssen und Wertströmen machen die Organisation handlungsfähig. Flight Levels ist ein Denkmodell, das genau den fraktalen und rekursiven Charakter von Netzwerkorganisationen methodisch abbildet. Der erste Schritt ist die Modellierung einer System architektur. Es gilt, vorhandene Arbeitssysteme zu identifizieren und deren räumliche Lage zu erkennen. Anhand dieser System architektur lässt sich der ideale Startpunkt für den Veränderungsprozess auswählen.

Am Anfang dieses Buches habe ich die klassische Organisation als pyramidal (vgl. Abschn. 1.2) beschrieben und in ihrem Design mit einem hochpräzisen Uhrwerk (vgl. Abschn. 1.3) verglichen. Viele kleine Zahnräder greifen exakt ineinander, werden von Federn angetrieben und steuern die Uhr mit größter Präzision, gefertigt mit größter Handwerkskunst. Das sollte nicht unter den Tisch fallen.

© Der/die Autor(en), exklusiv lizenziert an Springer-Verlag GmbH, DE, ein Teil von Springer Nature 2023
A. Rein, *Agiler Organisationsaufbau,* https://doi.org/10.1007/978-3-662-68146-6_10

10.1   Organisationsdesign

Organisationsdesign ist eine Kunst, die zu großartigen Lösungen und verblüffenden Konstruktionen führt. Als wir uns über Wissenssilos in Organisationen Gedanken machten, mussten wir feststellen, dass Silos zum einen dem strukturellen Erhalt der pyramidalen Organisation dienen und zum anderen eine Schutzfunktion einnehmen.

10.1.1 Die Effizienz des Silos

Silos helfen eigene Machtbereiche gegen fremde Machtbereiche abzugrenzen und damit zum Machterhalt in der Pyramide beizutragen. Weil die Silos voneinander abgegrenzt sind, werden für sie exklusive Strukturen und Prozesse entwickelt, eine eigene Fachterminologie eingeführt und Raum für eine entkoppelte Kultur gegeben. Die Silos definieren sich über gesammelte Expertise und Fachwissen und bilden eine Fachfunktion ab – Legal, HR, Embedded Software, Base Hardware, und so weiter. Kein Silo produziert ein fertiges Endprodukt, sondern liefert einen Teil des Gesamtprodukts. Sie sind also mal mehr, mal weniger voneinander abhängig, was in der pyramidalen Struktur den Konkurrenzkampf nochmals verschärft.

Es ist schon einleuchtend, dass ein solches Silo *für sich betrachtet, durchaus effizient* sein kann. Aufgrund seiner Abgeschiedenheit muss es an den Schnittstellen zum Silo aber zu Reibungsverlusten kommen. Die Summe der hocheffizienten Silos macht eben gerade keine hocheffiziente Organisation, sondern wahrscheinlich vielmehr ein nicht performantes Konstrukt, mit relativ langen Produkt-/Service-Entwicklungszyklen. Veränderungen sind, wenn überhaupt, nur in einem Silo möglich – Silo-übergreifende Veränderungen sind ohne eine Haltungsänderung, ohne eine Anpassung der Unternehmenskultur unmöglich und ohne die kulturstiftenden Instanzen praktisch unmöglich (vgl. Abschn. 4.3.2).

10.1.2 Die Ineffizienz des Silos

Die kulturstiftenden Instanzen sind das Topmanagement – wenn dieses die Veränderung nicht vorlebt und erwartet, findet in einer Organisation keine Veränderung und schon gar keine Verbesserung statt. In einer Silo-Struktur kann nur die Aufbauorganisation, also das Organigramm, angepasst werden. Und die Anpassung des Organigramms passt genau in die hierarchische Kultur, weil hier genau die Machtverhältnisse infrage gestellt werden. Jede pyramidale Organisation hat ihre Schleudersitz-Position – entweder sie schleudert die Inhaberin nach oben oder gleich ganz raus. Die Veränderung des Organigramms beflügelt das Konkurrenzdenken in der Organisation, liefert aber keinerlei wertstiftenden Beitrag.

Dummerweise bedarf eine sich zunehmend digitalisierende, globalisierende, dynamisierende Umwelt – wirtschaftlich, politisch und gesellschaftlich – der Fähigkeit der kontinuierlichen Anpassung der Ablauforganisation. Und wieder dummerweise ist es genau das, was eine pyramidale Organisation nicht leisten kann – sie ist strukturell und psychosozial nicht darauf ausgerichtet.

GEDANKENEXPERIMENT

Wenn Sie das nächste Mal auf eine Konferenz gehen und dem Vortrag eines mittelständischen Elektrogeräte herstellers, Heizungsbauers, Baumaschinen Herstellers oder Gartengeräte Herstellers lauschen, dann achten sie mal darauf, warum sich die Organisationen jeweils als Vorreiter der Agilität wahrnehmen. In den oben genannten Fällen, weil sie neue Rollen und Verantwortungsbereiche eingeführt hat. Der Team-Lead ist jetzt *People Manager*, die Projektleiterin ist jetzt *Product Owner*, und das Team ist *crossfunktional* (allerdings arbeiten alle Team-Mitglieder in mehreren Teams und alle Teams arbeiten in mehreren Projekten. Dagegen war die alte Matrix-Struktur übersichtlich und planbar). Sie alle definieren ihre Veränderungsfähigkeit über ihre Fähigkeit, das Organigramm zu verändern. Einen wirtschaftlichen Effekt erzielen sie damit (sicher) nicht. Wenn doch, dann ist er wahrscheinlich eher negativ. ◄

Die Anpassung eines hoch spezialisierten Uhrwerks, mit all seinen monofunktionalen Zahnrädern, Federn, Pendeln und Hämmern, ist äußerst schwierig und im laufenden Betrieb nur mit einer großen Anzahl überbrückender Funktionen möglich. Ein Uhrwerk ist ein sehr kompliziertes Gebilde – kein Teil wiederholt sich, keine Baugruppe erfüllt mehrere Aufgaben nach Bedarf. Das Uhrwerk ist so hoch spezialisiert, dass es nicht verändert werden kann, ohne die gesamte Funktionsweise zu gefährden. Das Uhrwerk beruht auf einem zweckgebundenen Design. Ändert sich der Zweck, ist das Design nicht mehr zweckmäßig.

Jedes einzelne Zahnrad hat eine Spezialfunktion, eine spezielle Größe, besteht aus einem speziellen Material, ist besonders gefertigt, hat eine eigene Drehgeschwindigkeit und Widerstandsfähigkeit. Man kann nicht die Funktion einer wunderschönen Taschenuhr in Jules Vernes Anzug dadurch ändern, dass man eine Baugruppe verändert. Die Steampunk-Taschenuhr ist für einen einzigen Zweck konzipiert, und dieser lässt sich nicht leicht anpassen.

Weder das Uhrwerk noch die klassische Organisation ist repetitiv oder fraktal gestaltet. Wie lässt sich ein solcher Mechanismus nun aber doch verändern und anpassungsfähig machen? Schließlich bauen die oben genannten Elektrowerke, Heizungsbauer und Baumaschinen- und Gartengerätehersteller ja keine schlechten Produkte.

10.2   Transition statt Transformation

Sollte jemand im Internetzeitalter eine metrische Weltzeit einführen wollen, in der eine Minute nun 100 s hat, dann erfüllen die klassischen Uhren ihren Zweck nicht mehr. Nicht weil sie schlecht gefertigt wären, sondern weil sich ihr Umfeld verändert hat. Und man wird die Leistungsfähigkeit der klassischen Uhren aus oben genannten Gründen nicht anpassen können.

10.2.1 Die Notwendigkeit des Wandels

Wenn eine Organisation nicht unähnlich der Uhr hoch spezialisierte Ab-Teilungen und Silos unterhält, dann wird die Durchlaufzeit ihrer *WorkItems* im Wertstrom größer werden (siehe Abschn. 1.3). Sie wird langsam, langsamer als andere Mitbewerber. Und irgendwann verliert sie Marktanteile, weil ihre Produkt-Neuerungen einfach später auf den Markt kommen als bei der Konkurrenz. Selbst wenn die Produkte qualitativ hochwertiger sind, weil die Silos ja weiterhin hocheffektiv arbeiten, dürfte das Marktanteile kosten. Die *Time-to-Market* ist zu groß.

Noch dramatischer ist es, wenn die Organisation zwar immer noch schnell ist, ihre Produktpalette aber keinen Anklang mehr findet. Produkte werden nicht mehr so häufig gekauft und Marktanteile schwinden, weil die Produkte einfach den Kundennutzen nicht mehr erfüllen (oder Produkte anderer Hersteller dies einfach besser tun). Retrospektive Strategiearbeit haben wir als eine Ursache dafür identifiziert (siehe Abschn. 2.2).

Wir haben oben von statischem Handeln im gekrümmten Raum gesprochen. Wir kamen zu der Erkenntnis, dass Strategie kein einmal Verhalten mehr, sondern kontinuierliche Arbeit ist, die immer wieder an den sich weiter krümmenden Raum angepasst werden muss. Und genau genauso muss auch die Organisation gestaltet sein. Sie muss immer wieder nachjustiert werden und sich auf die angepassten Strategien ausrichten und angleichen können. Das kann das klassische Uhrwerk nicht und das hochpräzise Uhrwerk schon gar nicht.

Die anpassungsfähige Organisation ist eine Netzwerkorganisation, mit neuronalen Strukturen, rekursiven Elementen und einer fraktalen Architektur. Ich nenne diese Organisationsform *metanoia*-Organisation.

Wie kommt man nun von meinem hochpräzisen Uhrwerk zu einer *metanoia*-Organisation? Wie kommt man zu einer fraktalen, zu einer Netzwerkorganisation und wie kann dieser Wandel gelingen?

Der Zeitgeist antwortet auf diese Fragen: „Mit einem Transformations-Projekt" (Blumberg, 2023). Auch vor dem Zeitgeist macht Kontraintuition leider keinen Halt.

10.2.2 Transformationsprojekte

Die *Steampunk Ökonomie* (Rein, 2021) zeichnet sich dadurch aus, dass sie auf Neues mit alten Mitteln reagiert. Transformationsprojekte sind der Klassiker des *Change-Managements:* Der Begriff der Transformation bezeichnet allgemein eine Wandlung von Form, Struktur oder Gestalt, mit oder ohne Inhalts- und Substanzverlust von einem Ausgangszustand in einen Zielzustand (Alisch et al., 2013).

Ein Transformationsprojekt beginnt notwendigerweise mit der Definition eines Zielbildes, bzw. eines Zielzustandes. Man muss also vorher wissen, wie das Ergebnis aussehen soll. Wenn man das Zielbild definiert hat, leitet man die notwendigen Schritte ab, um dieses Zielbild zu erreichen. Sind die Arbeitsschritte durchlaufen, ist das Transformationsprojekt abgeschlossen. Das ist in vielen Organisationen das gewählte Vorgehen. Drei essenzielle Fehler stecken in dieser Vorgehensweise, die so gravierend sind, dass sie erfolgreiche Organisationsentwicklungsmaßnahmen in einem dynamischen Umfeld – in der VUCA-Welt – ausschließen. Sie können nicht gelingen.

Das Zielbild
Wir haben oben (siehe Abschn. 2.1.1) exemplarisch über eine Organisation nachgedacht, die über Jahre Marktführer war, treue Kunden hatte und für Innovation und großartige Geräte stand. An ihren bewährten Herstellungsmethoden hat sich nichts geändert und auch sonst wurden keine umwälzenden Veränderungen vorgenommen. Dennoch sinkt der Marktanteil stetig. Und es ist bekannt, dass das Marktvolumen nicht schrumpft. Gleichzeitig wachsen die Mitbewerber und gewinnen an Relevanz, obwohl sie früher im gleichen Segment überhaupt keine Rolle gespielt haben.

Wie soll man in dieser Situation als dieses Unternehmen ein sinnvolles Zielbild entwickeln? Die Organisation analysiert sich selbst und verharrt in der Introspektion. Gleich, welches Zielbild die Organisation entwickelt – es wird die Veränderung der Außenwelt nicht einschließen. Um dieses Dilemma zu umgehen, kann die Organisation es vage und unpräzise halten.

„Wir wollen handlungsfähig sein", kann da also Formulierung durchaus auftauchen. Wer will das nicht? Das Zielbild ist jedoch ohnehin nicht geeignet, tatsächlich wirksame Veränderungen in der Organisation zu beschreiben. Das Zielbild einer introspektiven Organisation ist ungeeignet für wirksame Veränderungen.

Stetiger Wandel
Ein Zielbild zeigt einen Zielzustand zu einem bestimmten Zeitpunkt in der Zukunft. Es beruht auf einem gewissen Faktenwissen in der Vergangenheit. Ich habe oben von „Statischem Handeln im gekrümmten Raum gesprochen" (vgl. Abschn. 2.1.3) – dummerweise hört der Raum nicht auf, sich zu krümmen, nur weil die Organisation ihr Zielbild formuliert hat. Die exponentielle Veränderung schreitet voran, sodass ein Zielbild zu einem Zeitpunkt keinen Sinn ergibt. Es muss durchgehend hinterfragt und angepasst

werden. In einer sich kontinuierlich verändernden Welt ist die Beschreibung eines Zielbildes gar nicht möglich, weil es keinen Zeitpunkt gibt, zu dem es fixiert werden könnte.

Das Ziel kann nur ein Meta-Regelwerk sein, das die Leitplanken steckt, innerhalb derer Anpassungen selbstorganisiert (siehe Abschn. 8.1.1) vorgenommen werden dürfen. Die Antwort auf eine sich kontinuierlich verändernde Welt ist also nicht das Zielbild, sondern die Selbstorganisation, die die Organisation ebenso wandlungsfähig macht, wie die Umwelt, in der die Organisation interagiert.

Meilensteine

Das Ableiten der notwendigen Schritte, um das Zielbild zu erreichen, gleicht einem klassischen Projekt oder Meilensteinplan. Der Fortschritt wird nicht daran gemessen, was man tatsächlich erreicht hat, sondern wie nahe man einem frei erfundenen und willkürlich terminierten Meilenstein gekommen ist. Je geringer die Abweichung vom fiktiven Plan ist, umso größer das Lob. Und erfolgreich war das Projekt, wenn es in Time, Scope und Budget geblieben ist. Ob es irgendjemanden nutzt, spielt zu diesem Zeitpunkt keine Rolle (mehr).

Eine agile Initiative mit einem Wasserfall-Projekt umsetzen zu wollen, ist schon sehr erstaunlich – aber erstaunlich normal. Agile Arbeitsweisen sollten doch bitte mittels agiler Arbeitsweisen eingeführt werden. Dazu bedarf es keines Projektplans, sondern eines *Change Flows,* der dynamisch immer wieder angepasst werden kann und der Organisation hilft, die Veränderung selbst als Normalzustand zu akzeptieren.

10.2.3 Transitionen

Der Versuch, mit den klassischen Methoden eine klassische Organisation in eine moderne Organisation zu transformieren, ist zum Scheitern verurteilt. Es hat auch in den klassischen Organisationen schon immer Veränderungsmanagement – *Change-Management* – gegeben, und es hat in den klassischen Organisationen auch zuvor Projekt Management gegeben. Es hat in klassischen Organisationen auch immer Veränderungsprojekte gegeben. Wenn man aber näher hinschaut, dann stellt man fest, dass sich Organisationsentwicklung im klassischen Sinne häufig auf die Veränderung der Aufbauorganisation konzentriert. Es wurden Abteilungen und Teams neu geschnitten, *Reporting Lines* definiert und die Etagen der Pyramide neu eingerichtet. Es wurde die Frage beantwortet, welche Kompetenzen wo gebündelt werden und wer an wen berichtet. Handlungsfähig wird eine Organisation aber nur dann, wenn sie ihre Ablauforganisation kontinuierlich anpasst.

Kontinuierliche Veränderung

Kontinuierliche Veränderung kann keine Transformation sein, die zu einem bestimmten Zeitpunkt abgeschlossen ist. Kontinuierliche Veränderung endet nicht – sonst wäre sie nicht kontinuierlich – und demnach kann auch die Anpassung nicht enden. Eine

Organisation, die sich in die Handlungsfähigkeit begibt, begibt sich in den *Zustand der Transition* und bleibt dort auch.

Die *metanoia*-Organisation interessiert sich primär für die Ablauforganisation. Es wird nicht die Verortung der Menschen in der Organisation gestaltet, sondern die Wertströme, die die Arbeit anreichern und fertigstellen. Der Fokus liegt also nicht auf den Arbeitenden, sondern auf der Arbeit. Damit laufen die klassischen *Change-Management*-Methoden ins Leere. Eine serviceorientierte Netzwerkstruktur baut man nicht durch Umgestaltung der Aufbauorganisation. Unternehmensagilität lässt sich nicht mit klassischen Change- und Projektmanagement methoden einführen, weil die Probleme und die Veränderungsbereiche der Ablauforganisation von den Methoden gar nicht adressiert werden. Sie können nicht funktionieren.

Silos optimieren

Ebenso schaffen wir keine handlungsfähige Organisation, wenn wir Silos optimieren. Die Leistungsfähigkeit der Organisation wird nicht besser, wenn man lokale Optima erschafft. Wenn eine Silo-Organisation ihre Silos mit Methoden oder Tools stärkt, leidet in aller Regel die Gesamtorganisation.

Ist eine Organisation, in der 70 % der Teams mit *Scrum, Kanban, Design Thinking* oder was auch immer arbeiten, eine 70 % agile Organisation? Ist sie 70 % handlungsfähig? Natürlich ist sie das nicht. Der Grad der Veränderung mag sich zwar in der Anzahl der neu geschnittenen Abteilungen und Teams, die mit agilen Methoden arbeiten, bemessen, aber der interessiert ja niemanden.

Das klassische Change-Management misst seinen Erfolg durch die Anzahl der eingeführten Veränderungen – dabei gerät allerdings zu leicht das Motiv für die Veränderung in Vergessenheit: *Verbesserung*. Die Organisation will nicht verändern, um zu verändern, sondern sie will verändern, um zu verbessern.

Die Verbesserung bemisst sich nicht in der Anzahl der neu geschnittenen Abteilungen und Teams, die mit agilen Methoden arbeiten. Die Verbesserung wird bemessen durch die Verknüpfung der Synapsen im Netzwerk. Sie sind es, die die Organisation anpassungs- und handlungsfähig und damit adaptiv und reaktionsfähig machen. Es ist die Gestaltung des Informationsflusses. Die Interaktion zwischen den Axonen und Synapsen macht die Organisation handlungsfähig.

Läge der Fokus nur auf einer bestimmten Synapse oder einem bestimmten Axon, dann hätte deren Verbesserung auf das Gesamtsystem wahrscheinlich keinen Effekt. Arbeitet ein Teil des Netzwerks zu schnell (oder zu langsam), gerät das Gesamtsystem aus dem Takt und die Leistungsfähigkeit lässt nach. Die Verbesserung einzelner Teams führt zu keiner Verbesserung der Organisation, mit etwas Pech sogar zu einer Verschlechterung. Wir haben oben (siehe Abschn. 7.1.2) gesehen, dass sich die Leistungsfähigkeit der Organisation aus dem Zusammenspiel des Netzwerks und damit aus der Schöpfung des Wertes beim Fluss der Arbeit durch die Gesamtorganisation ergibt.

Punktuelle Verbesserung ist immer lokale Optimierung, die im Verbund des Netzwerks zu globaler Verschlechterung führen kann. Analog verhält es sich mit der

Einführung agiler Methoden. Die Verbesserung einzelner Teams verbessert die Organisation nicht. Es ist das Zusammenspiel zwischen den Teams, das die Organisation optimiert.

10.3   Die Schaffung eines Netzwerks

Die Schaffung eines Netzwerkes, die Fraktalisierung und die Ausrichtung an Arbeitsflüssen und Wertströmen macht die Organisation handlungsfähig. Nur eine netzwerkartige Struktur kann rekursiv, selbstähnlich und damit organisch skalierbar sein. Die *metanoia*-Organisation ist eine rekursive, selbstähnliche Netzwerkstruktur, die organisch wächst und sich nach Bedarf anpasst.

Man kann also nicht Teile der Organisation designen, einbauen und verwenden, sondern muss eine Struktur schaffen, die aus sich heraus in die notwendige Größe wachsen und die erforderlichen Verzweigungen vornehmen kann.

Wenn das klassische *Change-Management* nicht die Ablauforganisation adressiert, wie kann man diese dann explizit und dediziert gestalten? Wie kann man das fraktale Grundmuster in der Organisation implementieren, um es dann mittels rekursiver Strukturen durch die gesamte Organisation zu replizieren? Mit einer einfachen Methode des visuellen Managements, die erfunden wurde, um (Unternehmens-)Strategie mit der Arbeitsebene zu verbinden. Sie bildet exakt die fraktale Grundstruktur der *metanoia*-Organisation ab und kann deshalb unmittelbar zum Einstieg in die Transition genutzt werden.

10.3.1 Flight Levels

Flight Levels ist ein Denkmodell von Klaus Leopold (2022), das genau den fraktalen und rekursiven Charakter von *metanoia*-Organisationen methodisch abbildet.

Ihren Ursprung haben *Flight Levels* in der flussbasierten visuellen Management-Methode *Kanban* (Leopold, 2017, S. 26). Kanban kann nach Anderson und Carmichael (2016, S. 1) definiert werden als

> eine Methode zur Definition, Verwaltung und Verbesserung von Dienstleistungen, die Wissensarbeit liefern, wie z. B. professionelle Dienstleistungen, kreative Bemühungen und die Entwicklung von physischen und Softwareprodukten. Sie lässt sich als "Start from what you do now"-Methode charakterisieren – ein Katalysator für schnelle und zielgerichtete Veränderungen in Organisationen -, die den Widerstand gegen vorteilhafte Veränderungen im Einklang mit den Zielen der Organisation verringert.

Flight Levels baut auf diesen Gedanken auf. Leopold und Kaltenecker (2022, S. 5) beschreiben das Denkmodell wie folgt:

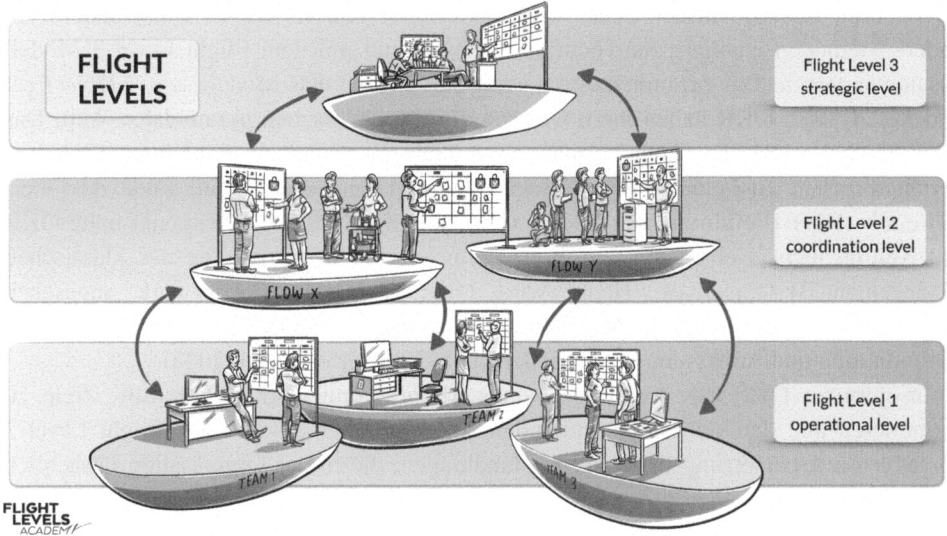

Abb. 10.1   Flight Levels. (Mit freundlicher Genehmigung der Flight Levels Academy)

Ein Flight Level ist hier als Planungs- und Gestaltungshorizont zu verstehen. Dementsprechend unterscheiden wir drei Flight Levels, die nicht hierarchisch zu verstehen sind: die **strategische Ebene,** die **koordinative Ebene** und die **Teamebene.** Ein umfassendes und gleichzeitig detailliertes Bild über die Performance von verschiedenen Wertströmen in einer Organisation ergibt sich erst, wenn die Sichtweiten dieser drei Flugebenen zusammengeführt, aufeinander abgestimmt und koordiniert werden. Deshalb lässt sich durch die Anwendung der Denkweise des Flight-Levels-Modells herausfinden, wo innerhalb der Organisation welche Hebel für die Verbesserung liegen.

Das Ziel ist mittels Einführung einer koordinativen Ebene, die Strategie mit der Operativen über dieses Flight Level 2 so zu verknüpfen, dass die Strategie operationalisierbar und damit kontinuierlich abgleichbar wird (siehe Abb. 10.1). Die typische Darstellung und Instrumentalisierung erfolgten über visualisierte Boards, die eine optische Analyse und ‚haptische' Steuerung der Arbeit ermöglichen.

Flight Level 3 – Die Strategie
Flight Level 3 bildet die strategische Betrachtung einer Organisation ab. Hier werden *StrategyItems* verortet und auf ihren Wirkhorizont heruntergebrochen. Es gibt langläufige Ziele, die innerhalb der nächsten Jahre erreicht werden sollen, mid-term Goals, die unterjährig zu erreichen sind und Quartalsziele, deren Erreichung alle 12 Wochen erfolgen soll. Da die Ziele voneinander abgeleitet werden, kaskadieren sie und wirken zusammen. Sind die Quartalsziele erreicht, sollte damit das Jahresziel erreicht sein. Sind die nächsten drei Jahresziele erreicht, sollte das langfristige Ziel erreicht sein.

Da diese Kaskade insbesondere vom Faktor Zeit gestört werden kann, haben sich andere Methoden etabliert, die ebenfalls hervorragend mit dem Flight Level 3 Modell zusammenpassen. Das prominenteste derzeit dürfte das OKR-Modell sein – *Objectives* und *Key Results*. OKR haben ihren Ursprung in der klassischen pyramidalen Welt. Das OKR-Modell wurde bei Intel erfunden, um Ziele systematisch in kleinere Einheiten herunterbrechen zu können. Breite Bekanntheit erlangte das Modell Ende der 90er-Jahre mit seiner Einführung bei Google (Doer, 2018). Zu diesem Zeitpunkt hatte OKR mit Agilität nicht viel zu tun – es war vielmehr eine Überarbeitung des klassischen Management-By-Objectives. Heute wird OKR als agiles Framework angesehen (Lobacher et al., 2017) und die Mehrheit der Anwender nutzt OKR als agile Methode zur Formulierung und Anpassung strategischer Ziele (Böhmer & Nagel, 2022).

Insofern ist OKR ein perfektes Framework im Framework. OKR hilft, Ziele zu formulieren und den sich stetig ändernden Anforderungen anzupassen. Flight Level 3 sorgt für die Übersetzung der Ziele in Handlungen, die in der Organisation tatsächlich umgesetzt werden können.

Flight Level 2- End2End Koordination

Flight Level 2 modelliert das Portfolio eines bestimmten zu betrachtenden Ausschnitts der Organisation. Die *StrategyItems* werden in konkrete Handlungen übersetzt – das mögen Projekte, Initiativen oder Maßnahmen sein – entscheidend ist: wenn wir diese Handlungen abschließen, dann sind die strategischen Ziele erreicht. Dabei bildet Flight Level 2 den Wertstrom durch den gesamten Betrachtungsraum ab. Schauen wir auf die gesamte Organisation, sehen wir die Wertschöpfung von Beginn bis Ende. Auf Flight Level 2 kann man sehen, welche Projekte gerade in der Organisation umgesetzt werden, welche Teams in die Umsetzung eingebunden sind und welche Abhängigkeiten zwischen Teams bestehen.

Da das Flight Level 2 Board als aktives Steuerelement betrieben wird, wird der Status der *WorkItems* auf dem Board regelmäßig in einem Feedback Loop bewertet. Abhängigkeiten fallen also nicht nur auf, sie können auch aktiv gemanagt werden. Das hat unmittelbaren Einfluss auf den Entscheidungsfindungsprozess in der Organisation. Wenn tatsächlich der gesamte Wertstrom betrachtet wird, dann können auch Entscheidungen entlang des Wertstroms getroffen werden. Wenn Team A und Team B eine Aufgabe erledigen müssen, für die Team B derzeit aber keinerlei Kapazitäten hat, dann ist es auch nicht sinnvoll, dass Team A die Aufgabe beginnt. Team A kann also seine Priorisierungsentscheidung an der Verfügbarkeit eines anderen Teams im Wertstrom ausrichten und das ist ein echter *Game-Changer*.

Flight Level 1 – Operative

Auf Flight Level 1 findet die operative Arbeit statt. Alles, was einzelne Menschen oder ein Team tatsächlich real lieferfähig umsetzen können, findet sich auf Flight Level 1. Wie auf Flight Level 1 gearbeitet wird, spielt dabei praktisch keine Rolle, es muss lediglich eine enge Verbindung auf die *WorkItems* in Flight Level 2 gegeben sein. Angesichts dessen bietet sich eine visuelle Arbeitstechnik auch an – ist aber nicht zwingend erforderlich.

10.3.2 Fraktale Organisationslehre

Das häufigste Missverständnis an dem noch neuen Flight Levels Modell ist die schein-
bare Hierarchie. Flight Level 3 steht über Flight Level 2, das wiederum über Flight Level
1 steht. Bezogen auf die Flughöhen ist das vollkommen richtig. Flight Level 3 bietet auf
der Flughöhe der Strategie die größte Fernsicht, verzichtet dafür aber auch auf Detail.
Flight Level 2 stellt das operative Portfolio der Organisation dar – es ist detailreicher als
Flight Level 3, schaut aber auch nicht so weit in die Zukunft, aber eben nicht so detail-
reich, wie Flight Level 1, weil es sonst nicht mehr überblickbar wäre. Alle drei Flughöhen brauchen und bedingen sich. Sie werden aber nicht hierarchisch betrieben.

Flight Level 3 wird nicht vom Topmanagement betrieben, sondern von allen
Personen, die zur Strategie beitragen können. Gleiches gilt für Flight Level 2 und Flight
Level 1. Und auch das Topmanagement hat natürlich ein Flight Level 1, denn auch hier
wird operativ gearbeitet.

Hat man erst mal verstanden, dass es viele Flight Level 3, 2, 1 Systeme in
Organisationen gibt und diese nicht an die Aufbauorganisation gebunden sind, sondern
genau den Ablauf abbilden, dann können wir mit dem Flight Levels Denkmodell fraktale
Organisationen operationalisierbar gestalten. Denn unter dieser Prämisse lässt sich mit
dem Flight Levels Denkmodell die innere Logik jeder organisatorischen Entität und
abbilden (siehe Abb. 10.2).

Und da die innere Logik der Entitäten selbstähnlich und rekursiv ist, lässt sich jede
weitere Struktur aufbauen. Es unterscheidet sich nur die Flughöhe – und damit der
Schnitt der *WorkItems*, die man betrachtet, nicht deren Struktur. Viele Individuen machen
ein Team (siehe Abb. 10.3).

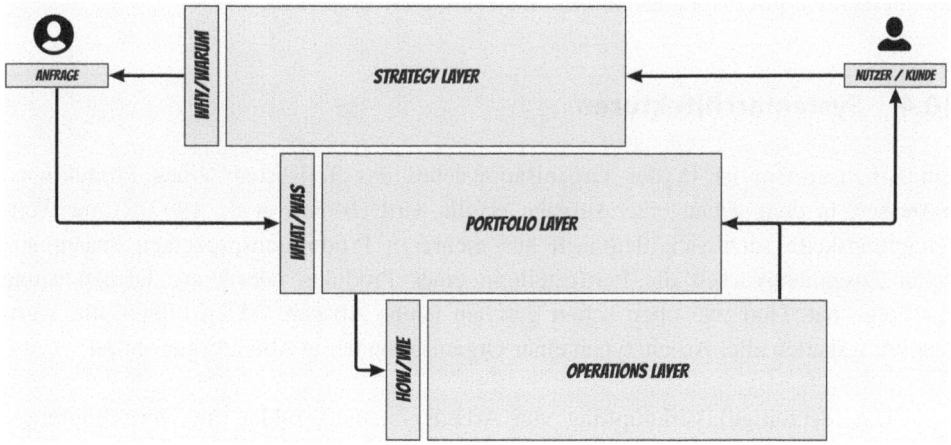

Abb. 10.2 Die Logik der Entität

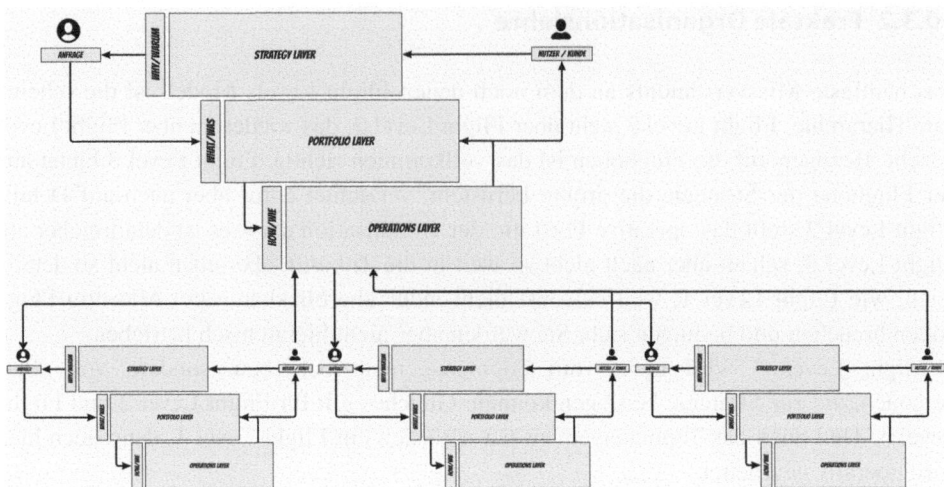

Abb. 10.3 Die Logik ist rekursiv

Und viele Teams arbeiten vielleicht an einem Produkt, das eine eigene Wertschöpfungskette verfolgt (siehe Abb. 10.4).

Nun liefern größere Organisationen aber nicht nur ein Produkt, sondern viele unterschiedliche Produktreihen. Diese werden von dedizierten, von verteilten und geteilten Teams geliefert. Es ist doch großartig, wenn diese Abhängigkeiten auf einem Flight Level 2 Board koordiniert werden können (siehe Abb. 10.5).

Und so lässt sich mit der fraktalen Organisationslehre – rekursives Denken führt zu fraktaler Skalierung, Flight Levels führen zur Operationalisierung – jede Organisation abbilden und in ihrer Ablauforganisation steuern und verbessern.

10.4   Systemarchitekturen

Ein Arbeitssystem ist in der Organisationslehre das Teilsystem eines Produktionsprozesses, in dem genau eine Aufgabe erfüllt wird (Blohm et al., 1997). Eine Wertschöpfungskette setzt sich demnach aus mehreren Produktionsprozessen zusammen, deren Zusammenwirken die Fertigstellung eines Produkts oder einer Dienstleistung zur Folge hat. Und wie oben schon gesehen (siehe Abschn. 7.1.2), bilden alle Wertschöpfungsketten aller Arbeitstypen einer Organisation deren Ablauforganisation.

▶   Die (derzeitige) Verknüpfung von Arbeitssystemen, bildet die Wertschöpfungsketten. Die (derzeitige) Verknüpfung der Wertschöpfungsketten, bildet die Ablauforganisation.

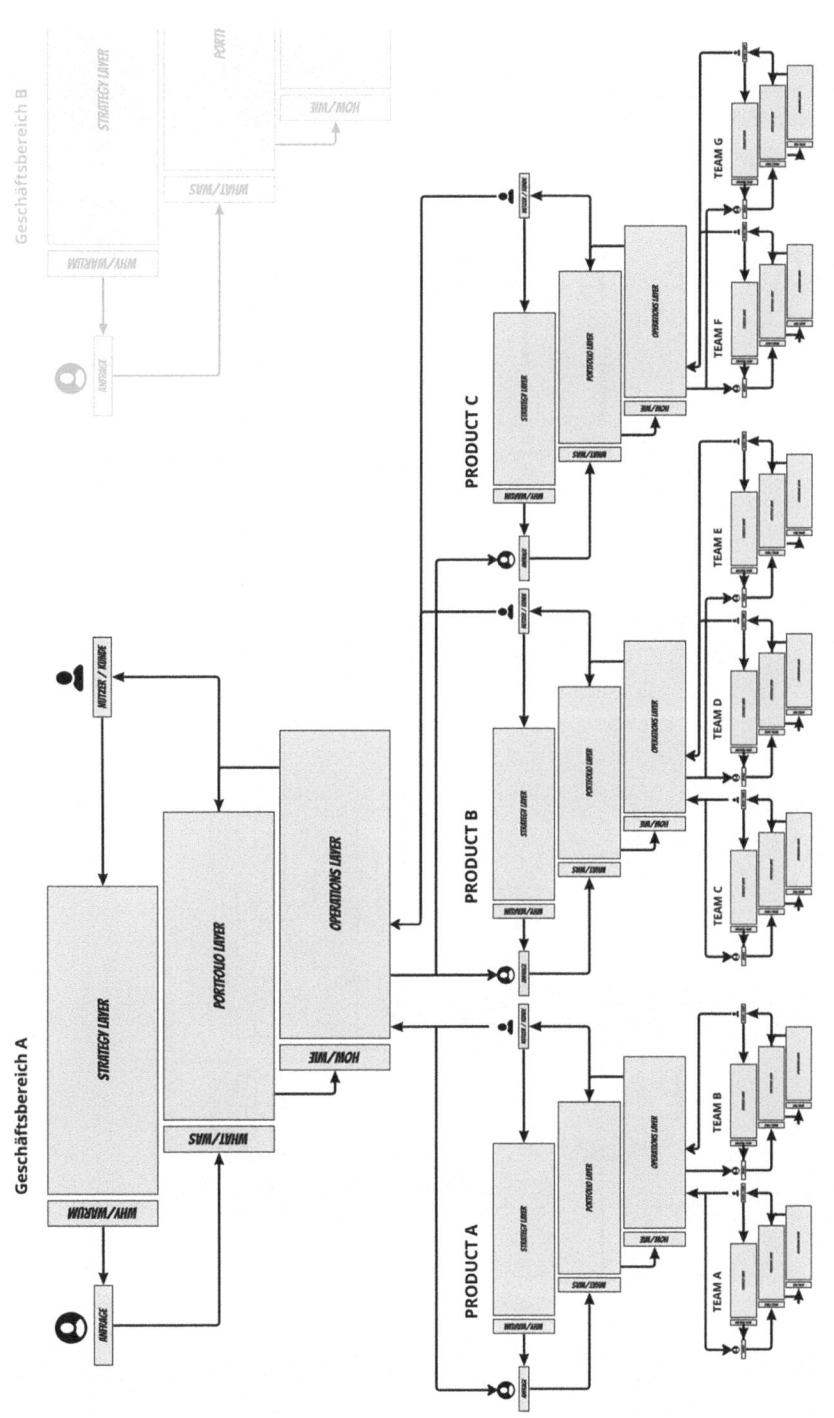

Abb. 10.4 Rekursion baut alle Strukturen

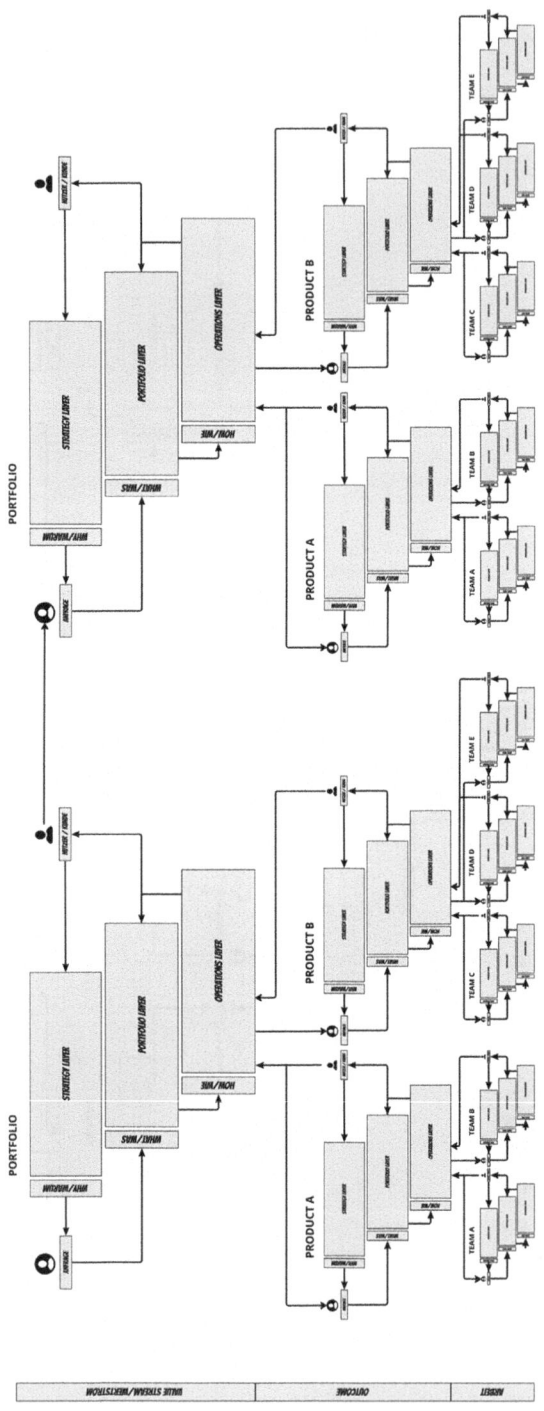

Abb. 10.5 Rekursion baut fraktale Strukturen

Die bildliche Darstellung der Ablauforganisation (oder ein näher zu betrachtender Ausschnitt daraus) spiegelt sich in der Systemarchitektur. Die Systemarchitektur zeigt das
Zusammenspiel der Einzelteile aus allen Flughöhen und repräsentiert so das Gesamtsystem in all seiner Komplexität. Möchte man das System verbessern, kann es helfen,
auf eine vereinfachte, modellhafte Darstellung zurückzugreifen. Man schneidet sich aus
der 3-dimensionalen Architektur eine Scheibe heraus und verzeichnet ‚Höhenlinien‘,
ganz wie in einer topografischen Landkarte. Diesen Schnitt bezeichnen wir als *System-
Topologie*.

10.4.1 System-Topologie

In der Geografie gibt die Topologie die Lagebeziehung von Geoobjekten zueinander
an. In der Mathematik versteht man darunter die Lehre von der Lage und Anordnung
geometrischer Gebilde im Raum. Unter einer System-Topologie verstehen wir die
Beschreibung eines *räumlichen* Ausschnitts eines Netzwerks. Sie beschreibt die
horizontale Verteilung von Arbeitssystemen und deren Beziehung zueinander – also
die Struktur von Arbeitssystemen auf gleicher *Flughöhe,* die gleichartige *WorkItems*
beinhalten.

Sie beschreibt aber auch die verbundenen Arbeitssysteme in vertikaler Ausrichtung,
also Arbeitssysteme, die andersartige *WorkItems* beinhalten. Größere, wie *StrategyItems,*
die weitreichender sind, dafür aber weniger Detail enthalten, und kleinere, wie
Tasks (Aufgaben), die weniger umfänglich sind, dafür aber den höchsten Detailgrad
repräsentieren.

Mit einer System-Topologie kann man leicht einen zu untersuchenden Ausschnitt des
Netzwerks abbilden, ohne auf zu viel Information verzichten zu müssen. Die System-
topologie zeigt Arbeitssysteme und gibt an, ob man den Blick auf deren *Strategy Layer* –
Flight Level 3 –, *Coordination Layer* – Flight Level 2 –, oder *Operational Layer* – Flight
Level 1 – legen will. Sie zeigt die Verknüpfung der Layer und die Routen, die ein
WorkItem durch das System nimmt.

GEDANKENEXPERIMENT

Wir kennen diese Art, ein Arbeitssystem zu betrachten, allerdings in einem anderen
Kontext.

Nehmen wir an, ich möchte gerne zum Flughafen nach Frankfurt fahren. Ich
komme aus Mittelhessen und muss daher die A45 nach Norden bis zum Gambacher
Kreuz fahren und dann auf die A5 abbiegen, Richtung Frankfurt. Kurz vor dem Flughafen geht es über die B43 auf die A3. Diese Verkettung ist der Wertstrom Ende-zu-
Ende.

Um es übersichtlich zu halten, betrachten wir hier nicht den ganzen Wertstrom, sondern nur die A5 als ein Arbeitssystem. Ende-zu-Ende betrachtet beginnt es für mich am Gambacher Kreuz und endet an der Abfahrt B43 Hofheim/Flughafen.

Auf der gesamten Strecke ist die A5 vierspurig und bietet damit eine bestimmte, leider aber endliche Kapazität, um Arbeit zu verrichten, also Autos zu befördern. Dummerweise reicht die Betrachtung der Autobahnstrecke und ihrer Fahrspuren nicht aus, um die Arbeit, also die Fahrt, zu planen (und die Planung mit der Realität zu vergleichen), da es Zu- und Abfahrten gibt, also Verzweigungen zu anderen Arbeitssystemen.

Manche davon sind kleine Abfahrten (wie die nach Butzbach), manche führen auf Bundesstraßen (wie die B255 nach Ober-Mörlen) und wieder andere sind Autobahnkreuze (wie das Bad Homburger Kreuz oder das Nordwest kreuz Frankfurt). Das sind neuralgische Punkte, an denen Arbeitssysteme wie die A66 ihre *WorkItems* an das Arbeitssystem A5 übergeben und umgekehrt. Hier verlassen Fahrzeuge die Autobahn, während andere auffahren. ◄

Eine Systemtopologie beschreibt die Lagebeziehungen von Objekten zueinander. Objekte sind hier Arbeitssysteme.

Arbeitstypen
Arbeitstypen (WorkItemTypes) repräsentieren die unterschiedlichen Arten von Arbeit im jeweiligen Arbeitssystem.

Ein *WorkItem Type* im Beispiel oben ist der Typ PKW. Es gibt gleichzeitig viele *WorkItems* PKW auf der A5 deren Unterschiede innerhalb einer gewissen Bandbreite liegen. Ein PKW hat eine Mindest- und eine Höchstlänge, ein höchstes zulässiges Gesamtgewicht und alle oszillieren um eine Bandbreite sinnvoller Höchstgeschwindigkeiten. Wenn man also behauptet, dass ein normaler PKW im Durchschnitt 4,60 m lang ist, innerorts 50 km/h, außerorts 100 km/h und auf Autobahnen 130 km/h schnell fährt und zwischen 1000 kg und 1800 kg wiegt, dann beschreibt man die große Mehrheit der *WorkItems* PKW. *WorkItems* eines bestimmten *WorkItemTypes* im gleichen Arbeitssystem sind notwendigerweise selbstähnlich, aber nicht gleich. Ihre Eigenschaften befinden sich in einer bestimmten *Bandbreite* oder *Range*.

Es gibt aber nicht nur den *Arbeitstypen (WorkItemType)* PKW, sondern auch Arbeiten vom Typ Reisebus, vom Typ LKW, vom Typ PKW mit Anhänger, Motorrad und viele mehr. Auch diese unterschiedlichen *WorkItemTypes* bewegen sich innerhalb einer gewissen Bandbreite an Länge, Höhe, Gewicht, Geschwindigkeit und so weiter. Alles, was im Rahmen dieser Spanne liegt, kann vom Arbeitssystem A5 sinnvoll verarbeitet werden. Alles, was außerhalb dieser Spanne liegt, nicht. Ein LKW mit zwei Anhängern darf (und kann) die Autobahn genauso wenig befahren, wie ein Fahrzeug, das nur 50 Kilometer pro Stunde schnell fahren kann.

Im Rahmen einer gewissen Variationsbreite sind die *WorkItemTypes* ebenfalls selbst-ähnlich und von daher vergleichbar.

▶   Ein Arbeitssystem zeichnet sich dadurch aus, dass es ein gewisses Set an *Arbeits-typen* prozessual und eine bestimmte Menge an *Arbeit* kapazitiv verarbeiten kann.

Lagebeziehungen
Nach der Betrachtung des Arbeitssystems A5 ist es im Beispiel oben wahrscheinlich sinnvoll das Arbeitssystem A3 zu betrachten. Strukturell unterscheiden sich die A3 und die A5 gar nicht so sehr, sie verarbeiten die gleichen Arbeitstypen – einmal jedoch in südlicher Richtung und einmal in westlicher Richtung. Hier hinkt das Beispiel etwas. Es reicht aber dennoch den Sinn einer System-Topologie zu verdeutlichen.

Die Kreuzung der A3 und der A5 hat einen unmittelbaren Einfluss auf die Auslastung der jeweils anderen Autobahn. Eine Störung auf der A3 beeinflusst auch die *WorkItems,* die eigentlich auf der A5 weiter nach Süden fahren wollen. Beide Arbeitssysteme bilden einen Ausschnitt eines Wertstroms – sie verarbeiten die gleichen Arbeitstypen, haben demnach Übergabepunkte und beeinflussen sich gegenseitig durch Rückstau. Beide Arbeitssysteme liegen auf der gleichen vertikalen Ebene.

Um eine topologische Sicht zu erhalten, also die räumliche Lage von Arbeitssystemen zu berücksichtigen, stellt sich zunächst die Frage, ob man sich im betrachteten System noch auf einem operativen Layer befindet oder bereits Strategie betrachtet. Im Autobahn-beispiel befinden wir uns auf dem Koordinativen Layer, also einer mittleren Flughöhe oder Flight Level 2. Es gibt sicher ein übergeordneten Strategie-Layer, auf dem die zu erreichenden Ziele des Arbeitssystems benannt werden. Und sicher gibt es auch noch einen operativen Layer, der die Aufgaben der Insassen der Fahrzeuge beschreibt.

Das Arbeitssystem A5 von oben betrachtet ist ein koordinatives System, ein System auf Flight Level 2. Um das System vollständig zu verstehen und planbar zu machen, muss man dessen *Arbeitstypen* und deren Häufigkeit kennen. Ferner muss man die unterschiedlichen Regeln und Bedingungen, die für PKW mit oder ohne Anhänger, Reisebusse, Motorräder und LKW gelten, kennen, um deren Navigation im Netzwerk bestimmen zu können (und es gibt auch noch Taxis, wobei das für sie geltende Regelwerk völlig unklar ist).

▶   Eine Systemtopologie beinhaltet nicht nur die Geopunkte in einem 2-dimensionalen Koordinatensystem, sondern auch deren räumliche Lage.

10.4.2 Routen

Aus der Arbeitssystem-Topologie kann man entnehmen, welche Arbeitstypen welche Routen durch das Netzwerk von Arbeitssystemen nehmen sollten und könnten. Die Route ist der Weg, den das *WorkItem* durch das Arbeitssystem tatsächlich nimmt.

Aus der Systemtopologie unseres Beispiels oben kann man lesen, dass an der Anschlussstelle Butzbach keine LKW abfahren dürfen. Diese Regel gilt nur für den Arbeitstypen LKW und muss deshalb bei der Routenplanung dieser Arbeitstypen berücksichtigt werden. LKW müssen demnach im gleichen Arbeitssystem anders planen als PKW, um das gleiche Ziel zu erreichen. PKW können direkt in Butzbach abfahren, LKW müssen erst auf die A45 Richtung Norden, um dann von dort Butzbach anzufahren[1].

Die Route zeigt den Weg eines *WorkItems* horizontal durch den Wertstrom. Je weiter das *WorkItem* voranschreitet, umso fertiger wird es. Die Route zeigt den Weg, den ein *WorkItem* in der Arbeitssystem-Topologie nimmt, um so effizient wie nötig und so effektiv wie möglich durch die Arbeitssysteme zu navigieren.

Effizienz und Effektivität
Effizienz und Effektivität sind aus der Betrachtung der Netzwerkorganisation und Flight Levels Organisation relativ. Lokale Sub-Optimierung führt, wie wir oben bereits betrachtet haben, keinesfalls immer zu globaler Optimierung (Abschn. 4.3.1). Es kann also zum Wohle des Gesamtsystems sein, nicht maximal effizient zu arbeiten, um die Überforderung eines folgenden Arbeitssystems zu vermeiden. Was nutzt halb fertige Arbeit, die nicht beendet werden kann, weil es zu einem Stau kam?

Und ähnlich ist es auch mit der Effektivität. Wir sind effektiv, wenn wir genau das zu erreichende Ziel erreichen. Allerdings sagt uns das Pareto-Prinzip, dass das Erreichen der letzten 20 % genauso viel Energie und Ressource verbrauchen kann, wie die Erlangung der ersten 80 %. Insofern kann es ökonomisch sinnvoll sein, ein Ziel nicht vollständig zu erreichen, sondern die fertigen 80 % zunächst zu verwerten und die freigewordenen Ressourcen an anderer Stelle einzusetzen.

Diese Entscheidungen bedürfen kontinuierlicher Feedback-Schleifen und kontinuierlicher Kommunikation. Die Entscheidung (und Planung) im Netzwerk wird kleiner, findet dafür aber häufiger statt und erlaubt damit frühzeitige Kurskorrekturen.

BEISPIEL

Es kommt nur selten vor, dass ein und dasselbe Projekt exakt parallel und gleichzeitig, aber mit unterschiedlichen Denkansätzen durchgeführt wird. Und noch seltener werden beide Ansätze so exakt dokumentiert, dass man sie direkt vergleichen kann. Aber nur, weil es selten vorkommt, heißt das nicht, dass es nicht vorkommt.

Es geht um die erste Erreichung des Südpols durch einen Menschen. Zwei Nationen hatten die Vision den ersten Menschen an den Südpol zu schicken und beide hatten das Ziel diesen bis Heiligabend 1911 erreicht zu haben.

---

[1] Falls sich jemand fragt, warum ich ausgerechnet Butzbach als Beispiel ausgesucht habe – da gibt es sowohl McDonald's als auch Burger King in unmittelbarer Autobahnnähe.

Robert Falcon Scott war Offizier der Royal Navy und ist das Projekt generalstabsmäßig angegangen. 1911 war die Antarktis ein unerforschter Kontinent. Es gab nur Küstenkarten. Die Beschaffenheit des Landes selbst war gänzlich unbekannt. Die Strecke der geplanten Anlegestelle, der *Whaling Bay,* bis zum errechneten Südpol, betrug etwa 1300 km. Scott ging von einer täglichen Wegstrecke von 25 km aus und errechnet eine Reisedauer von etwa 50 Tagen.

Die Vorhut sollte mit Motorschlitten vorausfahren, dort Proviantlager und Unterstände bereitstellen, und der eigentliche Expeditionstrupp würde mit Pferden und Lasteseln Menschen und Ausrüstung transportieren. Es wurden Meilensteinpläne erstellt und ein engmaschiges Projekt-Controlling eingerichtet.

Scotts Kontrahent, der Norweger Roald Amundsen war Seemann und Polarforscher, dessen Vision es eigentlich war, der erste Mensch am Nordpol zu sein. Nachdem er davon gehört hat, dass andere den Nordpol bereits erreicht hätten, änderte er seine Pläne kurzerhand und richtete seinen Blick auf den Südpol. Den Nordpol überflog er am 12. Mai 1926 mit einem Luftschiff – was ihn – kleiner Fun Fact – sehr wahrscheinlich doch zum ersten Menschen am geografischen Nordpol macht, weil die Ansprüche seiner Vorgänger tatsächlich unglaubhaft waren.

Amundsen plante die Südpol-Expedition komplett anders als sein Kontrahent Scott. Er konstruierte einen mobilen Unterstand, den seine wenigen Gefährten im Schlaf auf- und abbauen konnten. Geübt wurde dies in seinem Garten im *Mid-Sommar* 1911 – dem längsten Tag im Jahr, der traditionell mit viel Alkohol begangen wird. Amundsen wollte, dass seine Leute den Unterstand auch unter widrigsten Umständen auf- und abbauen konnten – und zum Training mussten sich alle betrinken.

Ferner fragte er grönländische Inuit nach geeignet Transportieren – Pferde wurden sofort ausgeschlossen. Pferde sind zwar Steppentiere, aber ihre Nahrung ist ineffizient. Sie brauchen große Mengen trockenes Gras, um ihren Energiebedarf zu decken. In der Antarktis gibt es keine Nahrung, also muss die Nahrung für die Pferde mitgebracht und transportiert werden. Die Inuit empfahlen Amundsen den Einsatz von Schlittenhunden, sie sind flexibel und ausdauernd und können mit Fleisch ernährt werden, was eine viel höhere Energiedichte hat und deshalb leichter zu transportieren ist.

Amundsens Vertraute ließen sich zu Kürschnern und Sattlern ausbilden, um Tierfelle und Leder nach Bedarf verarbeiten zu können. Die heute gängigen Hundegeschirre wurden von Amundsens Leuten auf dieser Expedition erfunden. Nachdem ein Schlittenhund in eine Gletscherspalte gestürzt war, entwickelten die Männer Befestigungsriemen, die die Hunde besser schützen sollten.

Amundsen hat sich so auf unbekanntem Terrain nach vorn gearbeitet, während Scott von einer Katastrophe in die nächste rutschte. Bei seiner Ankunft war *Whaling Bay* vereist und sein Schiff, die *Terra Nova,* saß fast 2 Wochen fest, sodass seine Expedition bereits mit Verzug (gegenüber dem Projektplan) startete. Seine Motorschlitten sprangen erst gar nicht an, weil es 1911 noch keinen Winterdiesel gab.

Die Pferde verendeten und konnten auch nicht als Nahrung verwendet werden, weil sie sich nicht fachgerecht zerlegen ließen.

Als Scott im Januar 1912 den Südpol erreichte, fand er dort die von Amundsen einen Monat zuvor gehisste norwegische Flagge vor. In seinem Pflichtbewusstsein erfüllte er aber noch den königlichen Auftrag und sammelte 150 kg Südpolgestein für das Royal British Museum ein und zog dies auf einem Schlitten hinter sich zurück. Er und seine 5 Begleiter starben nach über 1000 km Fußmarsch nur wenige Kilometer vor dem letzten Basislager an Unterernährung, Krankheit und Kälte.

Als Amundsen von Scotts Tod erfuhr, war er entsetzt und in tiefer Trauer für den Rivalen, dessen Mannschaft und deren Familien – er selbst hatte die Reise als gar nicht so beschwerlich wahrgenommen.

Die ganze Geschichte wird lebhaft in der Radioproduktion „Der Kampf um den Südpol" von Walter Jensen und Heinz Dieter Köhler (Jensen & Köhler, 1964) und vielen anderen Publikationen erzählt. ◄

In einem komplexen Umfeld, etwa einer Expedition zum Südpol auf einem nicht kartografierten Kontinent, ergeben Standardvorgehensweisen und Verfahrenspläne keinen Sinn. In einem komplexen Umfeld braucht man generalistische Fähigkeiten, die situativ angepasst und eingesetzt werden können. Dies führt unter Umständen nicht zu optimalen Einzelergebnissen, durch die Anpassungsfähigkeit aber zu einem erfolgreichen Gesamtergebnis.

Eine Netzwerkorganisation, mit generalistischen Zügen, kann sich mit ihren rekursiven Strukturen und Flight Levels Denken auch ambitionierten Zielen zuwenden und darauf vertrauen, ein erfolgreiches Ergebnis zu erlangen. Wie lassen sich in einer etablierten (hoffentlich noch) erfolgreichen Organisation Netzwerkstrukturen schaffen?

10.4.3 Flight Level 3,2,1

Es ist nicht leicht, eine pyramidale, hierarchische Silo-Organisation zu verändern. Aber es kann sehr nötig sein. Wenn es um das Aufbrechen oder wenigstens die Durchlässigkeit von Silos geht, geht es immer auch um das Aufbrechen von Machtgefügen. Machtgefüge sind ein Spiegel der Unternehmenskultur und die lässt sich ohne die kulturstiftende Instanz nicht ändern (Abschn. 4.3.2).

Auch in einer pyramidalen Organisation gibt es Wertschöpfungsketten – sie sind nur durch viele Kontrollpunkte häufig unterbrochen. Der erste Schritt zur Veränderung, ist den Status Quo zu erfassen. Diese zugegeben mühsame Aufgabe wird häufig übersprungen, was fatal ist, weil man dann den eigenen Fortschritt nicht betrachten kann. Wie soll man eine Veränderung planen, wenn man den Ist-Zustand nicht wirklich kennt? Wie soll man den Erfolg einer Maßnahme beurteilen, wenn man den Erfolg des Status Quo nicht beziffern kann?

Der erste Schritt ist die Modellierung – und hier schließt sich der Kreis zum ersten Kapitel dieses Buches – einer Systemarchitektur. Es gilt, vorhandene Arbeitssysteme zu identifizieren und deren räumliche Lage zu erkennen. Wo wird strategisch gearbeitet, wo wird operativ gearbeitet, wo werden die Arbeitssysteme zu einem Wertstrom verknüpft? Das Ergebnis dieser Übung ist eine erste Systemtopologie.

Der zweite Schritt ist die Auswahl des Startpunktes. Welcher Wertstrom soll verbessert werden? Wo soll die Transition beginnen? Ambitioniert darf das Vorhaben sein, allerdings sollte das Wohl und Wehe der gesamten Organisation nicht daran hängen, es sei denn, die Organisation hat keine Wahl mehr.

Was ist das Problem?

Veränderung sollte niemals zum Ziel einer Initiative werden, gleichgültig, was man eigentlich verändern will. Leider passiert das nicht selten. Organisationen sind so sehr darum bemüht, ihre Strukturen und Prozesse zu verändern und so sehr darauf fokussiert, neue Methoden einzuführen, dass die erfolgreiche Einführung der Methoden selbst zum Erfolgsfaktor wird. Das Ziel einer Organisation ist aber nicht die Einführung von Scrum, Lean, Kanban, Design Thinking oder auch klassischem Projektmanagement. Das Ziel einer Organisation ist erfolgreich zu sein und Kundenbedarfe zu erfüllen.

Dieses Ziel wird aus verschiedenen Gründen nicht erreicht. Entweder die Produkte erfüllen die Kundenbedarfe nicht optimal (zum Beispiel, weil sich der Raum krümmt und es keine geeignete Sensorik gibt, die sich verändernden Kundenbedarfe zu erkennen, siehe Abschn. 2.1.3) oder die Umsetzung und Bereitstellung von Lösungen dauert zu lange, siehe Abschn. 1.2.3).

Alle Veränderungen, seien es Projekte, also Transformationen oder kontinuierliche Prozesse, besser Transitionen, müssen geeignet sein, die wirtschaftlichen Ziele der Organisation (wieder) zu erreichen. Und daran müssen sich die Veränderungen selbst auch messen lassen. Wenn alle IT-Teams heute mit Scrum arbeiten und Sprinten, dann sagt das nichts über den Erfolg der Organisation aus. Und innerhalb der nächsten 6 Monate 50 % der Teams ‚agilisiert‘ zu haben, ist ebenfalls nur ein Scheinziel, weil es überhaupt nichts über die Wirkung der *Veränderung* aussagt.

Um den richtigen Startpunkt für die Veränderung in der System-Topologie ausmachen zu können, braucht man eine klare Problembeschreibung. Welchen Aspekt der Organisation will man verbessern? Wenn man die *Time-To-Market* verkürzen will, wird man sich auf andere Aspekte konzentrieren, als wenn man die Mitarbeitenden vor Überlast schützen und als Organisation resilienter werden möchte.

Wo liegt die Lösung des Problems?

Um mögliche Lösungen des Problems zu identifizieren, muss man nun den *Routen* der *Arbeitstypen* folgen und analysieren, wo die größten Ineffizienzen liegen. Welche Anpassungen haben den größten Hebel für die Lösung des Problems? Auch hier gilt die Begrenzung der verfügbaren Ressourcen – es kann also nicht an allen möglichen

Wertströmen gearbeitet werden. Es gilt bereits hier eine Priorisierung oder Reihung vorzunehmen, welche Maßnahmen ergriffen werden sollen.

Wenn die Entscheidung getroffen wird, welcher Wertstrom betrachtet und verbessert werden soll, gilt es, diesen in der System-Topologie zu verorten, um seine Schnittstellen zu verstehen. Auf welche Strategie zahlt er ein und welche Entitäten leisten die operative Arbeit? Eine mögliche Struktur zeigt Abb. 10.6.

Start where you are?

Das Denken in Wertströmen beginnt mit realen Wertströmen, nicht mit fiktiven. Es hilft nicht, ein Modell zu erstellen, wie die Organisation funktionieren *sollte* – das führt zu einem klassischen Veränderungsprojekt, das den Change zum Ziel macht –, sondern wie die Organisation heute funktioniert, wie sie ist. Würden wir nicht mit dem Status Quo beginnen, müssten wir mit der Änderung beginnen. Wir wollen aber das Problem kennen – Status Quo –, um aus diesem dann die Veränderung ableiten zu können.

Das so erschaffene Modell hilft, die involvierten Netzwerkknoten zu identifizieren, deren Umgang mit den Arbeitstypen zu erkennen und Unterbrechungen sichtbar zu machen. So entsteht eine über die Zeit entwickelbare Systemarchitektur. Ein Verständnis über die Systemarchitektur hilft zu erkennen, warum die Fahrt vom Gambacher Kreuz zum Flughafen Frankfurt am Sonntagmorgen 35 Min. und am Montagmorgen 120 Min. dauert.

Praktisch jede Organisation kann als Flight Levels Systemarchitektur abgebildet werden. Sie besteht aus Arbeitssystemen, die miteinander verknüpft sind. Und das nicht nur zwei-dimensional wie die Autobahn, sondern auch auf unterschiedlichen Höhenlinien – Flight Levels.

Flight Level 3 – die Strategie, ist der Satellit, der das gesamte Autobahn und Straßennetz zeigt. Auf Flight Level 3 wird entschieden, dass die Fracht über das Straßennetz zum Flughafen gebracht wird.

Flight Level 2 ist der Helikopter, der einen bestimmten Autobahnabschnitt betrachtet. Auf Flight Level 2 wird entschieden, auf welcher Route der 35-Tonner zum Flughafen fährt.

Und **Flight Level 1** ist der LKW-Fahrer, der, um so schnell wie möglich seine Fracht zu löschen, entscheidet, wie schnell gefahren, ob überholt oder eine kurze Rast eingelegt wird. Wann welche Information wo gebraucht wird, ergibt sich aus der System-Topologie, für wen sie gebraucht wird – aus den *WorkItems*. Die *Routen* beschreiben den günstigsten Weg durch das System, um tatsächlichen Wert zu schaffen.

Die rekursive, fraktale Netzwerkorganisation, kann, ist sie einmal verstanden, kontinuierlich angepasst werden. Mit der Hilfe von *Flight Levels* kann sie sichtbar gemacht werden. Netzwerk-Denken als Organisations-Design und Flight Levels als Steuermethode führen zu einer evolutionären Entwicklung der Organisation, die über eine feine Sensorik für ihr Umfeld verfügt und schnell auf Veränderungen reagieren kann.

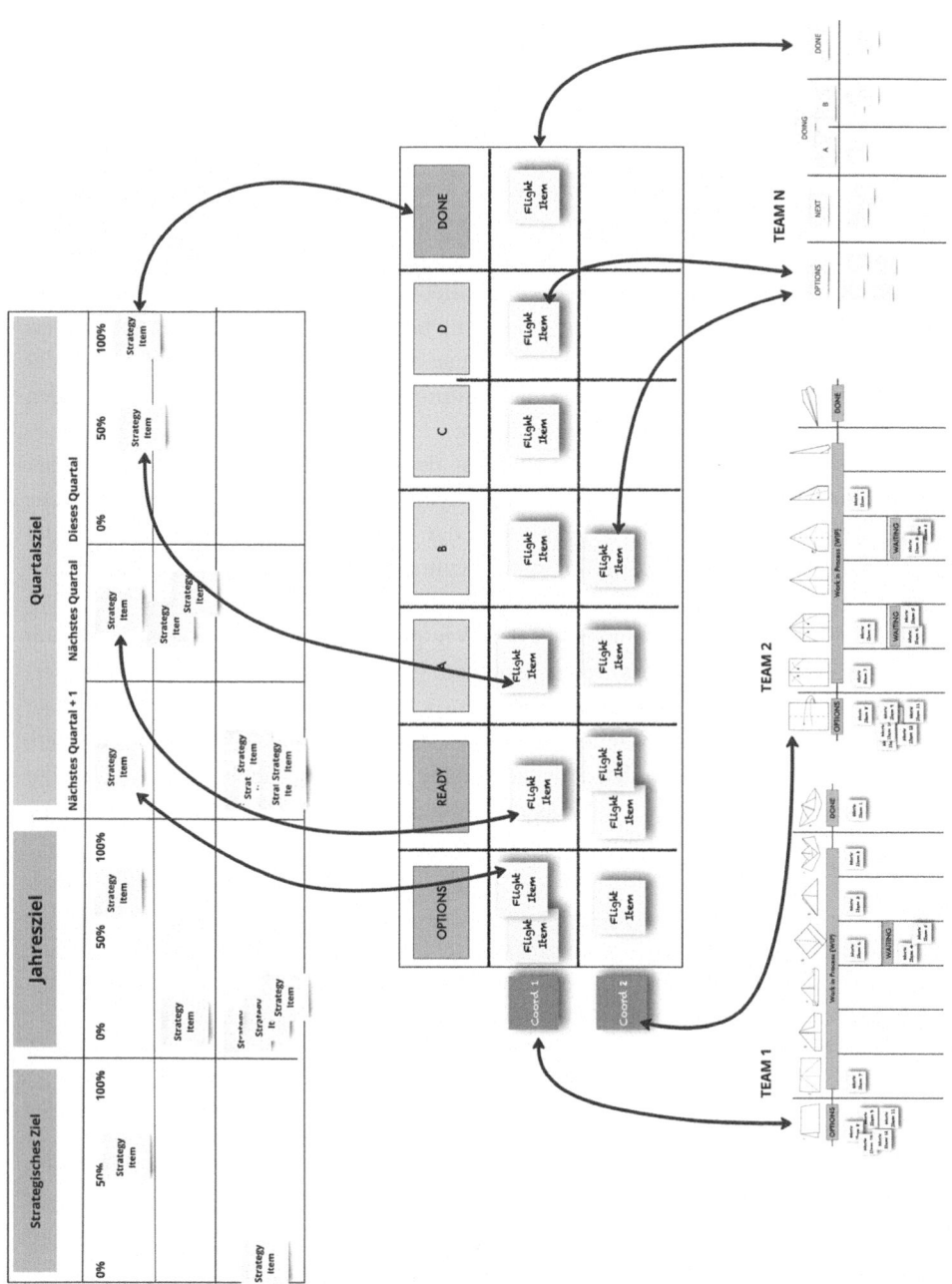

Abb. 10.6 Modell eines Wertstrom

In einer solchen Organisation bedeutet *VUCA* **Visible** (sichtbar), **Unique** (einzig-artig), **Coherent** (verständlich) und **Assignable** (bestimmbar). Damit verliert die *VUCA-Welt* doch eine ganze Menge ihres Schreckens.

Wann ist man fertig?

Die einzige leicht zu beantwortende Frage im Kontext fraktaler Organisationen ist die nach der Fertigstellung. Denn die Antwort lautet: nie. Aber man muss differenzieren.

Der erste Teil der Frage richtet sich auf das Umdenken an sich, auf den kulturellen Wandel. Hier geht es um das Selbstverständnis der Organisation. Dieser Teil muss irgendwann abgeschlossen werden, weil sonst immer ein Teil der vorhandenen Energie in die Umgestaltung der Unternehmenskultur fließt. Hat die Organisation einmal ihre Identität als wandelbarer Organismus gefunden, bedarf es keiner gesteuerten Kultur-arbeit mehr. Wie lange dieser Prozess jedoch genau dauert, hängt vom Individuum (!) der Organisation ab, also von der Summe seiner kulturellen Elemente – der kulturstiftenden Instanzen und der kultur(vor)lebenden Instanzen.

Der zweite Teil richtet sich auf die Struktur des zu schaffenden Organismus. Hier lautet die Antwort wirklich: nie. In einem dynamischen Gefüge können statische Strukturen nicht lange überdauern. Damit sind der Wandel und die Anpassung Teil der Gestalt des Organismus und damit Teil seiner Kultur. Und Kultur – hier Unternehmens-kultur – endet mit dem Ende des Unternehmens.

Wenn die Organisation sich einmal auf den Weg gemacht hat, wird sie sich wiederholt verändern, hoffentlich verbessern. Jeder komplexe Organismus erneuert sich kontinuier-lich, bis zu seinem physischen Ende. Aber man kann den Organismus fit halten. Der menschliche Körper hört zu Lebzeiten nie mit der Zellteilung auf. Alle 10 Jahren hat ein erwachsener Mensch sich komplett erneuert – dann ist kein Teil mehr dran, das bei der Geburt schon da gewesen wäre - und das im laufenden Betrieb. Das gibt doch Hoffnung für so triviale Konstrukte, wie Organisationen.

Literatur

Alisch, K., Winter, E., & Arentzen, U. (2013). *Gabler Wirtschaftslexikon*. Springer.

Anderson, D., & Carmichael, A. (2016). *Essential Kanban Condensed*. Lean Kanban University Press.

Blohm, H., Beer, T., Seidenberg, U., & Silber, H. (1997). *Produktionswirtschaft*. Verlag Neue-Wirtschafts-Briefe.

Blumberg, S. (2023). Scheitert Ihr Transformationsprojekt gerade? https://www.computerwoche.de/a/scheitert-ihr-transformations-projekt-gerade,3549634. Zugegriffen: 24. März 2023.

Böhmer, C., & Nagel, H. (2022). *OKR Playbook*. HelloAgile.

Doer, J. (2018). *Measure what matters*. Portfolio/Penguin.

Jensen, W., & Köhler, H. D. (1964). *Der Kampf um den Südpol*. Westdeutscher Rundfunk.

Leopold, K. (2017). *Kanban in der Praxis*. Hanser.

Leopold, K. (2022). *Agilität neu denken* (2. Aufl.). Dpunkt.

Leopold, K., & Kaltencker, S. (2022). *Flight Levels – Eine kurze Einführung*. Dpunkt.

Lobacher, P., Jacob, C., Haag, J., & Schubert, M. (2017). *OKR – Das ultimative Kompendium*. [+] pluswerk consulting.

Rein, A. (2021). *Steampunk Ökonomie – Mit der Dampfmaschine zum Mond*. Tredition.

Stichwortverzeichnis

GPSR Compliance

The European Union's (EU) General Product Safety Regulation (GPSR) is a set of rules that requires consumer products to be safe and our obligations to ensure this.

If you have any concerns about our products, you can contact us on ProductSafety@springernature.com

In case Publisher is established outside the EU, the EU authorized representative is:

Springer Nature Customer Service Center GmbH
Europaplatz 3
69115 Heidelberg, Germany

The manufacturer's authorised representative in the EU is Springer
Nature Customer Service Centre GmbH, Europaplatz 3, 69115 Heidelberg,
Germany. If you have any concerns regarding our products, please
contact ProductSafety@springernature.com

Printed and bound by CPI Group (UK) Ltd, Croydon, CR0 4YY
27/04/2026
02097845-0013